浙江省高校"十三五"新形态教材建设项目（浙高教学会〔2017〕13号）

全球化时代下的国际贸易

■ 黄艺 著

天津社会科学院出版社

图书在版编目（CIP）数据

全球化时代下的国际贸易 / 黄艺著. -- 天津 ：天津社会科学院出版社，2024. 6. -- ISBN 978-7-5563-0973-3

Ⅰ. F74

中国国家版本馆 CIP 数据核字第 20246LH550 号

全球化时代下的国际贸易

QUANQIUHUA SHIDAI XIA DE GUOJI MAOYI

选题策划：韩　鹏

责任编辑：付聿炜

装帧设计：寒　露

出版发行：天津社会科学院出版社

地　　址：天津市南开区迎水道 7 号

邮　　编：300191

电　　话：（022）23360165

印　　刷：定州启航印刷有限公司

开　　本：710×1000　　1/16

印　　张：17.5

字　　数：230 千字

版　　次：2024 年 6 月第 1 版　　2024 年 6 月第 1 次印刷

定　　价：98.00 元

前/言

　　全球化作为一个不可逆转的历史趋势，促使国际贸易成为各国经济与文化联系更为紧密的纽带。全球化进程使得国际贸易环境更为复杂，这又为国际贸易发展带来了新的挑战和不确定性。与此同时，中国在全球贸易中的角色也发生了变化。随着经济的快速增长，中国已从一个主要的出口国转变为全球经济增长的重要推动者和关键的贸易伙伴。这种转变不仅是中国经济发展的结果，还是全球经济格局变化的反映，它要求我们对中国的对外贸易策略、模式和未来发展进行深入研究和探讨。本书正是立足于这样一个多元复杂的全球化时代，旨在通过对国际贸易的相关理论和现状进行深入分析和研究，帮助读者更好地理解和应对全球化时代下国际贸易的挑战和机遇。

　　本书共七章。第一章为全球化与国际贸易，首先介绍了全球化与国际贸易的基本知识，然后深入分析了经济全球化对国际贸易的影响。第二章系统阐述了国际贸易理论、政策与措施，为经济全球化时代国际贸易的发展奠定了理论基础。第三章为现代物流与国际贸易，讨论了现代物流对国际贸易的影响，分析了现代物流在全球化时代对国际贸易发展的推动作用及相应的发展策略。第四章为电子商务与国际贸易，重点分析了电子商务在全球化时代对国际贸易的影响，探讨了电子商务在国际贸易中的具体运用及促进国际贸易发展的策略。第五章为全球化时代国际贸易的风险管理与防范，全面分析了国际贸易中的风险管理的基本内容，并针对国际贸易合同风险、国际贸易结算风险、数据跨境流动风险提出了相应的防范措施。第六章为全球化时代国际贸易中的知识产权保护，探讨了贸易自由化进程中知识产权保护制度的演变，分析了加强知

1

识产权保护对国际贸易的影响，提出了我国对外贸易中的知识产权保护策略。第七章为全球化进程中我国对外贸易的高质量发展，着重分析了我国对外贸易战略的历史演进，讨论了我国对外贸易发展的意义与成果，系统分析了全球化进程中我国对外贸易高质量发展的策略，并对我国对外贸易的未来发展进行了展望。

　　本书可作为笔者 2017 年浙江省新形态教材《外贸接单实务》的配套扩充读物，感谢导师、相关企业管理人员以及专家等在本书写作过程中提供的帮助，由于笔者水平有限，书中难免存在不足之处，恳请广大读者批评指正。

目／录

第一章　全球化与国际贸易 …………………………………………… 1

　　第一节　全球化与经济全球化 ……………………………… 1

　　第二节　国际贸易概述 ……………………………………… 14

　　第三节　经济全球化对国际贸易的影响 ………………… 31

第二章　国际贸易理论、政策与措施 ……………………………… 38

　　第一节　国际贸易理论 ……………………………………… 38

　　第二节　国际贸易政策 ……………………………………… 58

　　第三节　国际贸易措施 ……………………………………… 65

第三章　现代物流与国际贸易 …………………………………… 83

　　第一节　现代物流概述 ……………………………………… 83

　　第二节　全球化时代现代物流发展对国际贸易的影响 …… 92

　　第三节　现代物流促进国际贸易发展的策略 …………… 95

第四章　电子商务与国际贸易 …………………………………… 107

　　第一节　电子商务概述 ……………………………………… 107

　　第二节　全球化时代电子商务对国际贸易的影响 ……… 122

　　第三节　电子商务在国际贸易中的具体运用 …………… 128

　　第四节　全球化时代电子商务促进国际贸易发展的策略 ………… 142

第五章　全球化时代国际贸易的风险管理与防范·············152

　　第一节　国际贸易风险管理概述·············152

　　第二节　国际贸易风险管理的基本内容·············165

　　第三节　国际贸易合同风险防范·············183

　　第四节　国际贸易结算风险防范·············189

　　第五节　数据跨境流动风险防范·············198

第六章　全球化时代国际贸易中的知识产权保护·············200

　　第一节　知识产权概述·············200

　　第二节　贸易自由化进程中知识产权保护制度的演变·············209

　　第三节　加强知识产权保护对国际贸易的影响分析·············220

　　第四节　我国对外贸易中的知识产权保护完善策略·············228

第七章　全球化进程中我国对外贸易的高质量发展·············237

　　第一节　我国对外贸易战略的历史演进·············237

　　第二节　我国对外贸易发展的意义与成果·············241

　　第三节　全球化进程中我国对外贸易高质量发展的原则与策略··246

　　第四节　全球化进程中我国对外贸易发展的未来展望·············263

参考文献·············266

第一章　全球化与国际贸易

第一节　全球化与经济全球化

一、全球化与经济全球化的概念

（一）全球化的概念

对于全球化的概念，目前还没有统一的定义。比较有代表性的概念是阿尔布劳（Martin Albrow）对全球化的定义，他认为全球化就是"指所有那些世界各民族融合成一个单一社会、全球社会的变化过程"[①]。在全球化时代到来之前，各国之间虽有交流，但在经济、政治、文化等领域基本保持孤立。随着经济交流的加速，各国在这些领域的交流变得更加深入，带来了前所未有的结构变化和调整。这种变化不仅影响了国家之间的关系，也深刻改变了人类社会的政治、文化、军事等多个领域，促使人类进入了一种新的生活状态和秩序。

全球化这一概念可以从两个不同的角度来深入理解。从过程的角度看，全球化可以看作世界各国在经济、政治、文化等领域相互交流和互

[①]　Albrow，Martin. *Globalization，Knowledge and Society*[M].London:Sage Publications，1990.

动的过程。在这一过程中，国际贸易的拓展、跨国公司的兴起、国际政治联盟的形成以及文化的全球传播等方面，都体现了全球化的特征。这种交流和互动导致了信息、商品、资本、人才甚至思想的全球流动，从而使得世界变得联系更加紧密，国家间的界限变得模糊，形成了一个互联互通的全球网络。从结构的角度来看，全球化涉及国家的经济、政治和文化组织结构的变迁与调整。这种调整是为了适应不断变化的全球秩序和国际环境。例如，国家可能需要改变其经济政策以更好地融入全球市场；可能需要调整政治体制以应对国际关系中的新挑战；文化可能需要适应全球多元文化的影响。这种结构调整不仅反映了全球化对国家内部的影响，也展示了世界各国如何在全球化的推动下变得更加开放和互联。这两个角度相辅相成，共同构成了全球化的全貌。全球化既是国与国间相互作用的过程，又是国家内部结构调整的过程。这两个过程是相互影响和相互促进的。国与国间的互动推动了国家内部的结构变化，同时，国家内部的调整也影响了其在全球舞台上的角色和行为。

（二）经济全球化的概念

经济全球化既是指资本、生产、技术、信息、货物等生产要素在全球范围内的跨国界广泛而自由流动，从而实现资源有效配置的过程，也指由于这个过程的深化，使各国之间的联系和相互作用不断加强，形成各国经济"你中有我，我中有你"的相互依赖甚至制约关系。[①]

要充分理解经济全球化的含义，还需要关注以下四个主要方面：

第一，经济全球化是个历史过程，是现代经济发展的一种趋势。经济全球化过程始于早期的探索和殖民扩张，经历了工业革命带来的技术和生产方式的变革，进而在 20 世纪下半叶，随着交通和通信技术的飞跃，全球化进入了一个新的发展阶段。这个历史进程并非一蹴而就，而

---

① 郭连成.经济全球化与不同类型国家的应对 [M].北京：中国财政经济出版社，2001.

是随着技术进步、政治经济关系的演变和文化交流的深入而逐渐形成的。随着时间的推移，全球经济活动越来越不受地理界限的限制，国家间的经济合作和竞争日益加剧，全球贸易和资本流动成为常态。

第二，经济全球化是生产要素在全球范围内自由流动和优化配置，促进全球经济增长的过程。随着资本主义的发展和市场经济的全球扩散，生产要素如资本、技术、劳动力开始在全球范围内流动。这种流动并不是随意的或无序的，而是朝着更有效率和优化配置的方向发展。资本在全球范围内寻找更高的回报，技术的传播使得生产方式和管理经验得以全球共享，劳动力的流动则在不同国家和地区之间创造了新的就业和生产机会。这些因素共同促进了全球经济的增长，使得不同国家和地区能够根据自身的比较优势参与国际分工，从而提高全球生产效率。

第三，经济全球化是全球经济市场化的过程。随着国家间贸易壁垒的降低和市场开放政策的实施，全球经济活动越来越受到市场机制的调节。这种市场化不仅仅是商品和服务的自由流通，更包括金融市场的融合和资本的自由流动。市场化进程促进了资源在全球范围内的有效配置，但同时也带来了市场波动和金融风险的传播，对国家的经济政策和国际经济合作提出了新的挑战。

第四，经济全球化是世界各国利益再分配的过程。随着全球经济一体化的加深，不同国家和地区在全球化中的地位和作用发生了变化。发达国家凭借其技术优势和资本实力在全球经济中占据主导地位，而发展中国家则在全球产业链中找寻自己的位置。这种再分配不仅体现在经济利益上，还包括了技术、知识、人才等要素的全球重新配置。然而，这种再分配并非总是均衡的，它也带来了发展不平衡等问题，这些问题需要国际社会共同努力，通过合作和制度建设来解决。

（三）全球化与经济全球化的关系

全球化是一个综合性概念，涵盖政治、经济、社会和文化等多个领域，强调的是国家间、民族之间的界限逐渐淡化，人类活动和思想交流的全球

3

性扩展。在这一广泛的范畴中，经济全球化是最受人们关注的领域。这是因为，一方面，经济要素（如资本、商品和劳动力）的跨国流动，对各国经济的影响最为直接和深刻；另一方面，经济全球化在推动全球化过程中发挥核心作用。因此，虽然经济全球化并不等同于全球化的全部，但"全球化"一词经常被看作"经济全球化"的同义词。本书亦如此。

二、经济全球化的历史进程

（一）经济全球化的历史起点

虽然"经济全球化"这一概念的普及和广泛使用仅发生在过去二十年左右，但经济全球化的进程实际上早已开启。经济全球化不是一个全新的现象，而是一个历史演进过程，它的发展并不取决于任何国家或个人的意愿。从经济全球化的整个历史进程看，经济全球化的萌芽出现在15—16世纪的地理大发现时期。这一时期，美洲新大陆的发现和新航路的开辟将世界连接成一个整体，引发了全球范围内新市场的大规模开拓，为世界市场的形成奠定了基础，经济全球化由此拉开了序幕。

根据马克思和恩格斯在《德意志意识形态》中的观点，经济全球化的基础和开端应当被定位在大机器工业经济的建立之后。他们认为，大工业的出现创造了新的交通工具和现代世界市场，控制了商业活动，将所有者的资本转化为工业资本，从而加速了资本的流通和集中。大工业的影响力如此之大，以至于它让每个文明国家及其中的个人的需求满足变得依赖于全球范围内的资源和市场，从而结束了国家之间长期以来自然形成的封闭状态。[①] 虽然马克思没有直接提及"全球化"这一概念，但他已经明确地将大工业视为经济全球化的开端了。

英国学者简·阿特·斯图尔特（Jan Aart Scholte）认为全球化的历史应从1850年算起，因为从那以后的100年间，世界上出现了第一种

---

① [德]马克思，恩格斯. 马克思恩格斯选集 第一卷 [M]. 中共中央马克思恩格斯列宁斯大林著作编译局，译. 北京：人民出版社，1995.

全球通信技术，这一技术的出现对全球市场的统一产生了重大影响。同时，全球金融体系开始形成，这进一步加强了国与国间的经济互联互通。此外，某些组织也达到全球化的程度。① 根据斯图尔特的观点，19世纪 50 年代到 20 世纪 50 年代为经济全球化的早期阶段。本书借鉴了这一观点。

（二）经济全球化的早期阶段

1.通信

经济全球化的早期阶段，通信技术的进步起到了重要的作用。19 世纪 50 年代，电报技术的普及开启了全球通信的新时代。电报首次提供了一种不受距离限制的即时通信手段，极大地加速了信息的全球流动。例如，跨大西洋电缆的成功铺设使得欧洲与北美之间的通信变得可能，而后又扩展到亚洲、澳大利亚等地，实现了全球信息的快速传播。19 世纪 90 年代，电话和无线电通信的发展进一步加强了全球沟通能力。如 1891 年，连接伦敦和巴黎之间的线路第一次实现了跨国联络。1926 年，凭借无线电波，横跨大西洋的双向电话信息首次接收成功。在 20 世纪初还出现了机械化航空运输。航空邮政服务的开启和跨大西洋飞行的成功，极大地缩短了国与国间的物理距离，加快了人员和物资的流动。这不仅加强了国际贸易和人文交流，也为后续的全球经济一体化奠定了坚实基础。

2.市场

在经济全球化的早期阶段，商品的全球分配、定价、宣传和销售开始出现。

自 19 世纪 50 年代起，初级产品的全球分配和定价机制开始显现。这一时期，随着国际贸易的增长和交通技术的进步，初级产品如矿产、

---

① ［英］简·阿特·斯图尔特.解析全球化［M］.王艳莉，译.长春：吉林人民出版社，2003.

农产品等开始在全球范围内流通，并且这些产品的价格开始跨越国界逐渐统一化。例如，铜、钢铁、棉花等原材料的国际市场价格开始由全球市场供需关系决定。全球定价机制的建立，意味着市场参与者无论身处何地，都受到同一市场规则的约束和影响。初级产品的全球分配和定价，不仅促进了全球经济的联系和互动，也为如今全球化经济体系的形成打下了基础。

19世纪末期，品牌商品在全球市场的销售开始出现。这一时期，随着工业化进程的加速和消费市场的扩张，某些品牌开始超越国界，在全球范围内推广和销售其产品。例如，一些知名的食品、饮料和日用品品牌开始在不同国家设立生产基地或通过出口进入国际市场。这些品牌商品的全球销售不仅推动了商品的流通，更重要的是，它们通过全球化的营销策略和广告宣传，形成了跨文化和跨地域的消费趋势。品牌商品的全球市场销售也促进了国际商业模式和管理经验的传播，加强了不同国家和地区之间的经济和文化联系。此外，全球品牌的出现加速了全球消费文化的形成，影响了人们的生活方式和消费习惯。这种跨国界的品牌商品销售，为全球市场的进一步发展奠定了基础，也预示着全球化进程在经济和文化层面的深度融合。

3. 货币与金融

货币和金融的早期全球化也出现在19世纪末20世纪初。

在货币方面，1870年至1914年间，以英镑为中心的金本位制成为国际货币体系的基础。这一体系使得英镑成了当时的主要全球货币，同时，荷兰盾、日元、墨西哥银圆等其他货币在与本国无直接关系的国际贸易和金融中也开始发挥作用。第一次世界大战期间金本位制崩溃，战后金块本位制、金汇兑本位制虽有恢复，但效果有限。20世纪30年代，出现了以英镑、美元、法郎为核心的地域性货币集团，反映出货币全球化的进展。同时，许多殖民地国家的货币与宗主国的货币紧密相连，这加强了货币全球流通的趋势。

在金融方面，众多银行和金融机构开始在全球范围内设立分支机构，这不仅增强了这些机构的全球影响力，还促进了全球资本的流动和分配，加速了全球金融市场的形成和发展。此外，19世纪末，金本位制促进了国际证券市场的蓬勃发展。国外债券发行的大幅增长为多国的基础设施建设，如铁路、矿业等项目提供了资金支持。同时，股票市场也逐渐国际化，阿姆斯特丹、伦敦等主要金融中心的股票交易所登记注册了大量非当地公司，表明了股票市场在全球资本市场中的重要地位。

4.组织

19世纪末至20世纪初，随着全球通信、市场、货币和金融的发展，典型的全球组织开始形成。在公司方面，银行、矿业、农业企业和制造商开始跨国经营。例如，美国的枪械制造商科尔特于1852年在英国开设了第一家海外分厂，德国的西门子公司在1855年进入俄国，而日本的龟甲万公司于1892年在美国建立了酱油生产厂。到20世纪初，已有许多公司在全球范围内设立分支机构，并在海外生产产品，表明了企业全球化的初步形态。同时，一些重要国际组织开始成立。1865年成立的国际电报联盟（现为电信联盟）、1874年的邮政总联盟（1878年改名为万国邮政联盟）等，都是早期全球化的产物。这些组织的成立促进了国与国间的信息交流和合作。20世纪20年代和30年代，国际联盟的成立使全球治理能力达到了新的高度。1930年国际清算银行的成立标志着第一个专门监测跨国金融流动的多边机构的出现。此后，全球治理的框架进一步扩展，20世纪40年代创立的联合国、布雷顿森林体系以及关税及贸易总协定为后续的全球化进程奠定了基础。

（三）经济全球化的全面发展阶段

20世纪60年代之后经济全球化的发展有了质的飞跃。特别是自20世纪80年代起，全球化的多样性、规模、强度、制度化水平、社会意识和其对世界的影响达到了前所未有的高度。

经济全球化进入全面发展阶段主要体现在以下七个方面。

1. 统一的全球市场形成

冷战结束后，俄罗斯及苏联境内的其他各独立国家以及东欧国家开始从计划经济向市场经济转型，逐步融入世界经济。这一转变标志着第二次世界大战后形成的"两个平行市场"逐渐消失，汇合成为一个统一的全球市场，包括货物市场、服务市场、资本市场、技术市场以及劳动力和人才市场，构成了一个综合的全球市场体系。在这一体系中，资源得以在全球范围内进行优化配置，促进了全球经济的互联互通和整体发展。

2. 全球经济贸易自由化加强

从 20 世纪 80 年代起，世界各国开始致力于经济体制的改革，核心方向是放松或取消对经济活动的管制，减少政府对经济的干预，并推动国有经济的民营化。这一过程中，市场机制的作用被充分发挥，旨在提高经济效率和活力。同时，国家间的经济壁垒被逐步减少和消除，从而使商品和生产要素能够在国际范围内自由流动。这些措施加强了全球经济贸易的自由化，为经济全球化的全面发展奠定了基础。

3. 经济信息化程度加强

自 20 世纪 80 年代以来，计算机、个人电脑、移动电话和互联网的迅速普及，在短时间内覆盖了全球，极大地提高了全球经济的联系和交流的便捷性与成本效率。这一变化为经济全球化提供了强有力的技术支撑，使得信息和数据能够在全球范围内快速流动，促进了全球商业活动的互联互通。20 世纪 90 年代，许多发达国家如美国开始从传统工业经济向知识经济转型，高新技术产业迅猛发展并在经济中占据主导地位。这种产业结构的变化不仅在发达国家内部发生，还向发展中国家扩散，促进了全球范围内高科技产业的发展，并在全球贸易和投资中占据越来越重要的地位。

4.跨国公司快速发展

跨国公司通过在多个国家设立分支机构、生产基地和研发中心，实现了资源、资本和技术的全球布局。这种发展模式使得跨国公司能够更有效地利用全球资源，响应不同市场的需求，同时也带动了国际贸易和投资的增长。跨国公司在推动技术传播、提升全球生产效率、创造就业机会等方面也发挥了重要作用。它们成为连接全球市场和文化的重要桥梁，对全球经济一体化进程产生了深远影响。

5.国际分工不断深化

国际分工从传统的垂直分工和水平分工转向产业内分工和企业内分工，标志着全球化背景下经济活动的深化和细化。传统的垂直分工主要体现在不同国家专注于不同阶段的生产过程，例如一个国家可能专注于原材料的提供，而另一个国家则负责高级加工或制造。水平分工则是指不同国家生产相似的产品，但各自在某些方面拥有竞争优势。然而，随着全球经济一体化的加深，产业内分工和企业内分工成为国际分工的新趋势。产业内分工指的是在同一产业内，不同国家专注于不同产品或服务的生产，这些产品或服务属于同一产业链的不同环节。这种分工方式使得国家可以根据自身的比较优势专注于产业链中的某一特定环节，提高效率和产出质量。例如，一国可能专注于高科技产品的研发，而另一国则专注于这些产品的生产和组装。企业内分工则更加凸显跨国公司的作用。随着跨国公司的发展，它们在全球范围内的不同地区设立不同的部门或子公司，每个部门或子公司负责不同的生产环节或业务功能。这种分工方式使企业能够在全球范围内优化资源配置，利用不同地区的比较优势，例如劳动力成本低的地区可能专注于生产，而技术和知识密集的地区则负责研发和设计。

6.发展中国家参与经济全球化的进程加速

随着全球经济一体化程度的加深，发展中国家加速融入全球经济体系，通过参与国际贸易、吸引外国直接投资、发展出口导向型产业等方式，积极参与到经济全球化中。这不仅促进了这些国家经济的快速增长，还使它们成为全球供应链的重要一环。此外，发展中国家在全球经济中的地位提升，它们对国际经济事务的参与和影响力也逐渐增强。发展中国家的这种转变对全球经济格局产生了显著影响，尤其是在推动全球经济增长、提供劳动力和市场等方面。这一过程不仅对发展中国家本身的经济发展至关重要，也为全球经济的多元化和均衡发展作出了贡献。

7.全球经济管理机制加强

随着经济全球化的深入发展，全球经济管理机制也得到了加强。这主要体现在全球经济规则和标准的制定、国际经济合作的加强以及多边经济机构的作用增强等方面。全球经济管理机制的加强旨在应对经济全球化带来的挑战，如贸易摩擦、金融危机、环境问题等，以及协调各国在全球化过程中的利益和政策，进而维护全球经济秩序，促进全球经济的稳定和可持续发展。

三、经济全球化的动力机制

经济全球化的动力机制包括技术、政策、市场和社会文化等方面，如图1-1所示。这些因素共同作用，推动了经济全球化的发展和深化。技术进步为全球化提供了基础设施和工具，政策推动则是通过各国和国际组织的协调合作来实现经济一体化。市场因素则体现在全球经济活动的自发组织和调整中，而社会文化因素则通过价值观念、生活方式和消费模式的全球传播影响着经济全球化的过程。

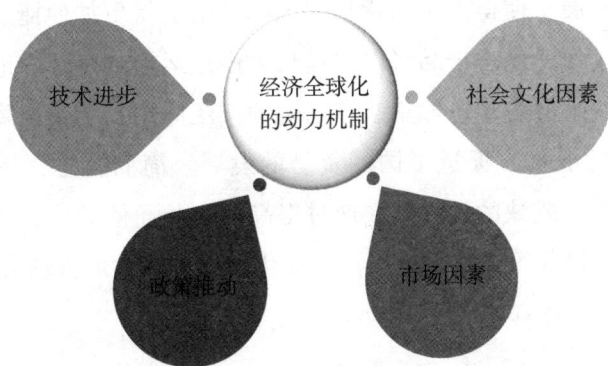

图 1-1　经济全球化的动力机制

（一）技术进步

在经济全球化的驱动力中，技术进步占据了至关重要的位置，极大地促进了全球经济的融合与发展。技术进步主要在通信、信息处理和生产方式、交通运输等关键领域产生了深远影响。这些领域的技术革新为全球经济的互动和协作开辟了新的道路，为全球经济提供了更多的发展机遇。

在通信技术方面，自 20 世纪下半叶以来，通信技术的飞速发展，特别是互联网的兴起，彻底改变了全球信息交流的方式。互联网的普及不仅大大降低了信息传播的成本，还大大提高了信息传播的速度，扩大了传播范围。这种即时、全球范围的通信能力为国际贸易、资本流动、知识传播和文化交流提供了前所未有的平台，极大地缩短了国家间的距离，使得全球经济一体化成为可能。在信息处理和生产方式方面，计算机技术和自动化技术的发展极大提高了生产效率，降低了生产成本。数字化和自动化生产使企业能够在全球范围内标准化生产，保证产品质量，同时快速响应市场变化。这些技术的应用不仅改变了传统的生产和管理模式，还推动了新的商业模式的出现，如电子商务、数字服务和在线市场等。交通领域的技术进步同样对经济全球化产生了深远影响。如航空运输的发展，使得人员和货物的国际流动变得更加便捷。现代物流系统的高效运作，使得产品可以快速从生产地运输到全球各地的消费者手中。海运技术的进步，如集装箱运输的广泛应用，大幅度降低了长距离货物运输的成本，促进了国际贸易的发展。简而言之，技术进步是经济全球化不可或缺的动力，它通过提高信息和通信效率、降低运输成本、优化生产过程等方式，为经济全球化提供了强大的推动力。

（二）政策推动

政府或国际组织通过实施一系列政策，不仅为经济全球化创造了条件，还为其提供了必要的指导和支持。政策推动经济全球化的主要方式是通过实施贸易自由化、资本市场开放、国有企业私有化、签订多边协议等措施，从而促进国际经济的融合和相互依赖。

第一，贸易自由化政策是推动经济全球化的重要举措。自20世纪下半叶以来，许多国家开始降低或取消关税壁垒，放松进出口限制，签署自由贸易协定。这些举措使得商品和服务可以更加自由地在全球范围内流动，提升了国际贸易的效率和规模。第二，资本市场开放政策同样是推动经济全球化的关键。随着金融市场的自由化和国际金融体系的整合，资本可以更加自由地跨国界流动。各国放宽对外资的限制，吸引外国直接投资（FDI），鼓励跨国公司在本国投资和运营。同时，许多国家也开始允许本国企业和个人投资海外，参与全球金融市场。这种资本的全球流动不仅为各国经济发展提供了资金，也增强了全球经济的相互联系。第三，国有企业的私有化和市场机制的引入也是推动经济全球化的重要政策工具。通过私有化，政府将原本由国家运营的企业转让给私人部门，以提高效率和竞争力。这不仅促进了本国经济结构的调整和升级，也为外国投资者提供了更多的投资机会。同时，市场机制的引入和政府干预的减少，为经济活动提供了更大的灵活性和创新空间。第四，在全球层面上，多边协议的签订也是政策推动经济全球化的重要体现。各国政府和国际组织通过合作解决全球性问题，如气候变化、环境保护、国际金融危机等，共同制定全球治理的规则和标准。这种合作不仅解决了跨国性问题，还促进了全球经济的稳定和可持续发展。

（三）市场因素

全球市场的需求和供应变化是推动经济全球化的关键因素。随着全球化的深入发展，世界各地的消费者越来越多地接触到不同国家的产品和服务，导致全球消费者偏好的逐渐趋同。这种趋同不仅体现在产品品质和功能上的一致性，还体现在文化和审美的共通性上。比如，某个国家的时尚品牌或科技产品能够迅速在全球范围内流行，这种现象就是全球市场需求趋同的体现。这种需求的全球化为企业提供了更广阔的市场空间，促使它们拓展国际市场，提升自身的全球竞争力。企业为了满足全球市场的需求，不断在生产、研发、营销等方面进行创新和调整。这一过程中，跨国公司起到了重要作用。这些公司通过在全球范围内布局生产基地和研发中心，能够更有效地利用各地的资源和市场优势，如低成本劳动力、技术专长或区域市场的需求特点。跨国公司的全球运营模式不仅提高了自身的效率和效益，还促进了技术和管理经验的全球传播，加速了全球经济活动的融合。此外，全球竞争促使企业不断寻求成本降低和效率提升的途径，从而加速了生产活动的全球化。在全球市场中，企业之间的竞争日益激烈。为了在竞争中占据优势，企业必须不断提高产品和服务的质量，降低生产成本，创新商业模式。这种竞争促使企业不断寻求全球最优资源配置，从而推动了生产活动的全球化。比如，一些企业可能将生产基地迁移到劳动力成本较低的国家，而将研发中心设在科技发展更为先进的地区。

（四）社会文化因素

社会文化因素主要指的是全球范围内人们的价值观、生活方式、消费习惯、教育背景以及信息传播等，这些因素对经济全球化具有不容忽视的推动作用。

13

首先，社会文化的全球化，主要表现为不同文化之间的交流和融合。随着信息技术的发展和交通工具的改进，世界变得越来越"小"，不同国家和地区之间的文化交流变得更为频繁和深入。电影、音乐、文学作品、艺术等文化产品跨越国界流通，使得世界各地的人们能够接触和了解到其他文化，促进了全球文化的互相理解和尊重。这种文化的交流和融合在一定程度上促进了全球市场消费者偏好的趋同，为企业制定全球市场策略提供了基础。其次，教育的全球化也是推动经济全球化的重要社会文化因素之一。教育的国际化不仅体现在越来越多的学生选择出国留学，还体现在教育内容和教学方式的国际化。全球化背景下，国际视野、跨文化交流能力和外语技能成为教育的重要组成部分。这种教育的国际化培养了一大批具有全球视野和竞争力的人才，为全球经济的发展提供了人力资源支持。最后，社会文化因素对全球经济的影响还体现在人们对于全球问题的认识和关注上。环境保护、气候变化、公平贸易等全球性问题逐渐受到人们的关注。这种关注促使企业和政府在全球化过程中更加重视可持续发展和社会责任，这不仅改变了企业的经营策略，也影响了全球经济政策的制定。总之，社会文化因素在促进经济全球化过程中起着不可或缺的作用。这些因素通过影响人们的价值观、消费习惯、信息获取和处理方式等，间接地推动了全球经济的发展和融合。在全球化的未来发展中，社会文化因素将继续发挥其重要作用，成为推动全球经济发展的重要动力之一。

第二节　国际贸易概述

一、国际贸易的概念

国际贸易也称世界贸易或全球贸易，是指世界各经济体之间货物、服务和技术的交换活动，是各经济体之间分工的表现形式，反映了世界各经济体之间在经济上的相互依赖关系。[①]经济体不仅包括主权国家，还包括在同一主权国家内采取不同的财政和货币政策的特定区域以及由多个国家组成的区域性经济一体化组织，如欧洲联盟（欧盟）和东南亚国家联盟（东盟）。

当从一个特定经济体的角度来考察与其他经济体之间进行的货物、服务和技术交换活动时，这种活动被称作该经济体的对外贸易（也称为外贸或外部贸易）。对外贸易是从单一经济实体的视角来观察其与外部世界的经济互动，国际贸易则包括所有经济体间的对外贸易活动。值得注意的是，一些岛屿国家，比如英国和日本，通常将对外贸易称作"海外贸易"。

二、国际贸易的产生与发展

国际贸易是在一定的历史条件下产生和发展起来的。它的产生依赖于两个必要条件：第一，社会生产力必须达到能够生产出足够多的剩余产品以供交换的水平。第二，必须存在各自为政的社会实体。从根本上讲，国际贸易产生和发展的前提是社会生产力的提升和社会分工的日益扩展。

（一）国际贸易的产生

在原始社会的早期阶段，人类生活在自然分工的状态下，生产力水平极低。当时的人们通过共同劳动，平均分配稀缺的生活资源。由于生产力低下，几乎没有剩余产品，交换活动也几乎不存在。随着时间的推移，原始社会经历了重要的变革，即人类社会的第一次分工：畜牧业和农业的分工。这一分工促进了生产力的发展，并开始产生少量的剩余产品，于是在氏族公社和部落之间产生了物物交换，为交换经济的发展奠

---

① 蔡春林，陈原.国际贸易 [M].北京：对外经济贸易大学出版社，2023.

定了基础。生产力的进一步发展促进手工业从农业中分离出来，形成了第二次社会大分工。这一分工产生了以交换为主要目的的商品生产。商品生产和商品交换的不断扩大促成了货币的产生，商品交换逐渐演变为以货币为媒介的商品流通。随着商品货币关系的不断发展，出现了一群专门从事贸易的群体，即商人。商业成为一项相对独立的经济活动标志着第三次社会大分工的形成。商人的出现加速了商品流通的速度，扩大了流通范围，使得商品交换活动不再局限于本地区，而是扩展到更广阔的地域。到原始社会末期向奴隶社会过渡时期，出现了各自为政的社会实体，这些实体之间的商品流通实际上就是最早的国际贸易。[①]

（二）国际贸易的发展

1. 奴隶社会和封建社会的国际贸易

在奴隶社会阶段，自然经济占据主导地位，商品生产在整个社会生产中的比重较小。这导致进入流通领域的商品数量十分有限。同时，由于生产技术的落后和交通运输工具的简陋，国际贸易的范围和规模受到了显著限制。在这一时期，国际贸易主要集中在奴隶和奢侈品如宝石、香料等，反映了当时社会的需求和生产能力。例如，希腊的雅典就是一个著名的奴隶贩卖中心，而中国的夏商时代已经开始了集中在黄河流域的奴隶制国家之间的贸易。

到了封建社会时期，社会生产力和商品经济得到了一定的发展，这也促进了国际贸易的扩展和深化。国际贸易的地域范围从地中海沿岸扩展到北海、波罗的海和黑海沿岸各国，中国、印度、埃及、伊朗等国与这些地区的国家间的贸易也迅速发展。国际贸易的商品结构仍然以奢侈品为主，如金银、丝绸、香料、宝石、象牙、瓷器等。在中国，春秋战国时期向封建社会过渡的过程中伴随着生产力的较大发展，促进了列国间以及与邻近其他民族间的贸易频繁增加。秦代以后，随着中央集权的

---

① 张志维. 基于物理经济学的国际贸易动阻力研究 [D]. 长沙：湖南大学，2008.

封建国家的形成，对外贸易向更远的地区伸展，如汉代的"丝绸之路"、唐代的陆海贸易盛况、宋代活跃的海上贸易、明代郑和下西洋等，都是生产力水平提高的突出表现。

无论是在奴隶社会还是封建社会，受限于当时较低的社会生产力水平、以自然经济为主的社会结构和有限的交通运输条件，国际贸易在整个社会经济中并未占据重要地位，贸易的商品种类和地理范围都相对有限。国际贸易的深入发展是在资本主义生产方式确立之后才实现的。因此，奴隶社会和封建社会的国际贸易，虽然有其发展和成就，但在整个历史发展过程中仍处于相对初级和有限的阶段。

2.资本主义生产方式下的国际贸易

（1）资本主义原始积累时期的国际贸易。资本主义原始积累时期是指16—18世纪。这一时期是欧洲从封建生产方式向资本主义生产方式过渡的时期。在此阶段，城市手工业的发展为国际贸易的发展提供了物质基础，地理大发现和世界市场的初步形成促进了国际贸易的发展。

在封建生产方式下，生产主要是自给自足的，商业和贸易相对局限。然而，随着城市手工业的兴起，商品生产开始增加，带动了对原材料和成品市场的需求增长。手工业生产者开始生产超出自身消费需求的产品，这些产品需要找到市场进行销售，促使贸易活动得到加强。城市成了经济活动的中心，手工业者、商人和其他市场参与者之间的互动，为国际贸易的扩张奠定了基础。

15世纪末期的地理大发现，如哥伦布发现新大陆、达·伽马开辟通往印度的海上新航线等，打破了旧世界的地理局限，将欧洲与亚洲、非洲及美洲等地连接起来，开启了一个全新的全球互动时代。地理大发现的直接结果之一是海上贸易路线的开拓和多元化。新的航线不仅加快了商品的流通速度，也为欧洲国家提供了前所未有的贸易机遇。这些航线连接了不同大陆的市场，使得原本难以获取的商品，如亚洲的香料、美洲的金银、非洲的原材料等，可以大量流入欧洲。同时，欧洲的制成品和技术也得以输出到这些新发现的地区，形成了一个多方互惠的贸易网络，世界市场初步形成。不同地区的商品、资本和劳动力开始在全球范围内流动，不同地区的经济活动开始相互依存，国际贸易规模不断扩大，贸易商品的种类也更加多样化。

（2）资本主义自由竞争时期的国际贸易。资本主义自由竞争时期，大约从18世纪60年代延续到19世纪70年代，是资本主义发展的关键阶段。这一时期，西方国家相继完成了工业革命，从而推动了社会生产力的空前发展，对国际贸易产生了深远影响。

工业革命首先在英国发生，随后迅速推广至其他欧洲国家以及北美。工业革命的核心在于技术和生产方式的革新。蒸汽机的发明和应用、纺织工业的机械化、铁路和蒸汽船的发展等都是标志性的进步，它们大幅提高了生产效率，减少了人力成本，使大规模生产成为现实。这些技术革新使得商品可以更快、更便宜地生产和运输，从而大幅提升了商品的流通速度和规模。这一时期，国际贸易商品结构发生了显著变化。香料、茶叶、丝绸等传统奢侈品的贸易比重开始下降，而纺织品贸易迅速增长并占据了优势地位。此外，粮食、煤炭、钢铁、农业原料、机器等工业和农业商品的贸易也显著增加。这种变化反映了工业革命对经济结构的深刻影响，以及国际市场需求的转变。随着贸易规模的不断扩大，国际贸易的组织形式也经历了重大变革。商品交易所和大型贸易公司开始取代对外贸易特权公司，成为国际贸易的主要形式。这一转变标志着国际贸易从早期的政府或特权公司控制向更自由、市场化的方向发展。同时，运输、保险、银行等服务业在国际贸易中的作用日益凸显，它们为贸易的顺利进行提供了必要的支持和服务，特别是银行业的发展，为国际贸易提供了资金流动的便利。

（3）资本主义垄断时期的国际贸易。自19世纪70年代起，资本主义开始从自由竞争向垄断转变。直至第二次世界大战爆发，垄断在政治和经济中都占据统治地位。这一时期的国际贸易可以划分为两个不同的阶段：第一阶段从 19 世纪 70 年代持续到第一次世界大战前；第二阶段则是两次世界大战之间的时期。在这两个阶段中，国际贸易展现出了各自独有的特征和发展趋势。

第一，在 19 世纪 70 年代至第一次世界大战前的国际贸易。这一时期，欧洲和美国经历了第二次工业革命，工业生产的快速发展对国际贸易产生了深远影响。一是国际贸易地区分布发生了显著变化。英国虽然在 1913 年仍是世界最大的出口国，但其在国际贸易中的地位有所下降。相比之下，其他西欧国家和北美国家在国际贸易中的比重逐渐增加，这反映了这些地区工业化水平的提升和经济实力的增强。二是在商品结构方面，国际贸易中初级产品和制成品的贸易比重保持稳定，但在这两大类商品中，各类商品的比重发生了重大变化。① 在初级产品中，矿产品的贸易比重增加，而粮食和农业原料的比重有所下降。在制成品中，纺织品的比重下降，金属产品的比重增长显著，化学品、纸张、木制品、玻璃器皿的生产和出口也都有所增加。这些变化反映了发达资本主义国家工业化的深入发展和国际分工的扩大。

第二，两次世界大战之间的国际贸易。这一时期，资本主义世界面临了三次经济危机和战争的破坏，这些因素共同影响了国际贸易的发展。首先，国际贸易的增长几乎停滞。尽管全球工业产量有所增长，但国际贸易的发展明显落后于世界工业生产的步伐。许多国家的对外贸易依存度降低，这反映出经济危机和战争对全球贸易网络的破坏性影响。其次，国际贸易的地区分布再次发生了显著变化。第一次世界大战对欧洲国家和其他国家之间的经贸联系造成了严重破坏，导致欧洲在国际贸易中的比重下降。与此同时，美国的贸易比重有所增长。此外，亚洲、非洲和拉丁美洲的不发达国家在国际贸易中的比重也有所上升。尽管如此，欧洲国家仍然在国际贸易中保持了主导地位。最后，在商品结构方

---

① 戴瑞姣. 世界市场的理论研究 [D]. 厦门：厦门大学，2007.

面，初级产品和制成品的贸易比重保持稳定，但它们的内部结构发生了显著变化。在初级产品中，燃料和其他矿产品的贸易比重继续增加，而粮食和农业原料的比重持续下降。在制成品方面，工程产品的贸易比重显著增加，金属和化学品的比重也有所增加。这些变化反映了全球产业结构的演变，特别是制成品贸易日益从消费品向资本货物转变，这标志着国际贸易在结构上的深刻调整。

3. 现代国际贸易的发展

在第二次世界大战结束后，全球经济格局经历了重大转型。在此背景下，国际贸易不仅实现了迅速增长，同时也呈现出了一些新的发展趋势和特点。

（1）第二次世界大战后的国际贸易增长速度变化。第二次世界大战后的国际贸易发展呈现出两个阶段的不同特点。第一阶段，即1948—1973年，国际贸易经历了快速的增长，整体上呈现出直线上升的趋势，世界市场容量显著扩大，显示出了强劲的发展势头。第二阶段，从20世纪70年代初至今，国际贸易的发展节奏有所变化。进入20世纪70年代，世界经济增长放慢，国际贸易增长率也随之下降。特别是在20世纪80年代初，经济危机使得国际贸易陷入低增长甚至负增长的困境。不过，在1983年之后，随着西方国家经济的回升，国际贸易恢复增长。进入21世纪后，国际贸易的增长受到了多种因素的影响，包括全球经济增长放缓、重大事件的冲击以及金融危机的影响，这些因素使得国际贸易的增长出现了波动。

（2）国际贸易商品结构的变化。首先，在有形商品贸易领域，制成品贸易相较于初级产品的增长速度更快，其在国际贸易中的比重逐年上升，而初级产品的贸易比重则呈现下降趋势。这一转变反映了全球经济结构和产业技术水平的变化。在制成品贸易中，劳动密集型产品的比重下降，而高新技术产品的比重显著上升。这表明在全球范围内，技术含量高、附加值大的产品越来越受到重视。在初级产品的贸易中，燃料类产品的比重迅速增加，而原料和农产品的贸易发展则相对缓慢。其次，随着第三次科技革命的到来，各经济体，尤其是发达经济体的产业结构不断优化，第三产业迅猛发展。这一转变带来了国际服务贸易的快速发展。服务贸易的增长不仅体现在贸易额的大幅提升，还表现在其增长速度上。近年来，服务贸易的增长速度甚至超过了商品贸易。这种趋势反映了全球经济活动中服务业的重要性日益增强，以及资本国际化和国际分工的深化。

（3）国际贸易地区分布的变化。国际贸易地区分布的变化表现为越来越多的经济体参与国际贸易，各种类型经济体的对外贸易都有不同程度的增长。发达经济体在国际贸易中继续保持其支配地位，这些国家的进出口活动占据了世界贸易总量的相当大一部分。这主要得益于其稳固的经济基础、先进的技术、强大的产业链和全球贸易网络。与此同时，发展中经济体，尤其是新兴经济体的对外贸易增长速度明显加快。这些国家通过工业化、市场化改革和全球化参与，逐渐在国际贸易体系中扮演更重要的角色。在国际服务贸易领域，发达经济体仍然占据绝对优势。服务贸易的发展对于这些国家而言，既是其经济发展的重要组成部分，也是其全球影响力的体现。不过，像中国和印度这样的新兴经济体在国际服务贸易领域也取得了迅速的发展。这些国家在信息技术、金融服务、旅游和文化产业等方面取得了显著成就，逐渐在国际服务贸易市场上占据了一席之地。

（4）国际贸易的集团化趋势加强。第二次世界大战后，国际竞争日益激烈，各国为了保持在国际市场的竞争力，开始通过建立区域贸易集团的方式与其他国家联合。欧盟、北美自由贸易区和亚太经合组织，已成为世界上重要的区域性集团。区域贸易集团的形成有助于减少成员国之间的贸易壁垒，提高区域内贸易的效率和便利性。此外，集团内的经济一体化进程也有助于成员国之间的经济协调和政策对接，从而增强整个区域在全球贸易中的竞争力和影响力。

（5）国际贸易的形式发生改变。随着信息技术和数字技术的迅猛发展，国际贸易的形式也发生了显著改变。数字产品贸易、服务贸易和产业内贸易的比重不断提升，跨境电子商务的快速发展为国际贸易提供了新的动力。数字化和网络化正在重塑全球贸易格局。数字产品贸易和服务贸易的增长，特别是跨境电子商务的兴起，为各经济体提供了新的贸易机会，尤其是对后发经济体而言，这成了追赶发达国家的重要途径。这些新兴的贸易形式降低了贸易成本，提高了贸易效率，使得小型企业和发展中经济体能够更容易地参与到全球市场中。

三、国际贸易的分类

国际贸易活动在现实中具有多种表现形式，根据不同的标准，可以将国际贸易划分为不同的种类。

（一）按照商品形态分类

按照商品形态，国际贸易可以分为货物贸易、服务贸易和技术贸易。货物贸易是国际贸易中最为传统和基本的形式，是指实体商品的买卖和交换。货物贸易是国家经济活动的重要组成部分，它不仅影响着国家的贸易平衡，还是评估一个国家经济实力和工业水平的重要指标。服务贸易指的是跨国界提供和接受服务的活动。与货物贸易不同，服务贸易涉及无形的资产，如金融服务、咨询、旅游、教育、医疗等。随着全球经济的发展，服务贸易成为许多国家经济增长的重要驱动力。技术贸易包括专利权、商标权、专有技术权、计算机软件等著作权的所有权有偿转让或使用权的许可使用以及技术咨询、技术服务和技术开发[①]。技术贸易在当前全球化和信息化的经济环境中尤为重要，它促进了全球知识的共享和技术的迅速传播。技术贸易的核心在于创新和知识产权的保护。

---

① 张天颖 . 区域经济与国际贸易研究 [M]. 北京：北京工业大学出版社，2019.

（二）按照商品移动方向分类

按商品移动的方向，国际贸易可分为出口贸易、进口贸易、复出口贸易、复进口贸易和过境贸易。[①]出口贸易指的是一个国家或地区将本国或本地区生产的商品或服务销售给其他国家或地区。进口贸易是指从其他国家或地区购买商品或服务。复出口贸易是指进口某些商品后，经过一定的加工或再制造，再将其出口到第三国的贸易形式。复进口贸易指将本国先前出口到外国的商品或原材料，在外国进行加工或制造后再次进口回国的贸易形式。过境贸易是指在国际贸易过程中，货物在运输途中穿越一个或多个非进出口经济体国境的情况。例如，当甲国的商品通过乙国运往丙国时，对于乙国来说，这便是过境贸易。

（三）按照贸易有无第三国参与分类

按照贸易有无第三国参与来划分，国际贸易可分为直接贸易、间接贸易和转口贸易。直接贸易是指生产国直接向消费国销售产品，没有第三国参与或干预的贸易。这种贸易方式简化了交易流程，通常能够更直接地反映两国之间的经济和贸易关系，同时减少了可能因中间商参与而增加的额外成本。间接贸易是指货物的生产国和消费国之间的交易通过第三国进行的贸易。第三国在买卖过程中扮演着中间人的角色，协助或促成两边的交易。这种方式在生产国和消费国直接的交流不便或存在障碍时特别常见，但可能会增加交易成本和复杂性。转口贸易是指货物生产国与货物消费国之间，或货物供给国与货物需求国之间，经由第三国贸易商分别签订进口合同和出口合同所进行的贸易。[②]从第三国的角度来看，即使货物直接从生产国或供给国运往消费国或需求国，虽然它们之间未直接发生交易关系，但仍属于转口贸易范围。

[①] 蔡春林主编.国际贸易[M].北京：对外经济贸易大学出版社，2012.

[②] 中国报关协会.关务基础知识2021版[M].北京：中国海关出版社有限公司，2021.

（四）按照统计标准划分

按照统计标准划分，国际贸易可以分为总贸易和专门贸易。总贸易以货物经过国境作为统计进出口的标准，所有进入国境的商品都被列为进口（总进口），而所有离开国境的商品都被列为出口（总出口）。专门贸易以货物结关作为统计进出口的标准。这意味着只有真正进入一个国家关境内的商品才被计算为进口（专门进口），而离开关境的商品才被计算为出口（专门出口）。总贸易和专门贸易说明的是不同的问题。前者说明一国或地区在国际货物流通中所处的地位和所起的作用；后者说明一国或地区作为生产者和消费者在国际货物贸易中具有的意义①。

（五）按照结算方式划分

按照结算方式的不同，国际贸易可分为现汇贸易、记账贸易和易货贸易。现汇贸易，也称为即期结算贸易，是指买卖双方在交易完成后立即或在约定的短期内进行货币支付的贸易。这种方式的优势在于简单、直接，风险较低，尤其适用于稳定的货币体系和成熟的金融市场。记账贸易，又称赊账贸易，是指买卖双方基于信用协议，延期支付货款的一种贸易方式。这种方式允许一方在一定期限后支付货款，增加了交易的灵活性，有利于促进大宗交易和长期合作关系的建立。易货贸易指的是直接用商品交换商品，而不涉及货币的贸易。在国际贸易中，易货贸易常见于那些货币不稳定或外汇储备不足的国家和地区。易货贸易的优点在于可以绕过货币问题，促进资源的有效配置，但这种方式的局限性在于需要找到匹配的交易需求，且难以准确评估商品或服务的价值，使交易变得复杂化。

四、国际贸易的特点

出于国际贸易是在不同国家或地区间进行的，其交易环境、交易条

---

① 孙莉莉.国际贸易理论与政策[M].北京：北京理工大学出版社，2017.

件和涉及的问题都远比国内贸易复杂，所以和国内贸易相比，其具有以下特点。

（一）涉外性

作为一种跨国界的经济活动，国际贸易不仅要考虑参与各方的经济利益，还必须严格遵循各自国家的外交方针和政策。在进行对外贸易时，国家的进出口方需要在交易磋商、合约签订以及合约执行等各个阶段坚持平等互利的原则。这不仅涉及商业利益的实现，更关乎国家形象和信誉的维护。在对外贸易中，重视合同的遵守和信用的维持是至关重要的，这不仅体现了一个企业的商业道德，更是国家形象和国际地位的体现。因此，国际贸易在实践中需要充分考虑国际关系和外交政策，以及其在全球范围内的长远影响。

（二）复杂性

与国内贸易相比，国际贸易的复杂性主要源于它涉及不同国家或地区间的交易。这些不同国家或地区在政策措施、法律体系方面可能存在显著的差异和冲突，而语言文化和社会习俗的不同则增加了交易的复杂度。此外，国际贸易还涉及运输、保险、银行、商检、海关等多个部门的协作与配合。这些因素共同作用，使得国际贸易的操作、管理和风险控制比国内贸易要复杂得多。企业在从事国际贸易时，不仅要考虑商品和服务的市场需求，还需要熟悉并适应各种国际规则和惯例，以确保交易的顺利进行和合规性。

（三）风险性

国际贸易涉及的交易通常规模庞大，涉及的时间跨度较长，从交易磋商到合同的签订和履行，过程中所需时间远超国内贸易。在长时间和远距离的货物运输过程中，存在多种风险，包括自然灾害、意外事故等不可预见的因素。此外，国际市场本身的不确定性也为国际贸易增加了风险。市场需求的变化、汇率波动、国际关税政策的调整等都可能影响

25

贸易的成本和利润。因此，相比国内贸易，国际贸易在操作上需要更加谨慎和细致，对风险的识别和管理要求更高，以确保交易的安全性和营利性。

（四）不稳定性

国际贸易的稳定性受到多种因素的影响，包括交易双方所在国的政治、经济状况，以及国际政治和经济局势。国际政治的动荡、贸易摩擦的加剧、国际金融市场的波动、市场竞争的加剧等因素都可能导致国际贸易环境的不稳定。这种不稳定性使得国际贸易成为一个复杂且充满挑战的领域。企业需要不断适应和应对这些变化，灵活调整自己的贸易策略和运营模式。在处理国际贸易时，企业需要对可能出现的各种不稳定因素有充分的预见和准备，以减少潜在的负面影响。

（五）竞争性

在国际贸易中，企业不仅要面对来自本国的竞争对手，还要与来自世界各地的企业竞争。这种竞争不仅局限于商品和市场，还包括技术、服务质量和人才等多个层面。技术竞争表现为企业为了保持竞争优势，不断进行技术创新和升级。服务质量的竞争是指企业努力提供更优质的客户服务，以满足不同市场和消费者的需求。而人才竞争则是企业争夺具有国际视野和专业能力的人才，以更好地适应和引领国际市场的变化。这些竞争形式的多样性和复杂性要求企业不仅要具备强大的商品竞争力，还需要在技术创新、服务质量和人才培养等方面不断努力，以在激烈的国际市场中占据一席之地。

五、开展国际贸易的作用

国际贸易将全球各国的生产与消费紧密联系起来，对于一个国家乃至世界经济的发展均具有极其重要的影响。通过国际贸易，国家间的经济活动更加紧密相连，促进了全球经济的整体增长和繁荣。具体来说，开展国际贸易具有以下作用，如图 1-2 所示。

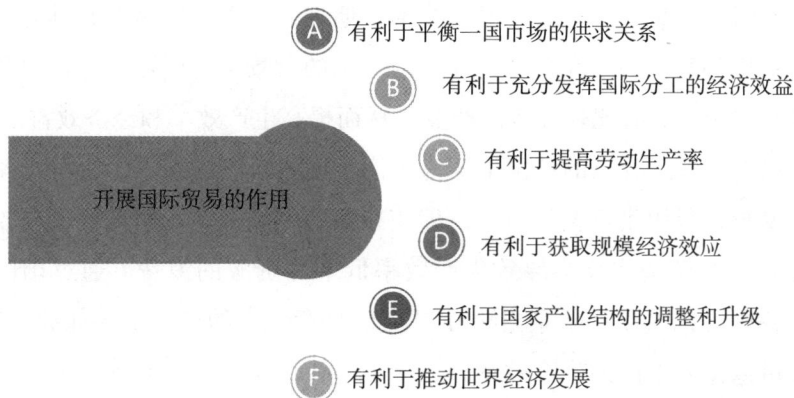

A　有利于平衡一国市场的供求关系

B　有利于充分发挥国际分工的经济效益

开展国际贸易的作用

C　有利于提高劳动生产率

D　有利于获取规模经济效应

E　有利于国家产业结构的调整和升级

F　有利于推动世界经济发展

图 1-2　开展国际贸易的作用

（一）开展国际贸易有利于平衡一国市场的供求关系

各国由于其生产要素的分布和生产力发展水平的差异，生产能力各不相同，而国际贸易成为调节国内市场供求不平衡的有效途径。一方面，一个国家可能面临特定产品的供应不足，即市场上对某些商品的需求超过了国内的生产能力。这种供不应求的情形不仅限制了消费者的选择，还可能导致价格上涨，从而影响经济的稳定和增长。这一问题可以通过进口得到有效解决，通过从其他国家进口那些国内短缺的产品，不仅可以满足国内市场的需求，还可以稳定价格，给消费者带来福利。另一方面，国内市场也可能存在产品过剩的情况。当国内生产的某些商品超过国内市场的消费能力时，过剩的产品如果不能找到出路，将导致资源的浪费，甚至可能引发经济危机。而通过出口贸易可以将这些过剩的商品销售到国际市场。这不仅帮助企业获得更广阔的市场，还促进了国内资源的有效利用，避免了资源浪费和可能的经济损失。国际贸易通过使各国的资源和商品在全球范围内流动，有效地实现了国际资源配置的优化，从而有助于解决单一国家市场面临的供求不平衡问题。

27

（二）开展国际贸易有利于充分发挥国际分工的经济效益

各国在商品生产上因资源、技术、地理位置等多种因素而具有不同的相对优势和劣势。在全球化和国际分工的背景下，国际贸易使得各国能够专注于其具有比较优势的产业，从而提高生产效率和经济效益。

在没有国际分工的情况下，为了满足国内市场的需求，每个国家可能需要投入资源生产各种商品，即使在某些领域缺乏竞争优势也要投入资源。这种做法往往会导致生产效率低下和资源的浪费。通过国际贸易，各国可以将生产要素集中在自己最具竞争力的产业上，如此一来，不仅可以提升本国的生产效率，还能通过进口来满足对其他商品和服务的需求。当国家专注于生产自己具有相对优势的商品时，可以实现规模经济，降低生产成本，提高生产效率。这种专业化的生产方式不仅使得国家能够生产出更多、更高质量的商品，还有助于提升商品的国际竞争力。同时，国际贸易也促进了全球资源的优化配置，使得全球生产资源得到更高效的利用。此外，通过国际分工和贸易，各国可以共享创新和技术进步的成果，进一步提高生产效率和产品质量。国家之间的经济合作和竞争促使各国不断优化自己的产业结构，提高自身的创新能力和技术水平。

（三）开展国际贸易有利于提高劳动生产率

在国际贸易中，商品的价值是按照国际市场的标准来计算的。这意味着，如果一个国家出口的商品在国内生产成本低于其在国际市场上的价值，那么该国在国际交易中就能获得额外的利益。这种利益的获取，本质上是由于出口商品的高劳动生产率所带来的成本优势。因此，为了在国际贸易中获得更大的经济利益，各国必须致力于提高其出口商品的劳动生产率。这包括采用更高效的生产技术、改进工作流程、提升工人技能和知识等。随着劳动生产率的提升，生产相同数量的商品所需的劳动时间和成本减少，使得国内生产的商品在国际市场上更具竞争力。此外，国际贸易的竞争压力也促使企业不断寻求创新和效率的提升。在全球市场上，为了保持竞争优势，企业需要不断优化其生产过程，引入先进技术，改进管理方法。这种持续的优化和创新进一步推动了劳动生产率的提高。同时，国际贸易还促进了专业化和规模经济的发展。当企业专注于生产自己最具比较优势的商品时，可以实现更高的生产效率。规模经济的实现意味着在生产更多单位的商品时平均成本降低，从而提高了整体的劳动生产率。最后，国际贸易通过提供更广阔的市场，促使企业生产规模的扩大。在更大的市场上运营，企业能够更有效地分散风险，投资于更先进的生产设备和技术，这些都是提高劳动生产率的关键因素。

（四）开展国际贸易有利于获取规模经济效应

规模经济效应是随着生产的扩大，单位产品的平均成本不断下降而产生的。[①] 国际贸易是一国商品的生产和流通向国外市场的延伸和拓展，必然导致市场需求的增加，从而刺激出口工业生产规模的扩大，降低产品生产要素分摊给单位产品的成本，增强出口产品的价格竞争优势，获取由此带来的规模经济效应。

（五）开展国际贸易有利于国家产业结构的调整和升级

国际贸易中的商品结构不仅反映了一个国家的产业结构，而且受到世界市场需求结构的影响。随着世界经济结构的变化，国际贸易的商品结构也在不断地调整。为了适应世界市场的需求，参与国际贸易的国家必须不断完善和调整其产业结构。出口商品的结构调整直接影响着一个国家的产业结构。当某一产业的产品在国际市场上需求增加时，这一产业往往会得到进一步的发展和扩张。这种发展不仅局限于单一产业，由于产业间的关联性，出口产业的发展也将促进与之相关联的其他产业的发展。例如，一个国家的高科技制造业发展可能会带动其上游的原材料

---

① 袁建新，孙文基. 国际贸易理论纵论 [M]. 苏州：苏州大学出版社，2016.

产业和下游的服务业的发展。这样的链式反应有助于整个国家产业结构的优化和升级。进口贸易也是促进产业结构调整和升级的重要途径。通过进口，国家可以引进国外的先进技术和设备，加速本国产业的现代化进程。这种技术和设备的引进对于提高生产效率、降低成本以及提升产品质量至关重要。特别是对于发展中国家而言，通过进口贸易引进先进技术，可以缩短其产业升级的时间，快速实现产业的现代化。同时，国际贸易还促使国家对其产业政策进行调整。为了在激烈的国际市场竞争中占据优势，政府需要制定相应的产业政策，支持有竞争力的产业，抑制落后产业的发展。这种政策调整有助于推动产业结构向更高效、更具竞争力的方向发展。

（六）开展国际贸易有利于推动世界经济发展

国际贸易通过加强各国之间的经济交流和合作，深化国际分工，促进了生产要素的全球流动，从而推动了生产、资本和经营的国际化，为全球经济的整体发展提供了动力。首先，国际贸易加强了国与国之间的经济联系。通过贸易活动，不同国家的市场彼此连接，形成了一个相互依赖和相互促进的全球经济网络。这种网络不仅促进了商品和服务的全球流通，还加强了国家间的相互理解和信任，为全球经济合作创造了有利条件。其次，国际贸易加速了生产要素，如资本、技术和人才的全球流动。这种流动使得资源能够在全球范围内更有效地配置和利用，提高了全球生产效率。发达国家的资本和技术流向发展中国家，有助于后者的工业化和现代化进程，同时也为发达国家带来了新的市场和投资机会。此外，国际贸易通过促进国际分工，推动了全球经济结构的优化。各国根据自身的比较优势参与国际分工，专注于自己最擅长的产业，这不仅提高了各国的生产效率和国际竞争力，还促进了全球商品和服务的多样化。国际贸易还推动了经济创新和技术进步。在国际市场的竞争压力下，企业和国家不得不不断创新，提高产品质量和生产效率。这种创新不仅限于产品本身，还包括生产工艺、管理模式和市场营销等各个方面。最后，国际贸易为全球经济的平稳增长提供了动力。通过扩大外贸，各国可以相互补充所需，共同应对经济波动和危机，从而维持全球经济的稳定发展。

第三节 经济全球化对国际贸易的影响

一、贸易自由化

（一）国际贸易协定和多边谈判促进贸易自由化

经济全球化在推动国际贸易协定和多边谈判方面发挥了重要作用，这一过程极大地促进了贸易自由化的发展。随着全球化的加深，国家之间的经济联系日益紧密，对于建立统一的贸易规则和标准的需求也随之增加。这种需求促使各国政府在国际平台上进行更为积极的多边谈判，以达成共识并制定能够促进贸易自由化的国际协议。世界贸易组织（WTO）作为全球贸易谈判的主要平台，在推动多边谈判中发挥了重要作用。WTO 的成立本身就是经济全球化趋势的一个重要体现，其主要目的是提供一个各成员国协商贸易问题和解决争端的平台。通过这一平台，各国政府就贸易自由化的各个方面进行谈判，包括减少关税壁垒、简化贸易程序，以及处理贸易争端等，进而促进全球贸易环境的透明化和可预测性，为国际贸易的顺畅运行提供了基础。

（二）国内经济改革和政策调整促进贸易自由化

随着全球化的推进，国家间经济活动的相互依存和互动日益加深，许多国家审视并调整自身的经济政策和体制，以适应新的全球经济环境。在这个过程中，贸易自由化成为许多国家经济改革的重要组成部分，这些改革旨在提高本国在国际市场上的竞争力，同时也为全球贸易自由化的进程作出贡献。推动贸易自由化一般可采取以下几点措施：

一是降低关税。高关税通常被视为保护本国产业的一种手段，但它们也可能导致贸易成本增加和市场扭曲。通过降低关税，国家可以缓解这些问题，促进更高效的资源分配。降低关税不仅有利于提高进口商品的竞争力，促进国内市场的多样化和创新，还能够增强本国出口产品在国际市场上的竞争力。二是简化海关程序。复杂和耗时的海关手续可能成为贸易的重要障碍，特别是对于那些依赖高效物流和快速市场响应的行业。通过简化这些程序，可以降低交易成本，提高贸易效率，使得国际贸易更加顺畅。这种简化不仅有助于提升本国企业的国际竞争力，还能够吸引更多的外国投资者和贸易伙伴，从而进一步促进国际贸易的自由化。三是取消进出口限制。很多国家实施的数量限制、配额制度或者出口限制，这些措施虽然可能在短期内保护本国产业，但长期来看却可能阻碍经济增长和创新。通过取消这些限制，国家不仅能够促进国内市场的开放和竞争，还能够提高本国产品在国际市场上的竞争力，同时为国际贸易自由化作出贡献。四是鼓励外国投资。全球化时代，外国直接投资（FDI）成为推动经济增长的重要因素。很多国家通过改善投资环境、放宽对外国投资的限制、提供税收优惠等措施来吸引外国投资者。这些投资不仅能够带来资本和技术，还能够促进国际贸易，因为外国企业往往需要从母国或其他国家进口原材料和组件，并将最终产品出口到全球市场。五是通过改革国内市场规制、促进企业竞争、提升金融体系的效率和透明度等方式来支持贸易自由化。这些改革有助于建立更加开放和高效的经济体制，从而更好地适应全球市场的需求。

通过实施这些经济改革和政策调整，各国不仅促进了本国的经济发展，还为国际贸易的自由化作出了重要贡献。这些政策调整反映了各国对于全球化带来的机遇和挑战的认识，同时也展示了它们致力于在全球经济中发挥更为积极和建设性的作用。通过这种方式，全球化不仅推动了国际贸易协定的形成，还激发了各国内部的经济改革，从而实现了贸易自由化的进一步发展。

二、市场多样化

（一）市场参与者的多样化

随着全球经济一体化程度的加深，不同国家和地区的企业、消费者及其他市场主体越来越多地参与到国际贸易中来，这种多元化的市场参与为国际贸易的发展带来了深远的影响。

市场参与者的多样化首先表现在企业层面。在全球化的推动下，不仅大型跨国公司，越来越多的中小型企业也开始进入国际市场。这些企业借助于贸易自由化、技术进步和全球供应链的发展，能够更容易地接触到海外市场，并通过出口、跨国投资或与外国企业合作等方式开展国际业务。这样，国际贸易的参与者不再局限于少数大型跨国企业，而是涵盖了各种规模和类型的企业。同时，市场参与者的多样化还体现在消费者层面。随着经济全球化的发展，消费者能够接触到来自世界各地的产品和服务。这不仅增加了消费者的选择范围，也激发了他们对新颖和多样化产品的需求。不同国家和地区的消费者有着不同的文化背景、消费习惯和购买力水平，这些因素共同塑造了多元化的市场需求。为了满足这些多样化的需求，企业必须不断创新和调整其产品和服务，这进一步推动了国际贸易的发展。除了企业和消费者之外，政府、国际组织和非政府组织等也是市场参与者的重要组成部分。这些组织在推动贸易自由化、制定国际贸易规则、提供贸易融资和技术支持等方面发挥着重要作用。他们的参与不仅促进了国际贸易的规范化和高效化，也为不同国家和地区的市场参与者提供了支持和帮助，从而促进了市场的扩大和多样化。不同市场参与者之间的互动和合作增加了国际贸易的复杂性，同时也为国际贸易带来了新的机遇。随着不同国家和地区的企业和消费者的互动增多，人们对于不同文化和市场的认识和理解也在不断加深。这种文化交流不仅有助于促进国际贸易的和谐发展，还为解决跨国贸易中的文化差异和误解提供了基础。

（二）产品和服务的多样化

在全球化的背景下，企业面临来自世界各地的消费者的不同需求和偏好。这些需求的多样性体现在文化差异、生活方式、消费习惯甚至气候条件等方面。为了在这样一个多元市场中取得成功，企业不得不对其产品和服务进行相应的调整和创新。这可能包括对产品设计、功能、包装和营销策略的改变，甚至可能涉及对企业价值观和经营理念的调整。例如，一家跨国食品公司在不同国家推广其产品时，可能需要考虑到当地的饮食习惯和口味偏好，从而对其产品的配方、口味甚至包装设计进行调整。同样，服装和时尚行业的企业在不同市场推广其产品时，需要考虑到当地的文化传统、审美标准和气候条件，从而设计出符合当地消费者需求的产品。除了产品的多样化之外，服务的多样化也是全球化对国际贸易影响的重要方面。随着服务贸易的不断增长，提供定制化和多元化服务成为企业竞争的重要手段。这包括在不同市场提供差异化的客户服务、适应当地的业务模式和运营策略等。例如，金融服务行业的企业需要考虑到不同国家的金融法规和市场特点，提供适合当地市场的金融产品和服务。

在全球化的大背景下，产品和服务的多样化成为推动国际贸易增长的重要因素。这种多样化不仅满足了不同市场的需求，也促进了全球市场的竞争和创新，加强了不同文化之间的交流和理解，推动了全球供应链的发展。因此，可以说，产品和服务的多样化是经济全球化对国际贸易影响中不可或缺的一部分，对于构建一个更加开放和互联的全球经济体系具有重要意义。

三、供应链国际化

（一）降低贸易壁垒和开放市场促进供应链国际化

在经济全球化的背景下，贸易壁垒的降低和市场的开放对供应链的国际化产生了深远影响。这一过程对国际贸易的发展具有重要意义。

首先，关税的大幅降低促进了供应链的国际化。传统上，高关税是国际贸易的主要障碍之一，它增加了进口商品的成本，限制了国际市场的准入。全球化带来的关税降低使得跨国采购变得更加经济，为企业降低成本、提高竞争力提供了机会。这种降税趋势不仅涉及成熟市场，也逐渐扩展到发展中和新兴经济体。随着关税的下降，企业可以更加自由地从全球范围内寻找和选择供应商，无论是原材料、半成品还是专业服务。其次，配额限制的取消也对供应链的国际化起到了推动作用。以前，很多国家通过设置进口配额来保护本国产业，这种做法限制了外国商品和服务的市场准入。随着经济全球化的推进，许多国家放宽或取消了这些配额限制，从而为国际供应商提供了更多机会。这种市场开放策略不仅有助于提升进口商品的多样性和质量，还为企业寻找更具成本效益的国际供应商创造了条件。最后，自由贸易协定的签署进一步促进了供应链的国际化。自由贸易协定通常包括减少或消除成员国之间的贸易壁垒，建立更加自由和开放的贸易环境。例如，区域贸易协定如北美自由贸易协定（NAFTA）和欧盟内部市场等，通过降低成员国之间的贸易壁垒，促进了跨国供应链的整合和发展。这些协定不仅简化了跨国贸易流程，还增加了市场的可预测性，使企业能够更有效地规划和管理其全球供应链。

（二）信息通信技术的发展促进供应链国际化

全球化不仅是经济和市场一体化的过程，还是技术和信息快速流动和共享的过程。全球范围内的技术和信息传播极大地促进了供应链的国际化，从而对国际贸易产生了重要影响。

第一，互联网技术的普及和应用推动了供应链国际化。互联网为企业提供了一个无国界的平台，使它们能够轻松地与世界各地的供应商、客户和合作伙伴进行沟通和交易。通过互联网，企业可以快速获取全球市场的信息，寻找潜在的供应商和客户，从而扩大其国际业务的范围。同时，互联网还为企业提供了一个低成本的渠道来推广其产品和服务，进一步促进了国际贸易的发展。第二，云计算技术的发展也为供应链的国际化提供了强有力的支持。云计算使企业能够通过互联网访问存储在远程服务器上的数据和应用程序，无须在本地建立庞大的 IT 基础设施。这样，企业可以更灵活地管理其全球供应链，无论身处何地都能够实时访问和处理供应链相关的数据。云计算还使得企业能够更有效地协作和共享信息，提高了供应链管理的效率和响应速度。第三，大数据分析技术的应用也是促进供应链国际化的重要因素。随着全球供应链的复杂化，企业需要处理和分析大量的数据来优化其供应链管理。大数据技术使企业能够从海量的数据中提取有价值的信息，帮助企业做出更加准确和及时的决策。通过分析供应链的数据，企业可以识别潜在的风险和机会，优化库存管理，提高供应链的透明度和灵活性。最后，移动通信、物联网、人工智能等先进技术的发展也对供应链的国际化产生了深远影响。移动通信技术使得供应链管理人员能够随时随地访问和更新供应链信息，增加了管理的灵活性和及时性。物联网技术通过将现实世界的有形对象连接到互联网，使得企业能够实时追踪货物的位置和状态，优化物流和分销过程。人工智能技术则可以帮助企业预测市场需求、自动化生产过程和优化供应链决策，从而提高整体的效率和效果。简而言之，经济全球化背景下，信息通信技术的快速发展对供应链国际化起到了推动作用。这些技术的应用不仅提高了供应链的效率和透明度，还使企业能够更有效地管理跨国的生产和分销活动。通过利用互联网、云计算、大数据分析以及其他先进技术，企业能够优化其全球供应链，增强其在国际市场上的竞争力。技术进步使得供应链的国际化成为可能，从而推动了国际贸易的发展和全球经济的繁荣。在未来，随着技术的不断发展和创新，供应链的国际化将继续深化，为国际贸易带来更多的机遇和挑战。

（三）全球竞争和市场多元化的需求促进供应链国际化

随着世界经济一体化程度的加深，企业不仅面临本国或本地区的竞争，还需要在全球范围内与来自不同国家和地区的竞争对手进行竞争。为了在这种激烈的竞争环境中保持竞争优势，企业被迫寻找更加高效、成本效益更高的供应链解决方案。一方面，全球竞争激烈企业寻找最优秀的供应商和合作伙伴。在全球化的经济体系中，企业可以跨越国界，寻找能够提供高质量原材料、先进技术和创新解决方案的供应商。这种跨国采购不仅有助于企业降低成本，还能够提高产品的质量和创新性。为了获得这些资源和服务，企业需要建立一个跨国的供应链，这不仅包括在不同国家和地区寻找供应商，还涉及与这些供应商建立稳定和互惠的合作关系。另一方面，市场多元化的需求也是推动供应链国际化的重要因素。随着企业进入不同的国际市场，它们需要适应当地市场的特殊需求和消费者偏好。这种多元化的市场需求要求企业能够灵活调整其产品和服务，以满足不同消费者的需求。为了实现这一目标，企业需要建立一个灵活多变的供应链，这不仅包括对生产线的灵活调整，还包括对物流和分销网络的优化。通过建立国际化的供应链，企业能够更快速地响应市场变化，更有效地满足消费者的需求。

第二章 国际贸易理论、政策与措施

第一节 国际贸易理论

国际贸易理论的演变大致可以分为四个主要阶段：古典贸易理论、新古典贸易理论、新贸易理论和新兴古典贸易理论。古典和新古典贸易理论以完全竞争市场为假设前提，强调贸易的互利性，并主要关注于不同产业之间的贸易。第二次世界大战之后，随着全球贸易格局的新变化，新贸易理论应运而生。这一理论从不完全竞争、规模经济和技术进步等多个角度对新兴的贸易现象进行了解释。新兴古典贸易理论则以专业化分工来解释贸易，力图将传统贸易理论和当代贸易理论统一在新兴古典贸易理论的框架之内。

一、古典贸易理论

古典贸易理论，起源于 18 世纪末至 19 世纪初，主要包括亚当·斯密（Adam Smith）的绝对优势理论和大卫·李嘉图（David Ricardo）的比较优势理论。这些理论基于自由贸易的原则，强调不同国家之间在生产效率上的差异，从而解释国际贸易的产生和发展。绝对优势理论认为，国家应专注于生产成本最低的商品，而比较优势理论则进一步阐释了即使没有绝对优势，国家仍可从贸易中获益。本节将重点介绍比较优势理论，它是国际贸易理论中的一个核心理论，解释了不同国家之间为何会发生贸易，以及如何通过贸易实现资源配置的最优化。

（一）比较优势理论的产生背景

比较优势理论的产生可以追溯到 18 世纪 60 年代。当时，英国正在进行工业革命，经济和生产力得到了前所未有的发展，迅速崛起为世界第一经济强国。在这一时期，英国的对外贸易已经处于绝对优势地位，特别是在纺织品等工业产品方面。随着工业的蓬勃发展，英国的资产阶级逐渐形成并开始积极推动对外贸易的扩张，以满足其对市场和原料的需求。然而，英国的政治格局仍受到封建残余的影响，土地贵族阶级在政治生活中占据重要地位。1815 年，英国颁布《谷物法》，该法案通过提高粮价保护了土地贵族阶级的利益，同时对工业资产阶级造成了重大损害。围绕《谷物法》的存废问题，工业资产阶级与土地贵族阶级展开了激烈的斗争。在这场斗争中，大卫·李嘉图站在了工业资产阶级一边。他主张英国应该利用其在纺织品上的比较优势，通过出口纺织品换取玉米，从而提高整体的商品生产效率和经济利益。为此，李嘉图在《政治经济学及赋税原理》一书中对这些观点进行了系统阐述，形成了比较优势理论。该理论不仅为当时工业资产阶级的斗争提供了理论支持，也成了国际贸易理论中的重要组成部分，对后世的经济学和国际贸易理论产生了深远影响。

（二）比较优势理论的理论前提

第一，比较优势理论构建了一个简化的经济模型，即只有两个国家、两种产品和一种生产要素。

第二，假设生产要素（如劳动力）在一个国家内部的不同部门之间可以自由流动，但不能跨国流动。

第三，比较优势强调两国在生产不同商品的劳动生产率上存在差异。这些差异是国际贸易发生的关键原因，因为它们导致不同国家在生产特定商品上具有相对优势。

第四，假设两国的资源（如劳动力）都得到充分利用，并且资源从一个部门转移到另一个部门时，机会成本保持不变。

第五，假设不存在运输成本或其他交易成本，且产品可以在国家间自由流动。

第六，假设两国之间的贸易是平衡的，即进口和出口在价值上相等。

第七，假设贸易是在完全竞争的市场条件下，以物物交换的形式进行的，没有货币媒介的参与。

第八，假设不存在技术进步和经济发展，国际经济是静态的。

（三）比较优势理论的理论内容

比较优势理论的核心内容在于，国际分工和贸易的基础并非仅仅建立在绝对优势之上，而是建立在比较优势的基础上。即使一个国家在生产所有商品上都处于绝对劣势，只要它专注于生产相对劣势较小的商品，仍然可以通过国际贸易获益。相反，即使另一个国家在所有商品的生产上都拥有绝对优势，它也应该专注于生产那些绝对优势最大的商品。按照"两优取其重，两劣取其轻"的原则，不同国家通过专注于自己相对更擅长的产业进行贸易，可以实现资源配置的最优化，增加社会财富，并且使得交易双方都能从中获益，达到共赢的效果。这一理论强调了即使在看似不利的条件下，国家也可以通过合理的国际分工和贸易策略实现经济利益的最大化。

李嘉图通过一个简单的例子来说明自己的比较优势理论：假设有两个国家，英国和葡萄牙，分别生产两种商品，布和葡萄酒。假设在没有贸易的情况下，英国生产一单位布需要耗费的劳动力少于葡萄牙，而葡萄牙生产一单位葡萄酒需要的劳动力少于英国。在这种情况下，英国在布的生产上具有绝对优势，而葡萄牙在葡萄酒的生产上具有绝对优势。根据绝对优势理论，英国应该专注于生产布，葡萄牙应该专注于生产葡萄酒。如果考虑到机会成本，即使英国生产两种产品的效率均比葡萄牙的生产效率更高，但它生产布的机会成本可能低于生产葡萄酒。这意味着，英国放弃生产葡萄酒，转而生产布，所需牺牲的葡萄酒产量较少。同样，葡萄牙虽然在生产这两种产品上均不如英国高效，但它生产葡萄酒的机会成本可能低于生产布。因此，即使在所有产品的生产上都没有绝对优势，葡萄牙也应该专注于生产葡萄酒，从而获得比较优势。

（四）比较优势理论评析

1. 比较优势理论的意义

比较优势理论的提出在历史和现实意义上具有重大贡献。首先，它对 19 世纪英国自由贸易政策的形成和发展产生了深远影响。李嘉图的理论为英国新兴资产阶级提供了强有力的理论支持，帮助他们推翻了限制贸易的《谷物法》。这一举措不仅促进了英国资本积累和生产力的发展，而且标志着自由贸易思想在政策上的胜利。比较优势理论突破了绝对优势理论的局限，明确指出即使一个国家在所有领域都不具有绝对优势，仍然可以通过国际分工和贸易获得利益。这一观点对于当时英国经济政策的制定，尤其是对国际贸易和工业化进程中的决策具有重要影响。

此外，比较优势理论为国际贸易理论提供了科学的基础和出发点，对现代国际经济学和全球贸易体系的形成产生了深远影响。该理论揭示了一个客观规律：无论国家的生产力水平高低，按照比较优势的原则参与国际分工和贸易，都能提升世界福利的总体水平。这一理论证明，在合理的贸易条件下，所有参与国际分工的国家都可以获得实际利益。这为世界各国参与国际贸易提供了坚实的理论基础，促进了全球经济的相互依赖和整合。

比较优势理论的普遍性和实践性使其成为理解和指导国际经济关系的重要工具，为多边贸易体系的建立和发展奠定了基础。在如今的全球化时代，比较优势理论仍然具有重要的现实意义。它鼓励各国根据自身的相对优势，发展适合自己的产业和经济模式，通过贸易实现资源的最优配置，促进经济效率和全球福利的提升。同时，该理论也为发展中国家参与国际贸易提供了指导，帮助这些国家认识到即使在技术和资本上不占优势，通过专注于自己的比较优势领域仍然可以获得发展机会和经济增长。

2.比较优势理论的不足

比较优势理论虽然在国际贸易理论中占有重要地位，但也存在一些不足之处。首先，这一理论的成立基于一系列理想化和简化的前提条件，如静态的经济环境、固定的技术水平和生产要素的不流动性。这些假设使得理论在处理复杂多变的现实经济情况时存在局限性。比较优势理论主要关注的是短期内通过贸易获得的利益，而往往忽略了长期的经济发展和国家利益。在实际应用中，这种静态和短期的利益可能与国家的长期发展战略和经济利益发生冲突，导致理论的适用性受到限制。例如，一些发展中国家可能长期依赖原材料出口，而忽视了产业升级和技术进步的必要性。其次，比较优势理论虽然为国际分工提供了一个依据，但它未能全面揭示国际分工形成和发展的主要原因。理论过分强调成本和自然条件在国际分工中的作用，而忽视了生产力、科学技术、社会条件等其他重要因素。实际上，国际分工的形成和发展是一个复杂的过程，受到多种因素的影响。例如，科技创新和产业结构的变化可能对国际分工产生重大影响，而这些因素在比较优势理论中并未得到充分考虑。因此，比较优势理论在解释国际贸易和分工的全面性和深度上存在不足，需要与其他理论相结合，以更好地理解和指导现代国际经济关系。

二、新古典贸易理论

新古典贸易理论在古典贸易理论的基础上发展而来，对生产要素进行了更细致的分析，重点考虑了国家间在劳动、资本等生产要素的禀赋差异及其对贸易模式的影响。这一理论体系通过引入生产要素市场和要素价格的变动，对国际贸易的成因和结构提供了更加复杂和现实的解释。在新古典贸易理论中，特别值得关注的是要素禀赋理论，该理论由赫克歇尔和俄林提出，强调国家间在生产要素（如劳动和资本）禀赋上的差异是国际贸易和国际分工的关键决定因素。下面将主要介绍要素禀赋理论。

（一）要素禀赋理论的产生背景

1919 年，埃利·赫克歇尔（Eli Heckscher）在其论文《对外贸易对收入分配的影响》中首次提出了要素禀赋理论的基本论点。赫克歇尔的这一理论针对李嘉图比较优势理论中两国间比较优势差异的问题提出了新的解释，从而推动了国际贸易理论的发展。赫克歇尔的学生伯特尔·俄林（Bertil Ohlin）继承并发展了导师的观点。俄林在其博士论文中深入探讨了国际贸易产生的深层原因，并在 1933 年出版的《区域贸易与国际贸易》一书中，对赫克歇尔的理论进行了清晰而全面的阐述。俄林的研究使要素禀赋理论得以成型，并迅速传播和发展，成为国际贸易理论的重要组成部分。随后，学者如斯托尔珀（Stolper）、保罗·萨缪尔森（Paul Samuelson）和雷布津斯基（Rybczynski）等对要素禀赋理论进行了补充和完善，从不同角度扩展了理论的内容和应用范围。这些后续的研究使要素禀赋理论形成了一个更为完整和细致的理论体系，它不仅解释了国际贸易的现象，还对理解国际经济关系和全球贸易格局提供了重要的理论支持。因此，要素禀赋理论又被称为赫克歇尔—俄林理论或简称 H–O 理论，它在国际贸易理论领域中占据了重要地位。

（二）要素禀赋理论的假设前提

要素禀赋理论的假设前提涵盖了三组关键假设，用以简化分析并构建理论框架。

第一组假设主要是为了使问题处理变得更为简单明了：一是考虑只

有两个国家、两种产品和两种生产要素（如资本和劳动）的情况。这种模型有助于清晰地展示贸易理论的基本原理。二是假设各国可供利用的生产要素总量是固定不变的，这意味着在分析中不考虑生产要素总量的增减变化。三是假设两国消费者的需求偏好相同，从而排除需求差异对贸易模式的影响。

第二组假设涉及生产技术方面：第一，两国在生产时采用相同的技术，不存在劳动生产率的差异，且两种商品在生产过程中的要素投入比例相同。第二，假设在两个国家中，商品生产的规模报酬保持不变，即生产规模的变化不会导致单位成本的变化。第三，两种商品的生产具有不同的要素密集度，且这些密集度不随要素相对价格的变化而变化。第四，不存在要素密集度逆转的情况，即如果一种产品在一个国家是资本密集型产品，在另一个国家也是资本密集型产品。

第三组假设关注贸易条件：一是假设运输成本为零，也不存在其他交易成本，从而使得国际贸易更加顺畅。二是假设双方自由贸易，没有贸易壁垒。三是假设商品市场和生产要素市场都是完全竞争的市场结构，生产要素只能在一个国家范围内流动，但产品可以在国家之间自由流动。最后，假设两国之间的贸易是平衡的，即进口和出口在价值上相等。

（三）要素禀赋理论的主要内容

要素禀赋理论关于国际贸易理论的基本内容主要由两部分组成：要素供给比例理论和要素价格均等化理论。[1]

要素供给比例理论主要解释国际贸易产生的基础或原因。这一理论认为，不同国家在生产要素（如劳动和资本）的供给比例上存在差异，这些差异导致国家在生产不同商品的成本上也存在差异。具体来说，一个国家会倾向于专注于生产并出口使用其相对丰富要素较多的商品，同

---

① 刘丁有主编 . 国际贸易 [M]. 北京：对外经济贸易大学出版社，2013.

时进口使用其相对稀缺要素较多的商品。例如，劳动力丰富的国家将专注于生产劳动密集型产品，而资本丰富的国家则专注于生产资本密集型产品。这一理论解释了国际贸易的形成不仅基于商品的比较优势，而且还基于国家间生产要素禀赋的差异。

要素价格均等化理论则关注国际贸易带来的结果，特别是国际贸易对生产要素价格的影响。这一理论指出，国际贸易会促使参与贸易国家的生产要素价格趋于一致。当国家间的商品自由流通时，生产这些商品所需的生产要素（如劳动和资本）的价格也会趋于均衡。这是因为商品贸易实际上间接地促成了生产要素的国际交换，从而影响各国生产要素的需求和供给，最终导致生产要素价格的均等化。这种价格均等化有助于优化全球资源配置，提高生产效率，并促进国际经济一体化。要素价格均等化理论为理解国际贸易对国家经济的深远影响提供了重要视角，展示了贸易如何通过影响生产要素的价格和分配来改变国家的经济结构和提高福利水平。

（四）要素禀赋理论评析

1.要素禀赋理论的意义

要素禀赋理论被西方学术界誉为与李嘉图的比较优势理论并列的国际贸易理论的两大基石之一。这一理论通过将传统的比较优势理论中仅考虑单一生产要素（劳动）的假设扩展到两种或更多的生产要素（如劳动和资本），为国际贸易理论带来了新的维度。这种扩展使得国际贸易理论的分析更加符合现实，能够更准确地解释国际贸易的产生和模式。要素禀赋理论考虑了生产要素的组合比例问题，提出了不同国家在生产要素禀赋上的差异如何影响其在国际贸易中的竞争力和贸易结构。此外，俄林首次将价格理论引入到国际交换领域，通过以货币为单位对商品的价格和成本进行比较，使得理论分析更具实际价值。与传统的物物交换方式相比，这种方法为理解国际贸易的价格机制和成本结构提供了更为清晰和精确的框架。此外，要素禀赋理论正确地指出了生产要素在各国对外贸易中的重要地位。理论强调，土地、劳动力、资本和技术等生产要素在国际贸易竞争中起着决定性作用。这一观点对于理解和分析世界各国在国际贸易中的行为和策略具有重要意义。特别是对于资源较少的国家，要素禀赋理论提供了一个框架，帮助这些国家认识到如何利用本国的资源优势参与国际分工和贸易。通过识别和发挥自身在特定生产要素上的相对优势，这些国家可以更有效地参与全球经济，提高自身的经济利益和国际竞争力。最后，要素禀赋理论还为国家制定合理的贸易政策和发展战略提供了理论依据，鼓励国家根据自身的生产要素结构和禀赋情况，选择适合的产业和贸易伙伴，以优化资源配置，实现经济增长和发展。

2.要素禀赋理论的不足

要素禀赋理论虽然在国际贸易领域具有重要地位，但也存在一些不足之处。首先，该理论建立在一系列严格的假设基础上，包括不存在贸易限制、生产要素在国内的完全流动与国际的完全不流动、没有规模收益以及完全竞争市场等。这些假设在很大程度上脱离了当代经济与贸易的实际情况。因此，过多且严格的理论假设限制了要素禀赋理论在解释当代贸易现实中的应用和有效性。其次，要素禀赋理论将动态的经济视为静态的经济，将各国的相对优势视为固定不变。这种假设忽视了发展中国家在发挥潜在优势和开拓新的生产领域方面的必要性。在现实世界中，国家的比较优势是随着时间、技术进步和市场变化而动态变化的，而非一成不变。因此，该理论在解释发展中国家如何通过改变生产结构和提高技术水平来改变其在国际贸易中的地位方面存在局限性。最后，要素禀赋理论主要将国际贸易产生的原因归结于各国生产要素禀赋上的差异，而忽视了市场扩张这一重要动机。在现实中，市场扩张是各国，特别是发达国家积极参与国际贸易的重要原因之一。政府为了占领国际市场、增加就业，有时即使某些产品不具备比较优势，也会鼓励其出口。这一现象说明，除了生产要素禀赋之外，还有其他因素如市场需求、政府政策和国际竞争策略等也在影响国际贸易的产生和发展，而这些因素在要素禀赋理论中并未得到充分考虑。

三、新贸易理论

第二次世界大战后国际经济中出现的一些新现象，如产业内贸易的快速发展和发达工业国家间贸易量的显著增加。这些现象是传统贸易理论难以解释的，在这样的情况下，新贸易理论应运而生。新贸易理论对传统理论的假设条件进行了重大调整，并采用了不同的分析框架，具有以下特点。第一，新贸易理论的理论假设更贴近现实，考虑了现代经济中的多种复杂因素。第二，新贸易理论在研究方法上强调动态性和多维思维，更能捕捉经济活动的动态变化和多方面的交互作用。第三，新贸易理论注重实用性，致力于解决实际的国际贸易问题。第四，新贸易理论将实证研究置于重要位置，通过数据和事实检验理论的有效性。新贸易理论的提出和发展，对于理解和指导现代国际贸易具有重要的理论和实践意义。下面介绍几种典型的新贸易理论。

（一）产业内贸易理论

1. 产业内贸易理论的产生与发展

随着第三次科技革命的兴起，生产力得到巨大发展，推动了世界经济的增长。这一时期，国际贸易量、贸易商品结构和商品流向发生了根本性变化，国际分工的广度和深度也得到了前所未有的发展。其中，分工的形式由原来的产业间、垂直型分工转化为产业内、水平型分工，国际贸易也相应地从产业间贸易转向产业内贸易。这些变化是传统的生产要素禀赋理论难以解释的，特别是生产要素禀赋相似的发达国家之间为什么会有大量的贸易以及产业内贸易迅速发展的原因。因此，20世纪70年代中期，一批经济学家开始深入研究产业内贸易现象。格鲁贝尔（Gruber）和劳埃德（Loyd）在其著作《产业内贸易：差别化产品国际贸易的理论与度量》中分析了导致产业内贸易的多种因素。格雷（Gray）和兰卡斯特（Lancaster）主要从产品异质性的角度分析产业内贸易的形成。戴维斯则从市场进入障碍和规模经济的角度解释产业内贸易的成因。克鲁格曼（Krugman）强调规模经济是产业内贸易的基本原因，并认为国家的生产要素越相似，其产业结构差异就越小，其贸易越具有产业内贸易的特征。这些研究使国际贸易分工理论发展到了一个新的阶段，为理解和分析现代国际贸易中产业内贸易的兴起和发展提供了重要的理论基础。

2.产业内贸易理论的主要内容

（1）产品差异理论。产品差异理论是产业内贸易理论的重要组成部分，主要解释了为什么即使在同一产业内，不同国家也会相互进行贸易。这一理论认为，产品差异性是产业内贸易的关键驱动力。不同国家的企业生产的同类产品在品质、设计、品牌、功能等方面存在差异，以满足消费者多样化和个性化的需求。这种产品差异化使得消费者在选择商品时有更多的选择，从而促进了不同国家之间相似产品的贸易。例如，虽然多个国家都生产汽车，但每个国家的汽车品牌在设计、性能、价格等方面都有所不同，因此它们能在全球市场上找到自己的定位和消费群体。产品差异理论解释了即使在生产要素禀赋相似的国家之间，产业内贸易也能够发展和增长的原因。

（2）规模经济理论。规模经济理论解释了规模经济如何影响国际贸易。当企业生产规模扩大时，单位成本会降低，使得企业能够更有效地参与国际竞争。规模经济的存在促使企业追求更大的市场，以实现更高的生产效率。这一动机推动了企业在国际市场上的扩张，并促进了产业内贸易的发展。规模经济的效应在那些需要大量固定投资和研发投入的产业中尤其明显，如汽车、飞机和电子产品等行业。通过在全球市场上销售产品，企业能够分摊生产成本，提高竞争力，并实现经济效益的最大化。

（3）偏好相似论。偏好相似论关注的是消费者偏好对产业内贸易的影响。这一理论指出，在经济发展水平和文化背景相似的国家之间，消费者的偏好趋于一致，从而促进了这些国家之间相似产品的贸易。消费者对产品品质、设计和功能的相似偏好导致了不同国家生产的同类产品在国际市场上都有需求。因此，即使生产要素禀赋相似的国家也会在同一产业内相互交换产品。这种消费者偏好的一致性不仅促进了贸易量的增加，还推动了产品创新和多样化，为企业提供了更多的市场机会。偏好相似论解释了为什么发达国家之间在高质量和高技术含量的产品上存在大量的产业内贸易。例如，欧洲和北美的消费者可能对高端汽车、电子产品和时尚品的需求相似，从而促进了这些地区之间在这些产品上的贸易。这种基于消费者偏好一致性的贸易模式有助于提高全球资源配置的效率，并促进国际市场的竞争和创新。

（二）技术差距理论

技术差距理论是由波斯纳于 1961 年在《国际贸易与技术变化》一文中首次提出的。这一理论把技术作为独立于劳动和资本的第三种生产要素，探讨技术差距或技术变动对国际贸易的影响。①

技术差距理论的主要内容包括以下几个方面：首先，该理论指出技术差距是国际贸易产生和发展的重要驱动力。技术先进的国家可以通过研发和创新生产出新产品或改进现有产品获得贸易优势，从而在国际市场上占据领先地位，出口高附加值的产品，同时从技术较落后的国家进口其他商品。技术先进国家的这种优势不仅体现在产品的质量和性能上，还体现在生产效率和成本控制上。其次，技术差距理论强调技术创新的动态性。随着时间的推移，技术领先的国家可能会被其他国家赶超。这种技术的传播和扩散会逐渐缩小原有的技术差距，影响国家之间的贸易竞争力。因此，技术领先的国家需要不断进行技术创新和改进，

---

① 矫萍，李伟.国际贸易 [M].哈尔滨：哈尔滨工业大学出版社，2010.

49

以维持其在国际贸易中的优势地位。此外，技术差距理论也关注技术发展对国际分工的影响。技术进步不仅改变了产品的性能和特点，还改变了生产过程和供应链的结构。这导致国际分工的模式也随之变化，从传统的以劳动力和资源为基础的分工转向以知识和技术为基础的分工。在这种新的分工模式下，技术先进的国家专注于高技术含量的产业，而技术较落后的国家则专注于劳动密集型或资源密集型产业。

（三）产品生命周期理论

美国经济学家雷蒙德·弗农（Raymond Vernon）于 1966 年在其论文《产品周期中的国际投资与国际贸易》中首次提出了产品生命周期理论。① 该理论指出，产品周期的形成与各国技术进步水平的不同密切相关。产品生命周期理论的提出正是基于技术差距理论，并得到了其他学者的进一步发展和完善。

产品生命周期理论将产品的技术发展分为三个阶段：产品创新阶段、产品成熟阶段和产品标准化阶段，每个阶段对国际贸易的影响各不相同。

产品创新阶段，也称为创始阶段或新产品阶段。在这一阶段，新产品通常首次出现在发达国家。这些国家拥有良好的教育条件、雄厚的科技力量和完备的知识产权保护体系，为企业的发明创造提供了有利条件。新产品在这一阶段是技术密集型的，需要科学家、工程师和其他技术熟练工人的大量劳动。由于产品尚未完全成型，技术上并未完善，市场竞争不激烈，替代产品少，因此产品附加值高，创新国内市场就能满足其获取高额利润的要求。在此阶段，创新国家垄断着世界市场，出口量从较小规模开始逐渐增长。

在产品成熟阶段，生产技术已经定型且相当完善。随着出口量的增

---

① 郑世良.基于知识生命周期理论的大学学科发展研究——兼论应用型本科院校的学科发展策略 [J].科技管理研究，2012（8）：137-140.

加，技术开始向国外扩散，创新国的技术垄断优势逐渐丧失。这一阶段市场竞争加剧，替代产品增多，产品的附加值不断下降。为了降低成本和提高经济效益，创新国家的企业开始到东道国投资建厂，转变为资本密集型生产。尽管创新国对东道国的出口可能有所下降，但对其他大多数市场的出口仍可继续，然而出口增长率放缓。

在产品标准化阶段，产品的生产技术、生产规模及产品本身已经完全成熟，不仅发达国家，一些发展中国家也开始掌握这种产品的生产技术。这一阶段，技术垄断优势完全消失，成本和价格因素成为关键。发展中国家因其成本优势开始在一些第三国市场上与创新国产品竞争，并逐渐替代创新国在国际市场上的地位。随着成本下降，这些国家的产品甚至能够在创新国市场上与创新国的产品竞争，导致创新国从出口转变为进口。

产品生命周期理论提供了认识国际贸易模式变化的全面视角，特别是在解释技术创新、生产转移和国际市场竞争方面。它强调了随着产品从创新到成熟再到标准化的演变，生产地点、生产方式和国际贸易流向的变化。这一理论不仅解释了为何创新国家最初在新产品市场中占据主导地位，也阐释了为何随着时间的推移，其他国家能够通过学习和模仿逐步提升其在国际贸易中的地位。产品生命周期理论在分析全球产业转移、国际市场竞争和发展中国家参与国际贸易的角色方面提供了重要的洞见，对于理解和预测国际贸易趋势和全球产业动态具有重要的理论和实践意义。

（四）国家竞争优势理论

国家竞争优势理论，由迈克尔·波特（Michael Porter）在其著作《国家竞争优势》中提出。波特在赫克歇尔—俄林理论和产品生命周期理论的基础上，进一步探讨了国家在全球经济中的作用，提出国家可以具有特定的"竞争优势"。波特的理论为理解国家如何在全球市场中发挥影响力和提升竞争力提供了新的思路。

1.创新机制理论

国家竞争优势理论中的创新机制理论强调，国家竞争优势的核心在于企业、行业的竞争优势，即生产力发展水平上的优势。国家的兴衰根本原因在于其在国际市场中是否能够取得竞争优势，而这主要取决于能否使主导产业具有优势。优势产业的建立依赖于生产率的提升，而提高生产率的关键在于企业的创新机制。

创新机制可以从微观、中观和宏观三个层面进行阐述。

在微观层面，国家竞争优势的基础是企业内部的活力。企业若缺乏创新能力，则难以提高生产效率，从而无法建立优势产业，导致国家难以树立整体竞争优势。企业的活动目标在于使最终产品的价值增值，这需要通过研究、开发、生产、销售、服务等多个环节逐步实现。产品的价值链即为这些环节首尾相接的联系，因此，能使企业获得长期盈利能力的创新应当是整个价值链的创新，而非单一环节的改善。这要求企业重视各环节的改进和协调，并在管理、研发、质量和成本控制等方面实行全面改革。

在中观层面，个别企业价值链的顺利增值不仅取决于企业的内部要素，还有赖于企业的前向、后向和旁侧关联产业的辅助与支持。从区域角度看，各企业为寻求满意利润和长期发展，往往会将研发部门设置在交通便利、信息灵通的大城市，而将生产部门转移到劳动力成本较低的地区，利用价值链的空间差异来降低生产成本，提高竞争力。①

宏观层面上，创新机制理论强调国内经济环境对企业的竞争优势乃至国家的竞争优势有着重要影响。影响国家竞争优势的主要因素包括要素条件、需求条件、相关和支撑产业，以及企业战略、组织结构和竞争状态。②要素条件涉及国家的资源、劳动力、基础设施等；需求条件则

---

① 林建红，徐元康.比较优势与竞争优势的比较研究 [J].商业研究，2004（9）：89-92.

② 张宝山，吕偶然.西方产业集群理论研究综述 [J].全国商情（经济理论研究），2006（4）：31-33.

包括国内市场的需求特征和规模；相关产业和支撑产业的发展水平也对企业的竞争力产生影响；企业的战略、组织结构和竞争状态则决定了其在市场上的行为和效率。除此之外，机遇和政府政策也是影响国家竞争优势的重要辅助因素。

2.优势产业阶段理论

国家竞争优势理论中的优势产业阶段理论着重于分析各国生产力的动态变化和主观努力在赢得竞争优势中的作用。

一个国家优势产业参与国际竞争的过程分为四个依次递进的阶段：要素驱动阶段、投资驱动阶段、创新驱动阶段和财富驱动阶段。在要素驱动阶段，竞争优势主要依赖于国家在生产要素上的优势，如廉价劳动力和丰富资源。这一阶段的竞争优势与传统比较优势理论相一致，但由于缺乏持续提高生产力的基础，这种优势不可能长久保持。许多发展中国家和一些资源丰富的发达国家处于这一阶段。投资驱动阶段的竞争优势主要依赖于资本要素。大量资本用于更新设备和扩大规模，提高产品竞争力。这一阶段的企业通常在标准化的价格敏感市场中竞争。随着就业增加和要素成本上升，一些价格敏感产业开始失去竞争优势。政府在这一阶段的作用很重要，可通过引导资本投入、提供短期保护等措施促进企业发展。创新驱动阶段的竞争优势来源于产业价值链的整体创新。企业注重人员培训、研发和创新能力，将科技成果转化为商品。这一阶段的特征是高水平服务业在国际市场上的地位提升，反映了产业竞争优势的增强。英国、美国、德国、瑞典及日本和意大利等国家在不同时期进入了这一阶段。最后，财富驱动阶段是产业创新意识、竞争意识和竞争能力下降的阶段，经济发展缺乏推动力，企业失去国际竞争优势。这一阶段的国家面临产业投资不足、失业和生活水平下降的问题。国家需要通过产业结构调整和制度创新等途径来预防衰退。

3. 国家竞争优势理论的意义

国家竞争优势理论回答了一些理论界长期未能解决的问题。该理论的意义主要体现在以下几个方面：

第一，国家竞争优势理论指出了国家竞争优势的决定因素，为分析各国竞争优势的基础、预测竞争优势的发展方向及其长远发展潜力提供了一个有用的分析工具。通过对国家竞争优势决定因素的系统分析，该理论帮助政策制定者和企业领导者更好地理解国家竞争力的来源和提升途径，从而为制定有效的经济政策和企业战略提供指导。第二，国家竞争优势理论从动态的竞争优势角度出发，解释了资源稀缺国家如何在多个领域获得竞争优势的问题。这一理论超越了传统比较优势理论仅关注现有要素禀赋的局限，强调了国家通过创新和学习提升竞争力的可能性。这为理解资源条件不同的国家如何在全球市场中取得成功提供了新的视角。第三，国家竞争优势理论明确指出国内需求与国家竞争优势之间的因果关系，弥补了传统贸易理论对需求因素的忽略。[①] 该理论认为，国内市场的特点和需求条件对于刺激创新和提升产业竞争力具有重要作用，从而影响国家在国际市场上的竞争优势。第四，国家竞争优势理论强调国家在决定企业竞争力方面的关键作用。理论指出，国家通过政策、基础设施、教育和技术支持等方面对企业竞争优势的形成和发展起着至关重要的影响。这对于加强国家对企业竞争优势的培育和促进，对企业竞争优势的发展具有积极的意义。

四、新兴古典贸易理论

新兴古典贸易理论是建立在新兴古典经济学的基础上的，这一学派在 20 世纪 80 年代诞生。以杨小凯为首的一群经济学家采用了超边际分析的方法，对古典经济学中关于分工与专业化的概念进行了深入研究。[②]

---

① 李金玲. 市场多元化战略的理论分析 [J]. 商业时代，2008（27）：31-32.
② 赵根伟，葛和平. 新兴古典贸易分工理论发展述评 [J]. 商场现代化，2010（19）：5-7.

他们将这些概念置于一个新的框架中，与当代的经济理论相结合，重新进行了整合。这些经济学家着重研究了分工的概念，并将其从发展和贸易的角度进行了提炼，应用于分析国家间的分工和国际贸易。通过分工演进模型，他们为贸易理论中的一些基本问题提供了新的解释，从而创立了新兴古典贸易理论。

（一）新兴古典贸易理论的基本内容

1.贸易的原因

新兴古典贸易理论认为，贸易是个体专业化决策和社会分工的直接产物。该理论强调，贸易发生的根本原因是分工和专业化所引发和强化的内生比较优势。这种内生比较优势区别于传统理论中的先天比较优势，它可以通过专业化学习、技术创新和经验积累来创造。在这一过程中，每个人根据自己的选择在社会分工中扮演不同的角色，从而产生了生产效率的差异和某方面的优势，形成了贸易的基础。此外，新兴古典贸易理论还强调，贸易的开展不仅取决于生产上的内生优势，还取决于交易效率。只有当这两者的综合优势存在时，贸易才会发生。

2.贸易的结果

新兴古典贸易理论认为，贸易本质上是分工的结果。随着分工的深入，每个人生产的产品种类减少，相互交换的产品种类增多，这导致了个体的贸易依存度、产品生产的集中程度和社会商业化程度的提高。随着经济结构的多样化，市场从无到有，逐步实现一体化。此外，分工还减少了每个人必需的学习时间和成本，提高了专业化水平，促进了生产率的提高。在高水平的分工模式中，不同的人通过专业化生产不同的产品，从而增加了不同的专业种类数，推动了产品种类的增加。因此，分工和贸易不仅提高了贸易依存度和商业化程度，还促进了经济结构的多样化和市场的一体化。

3.人口增长率与经济增长率之间的关系

新贸易理论认为人口增长有助于通过实现规模经济从而提高生产率，但这一观点在现实中并不总是成立。新兴古典贸易理论认为提高劳动生产率的关键在于交易效率而非人口数量。以中国香港为例，其高效的法律制度促进了高交易效率，使得香港成为商品和人口流动率极高的地区。这种高交易效率使香港尽管人口密度高，却能容纳更大的市场和更高水平的分工。因此，高人口增长率与高经济增长率能够在香港共存。新兴古典贸易理论的观点强调了交易效率在经济发展中的重要性，这与新贸易理论的观点形成了鲜明对比，为理解人口增长率与经济增长率之间的关系提供了新的视角。

4.国内贸易向国际贸易的发展

新兴古典贸易理论揭示了国内贸易发展成国际贸易的过程。根据这一理论，消费者和生产者的身份是一体的，国内贸易和国际贸易的基础相同。在交易效率低下时，人们倾向于自给自足，缺乏交易和贸易。随着交易效率的提高，首先形成地方性市场，之后随着交易效率进一步提高，这些分割的地方市场逐渐融合形成统一的国内市场。当交易效率足够高时，国内市场的规模限制了分工的进一步发展，此时，国际贸易便应运而生。新兴古典贸易理论通过分析交易效率的变化，解释了贸易从本地化到全球化的演变过程，展示了贸易发展的动态性和复杂性。

5.贸易与经济发展的关系

在新兴古典贸易理论中，贸易与经济发展的关系被视为分工产生和深化的两个侧面。与传统贸易理论不同，新兴古典贸易理论认为贸易和经济发展并非互为条件，而是相伴而生的现象。分工引发了贸易的产生，同时分工带来的生产率提高也推动了经济发展。随着分工的演进，内生比较优势导致了国家贸易结构和格局的动态变化，为经济的持续增长提供了可能。此外，该理论还考察了参与国际分工和国际贸易对发展中国家的影响，包括对国内及国与国间的二元经济结构和收入分配的影响。这种视角提供了对贸易与经济发展关系更为深入的理解，强调了分工在经济发展中的核心作用。

（二）新兴古典贸易理论的意义及不足

1.新兴古典贸易理论的意义

新兴古典贸易理论是一个理论和政策统一的模型。传统理论将纯理论和政策理论分开处理，先论证贸易利益的存在，然后结合政治经济学分析各国的贸易政策选择。相比之下，新兴古典贸易理论不仅解释了贸易理论的基本问题，还涉及了国家贸易政策的选择和演变，为理解和制定贸易政策提供了更为全面的视角。这种综合性的方法使得新兴古典贸易理论在分析国际贸易问题时更具有实践指导意义，有助于更好地理解贸易政策与经济发展之间的复杂关系。

新兴古典贸易理论还建立了一个将每个人视为生产者和消费者的分析框架，通过强调交易效率的提高，解释了国际贸易是如何从国内贸易发展而来的。这种分析框架将国内贸易和国际贸易的原理统一起来，为理解贸易的本质和演变提供了新的视角。通过分析交易效率的提高如何促进从自给自足到地方市场，再到国内和国际市场的演变，新兴古典贸易理论揭示了贸易发展的内在逻辑，为理解全球化进程中的贸易模式提供了理论支持。

此外，新兴古典贸易理论重新诠释了绝对优势、比较优势等核心贸易理论概念。这种重新诠释在一定程度上将贸易理论整合到一个统一的框架之下。通过强调内生比较优势的概念和分工、专业化在贸易中的重要性，新兴古典贸易理论为传统贸易理论提供了新的解释并进行拓展。这种整合不仅丰富了贸易理论的内容，还提高了理论的适用性，有助于更准确地分析和预测贸易模式及其对全球经济的影响。

2.新兴古典贸易理论的不足

新兴古典贸易理论的一个主要不足在于其理论验证和预测的困难。由于该理论是从劳动分工演进的角度出发的，相关数据的获取在现有统计口径下往往不易实现。劳动分工的细节和演变过程需要精确且全面的数据来支撑，但这类数据很难通过常规的统计方法获得。这种数据的不足限制了理论的检验和预测能力，使得新兴古典贸易理论在实证研究中面临挑战。缺乏充分的数据支持，使理论的应用性和普适性受到影响，这也是该理论需要进一步完善和发展的方向。

此外，新兴古典贸易理论在解释长期贸易现象方面具有较强优势，与长期的贸易发展经验观察相符合。然而，在解释短期或当前的实际贸易问题时，该理论往往缺乏足够的解释力。由于分工演进是一个缓慢的过程，新兴古典贸易理论对于快速发生的经济变化和短期贸易动态的解释能力有限。因此，尽管理论在学术上具有重要意义，其在解决现实问题、指导实践政策上的应用性不足。这表明新兴古典贸易理论在理论构建和应用方面仍有较大的发展空间，需要进一步结合实证研究，提高对现实经济贸易问题的解释和预测能力。

第二节　国际贸易政策

一、国际贸易政策概述

（一）国际贸易政策的概念与构成

1.国际贸易政策的概念

国际贸易政策是各国在一定时期内对进口贸易和出口贸易所实行的

政策,是运用国际贸易理论指导国际贸易实践的杠杆和中介。[①]从单个国家的角度来看,国际贸易政策实际上是该国的对外贸易政策,体现了该国对待国际贸易的立场、目标和策略。

2.国际贸易政策的构成

一般而言,国际贸易政策由以下几方面构成。

(1)对外贸易总政策。对外贸易总政策是基于一个国家的国民经济总体状况和发展战略而制定的基本政策。这种政策考虑了国家在世界经济中的地位,并在一个相对较长的时期内持续执行。对外贸易总政策是国家对外经济关系的基石,决定着国家在国际贸易中的整体方向和态度,一般表现为自由贸易或保护贸易。例如,一个国家可能选择开放市场以促进国际贸易,或者采取保护措施以保护国内产业。这种政策的制定和执行受到国家的经济力量、发展阶段、国际地位和长远战略目标的影响。

(2)进出口商品政策。在对外贸易总政策的基础上,国家会制定具体的进出口商品政策。国家根据本国的经济结构和国内外市场的供求状况,对不同的商品实施不同的政策。比如,对于某些商品可能会施加关税或非关税壁垒来限制进口,而对于其他商品则可能通过提供补贴或优惠条件来促进出口。进出口商品政策的目的是优化国家的贸易结构,促进经济发展,并保护国内市场免受外部冲击。这种政策对于调节国家的贸易平衡、支持关键产业和实现经济多元化至关重要。

(3)对外贸易国别政策。国别政策是根据一个国家的对外贸易总政策,结合国际经济格局和社会关系等情况,针对不同国家和地区制定的政策。这种政策可能包括对特定国家实施不同的关税率或提供差别化的优惠待遇。国别政策的制定与国家间的政治、经济关系和战略考虑相关,旨在促进与特定国家的贸易合作,或是达成外交和政治目标。例

如，一个国家可能对友好国家提供更优惠的贸易条件，或者对具有特定政治或经济关系的国家实施特别的贸易措施。这种政策不仅影响贸易流动，也是国家外交政策的一个重要组成部分，体现了国家在国际舞台上的战略选择和外交目标。

对外贸易总政策、进出口商品政策和对外贸易国别政策相互关联，共同构成一个国家在国际贸易领域的整体战略和行动框架。它们反映了国家的经济目标、国际地位、政治考虑和国内外利益的平衡。通过这些政策的综合运用，国家能够有效地参与全球贸易体系，保护国内经济利益，同时促进国际合作和经济增长。

（二）国际贸易政策的目的

国际贸易政策的目的如图 2-1 所示，可分为保护本国市场、扩大本国产品的出口市场、促进本国产业结构的改善和升级、积累资本或资金和维护本国对外的经济、政治关系五项。

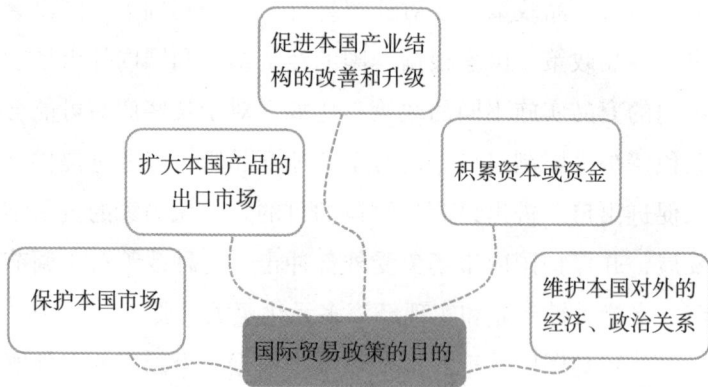

促进本国产业结构的改善和升级

扩大本国产品的出口市场

积累资本或资金

保护本国市场

国际贸易政策的目的

维护本国对外的经济、政治关系

图 2-1　国际贸易政策的目的

1.保护本国市场

国际贸易政策的一个重要目的是保护国内市场免受外国竞争的冲击。这通常通过实施关税和非关税壁垒（如配额制度、进口许可等）来实现。保护本国市场有助于保障国内产业的稳定发展，特别是对于新兴行业或战略性行业。然而，过度保护可能导致国内市场竞争力下降和消费者选择受限。

2.扩大本国产品的出口市场

政府通过各种政策鼓励本国企业进行出口贸易，如提供出口补贴、税收优惠、贸易融资等，旨在增强本国产品在国际市场上的竞争力。这样可以帮助本国企业开拓新市场，增加外汇收入，从而促进国家的经济增长。

3.促进本国产业结构的改善和升级

政府通过贸易政策支持关键产业的发展，鼓励技术创新和产业升级，以适应全球市场的变化。这包括鼓励高科技产业的发展，支持传统产业的转型升级，以及促进产业间的良性互动。

4.积累资本或资金

通过征收关税和国内税等，政府可以增加财政收入，从而为公共服务和基础设施建设提供资金支持。这种财政收入有助于国家经济的稳定和发展。

5.维护本国对外的经济、政治关系

通过建立良好的外贸环境，政府能够促进和加强与其他国家的经济和政治关系。这包括通过双边或多边贸易协定来加强与主要贸易伙伴的合作，利用外交手段解决贸易纠纷，以及通过参与国际经济组织来影响全球贸易规则的制定。这样的政策有助于保障国家的长期经济利益，同时促进国际贸易的稳定和自由。

（三）国际贸易政策的类型

国际贸易政策主要分为三种类型：自由贸易政策、保护贸易政策和管理贸易政策。

1.自由贸易政策

自由贸易政策强调无障碍的国际贸易，主张最小限度的政府干预。

在自由贸易政策下，国家之间相互开放市场，取消关税和非关税壁垒，如配额限制、进口许可证等。这种政策的理论基础主要来自古典经济学，特别是亚当·斯密的"看不见的手"和大卫·李嘉图的比较优势理论。自由贸易政策的优势在于能够促进资源的有效分配，提高生产效率，降低消费者成本，增加商品和服务的多样性。然而，它也可能导致一些国家的产业受到国际竞争的冲击，特别是那些还未完全发展起来的产业。

2.保护贸易政策

与自由贸易政策相反，保护贸易政策旨在保护国内产业免受外国竞争的影响。这种政策通常通过征收进口关税、实施配额制度、提供补贴等方式来实现。保护贸易政策的主要目的是保护新兴产业、保障国家经济安全、保护劳动者和减少对外国产品的依赖。虽然短期内这种政策可以帮助国内产业成长和稳定就业，但长期看可能导致效率低下、消费者选择受限和贸易摩擦等不利后果。

3.管理贸易政策

管理贸易政策介于自由贸易和保护贸易之间，主张对国际贸易进行一定程度的管理和调控。这种政策通常包括设定进出口配额、实行进出口许可证制度、进行反倾销和反补贴调查等。管理贸易政策的目的是平衡自由贸易带来的利益和保护国内产业的需要，尝试在全球化和国家利益之间找到平衡点。这种政策可以帮助国家应对突发的经济问题和国际贸易不平衡的问题，但过度的管理和干预可能会导致贸易壁垒增加，影响国际贸易的整体效率。

二、国际贸易政策的制定与执行

（一）制定国际贸易政策时应考虑的因素

在制定国际贸易政策时，各国需要考虑多种因素，以确保政策能够有效地促进经济发展，维护国家利益，并适应国际环境的变化。

1.经济力量的强弱

经济发达、国际竞争力强的国家通常倾向于自由贸易政策。这是因为这些国家的产业通常具有较高的生产效率和竞争力，能够在国际市场上占据优势。自由贸易有助于这些国家进一步扩大市场份额和提高经济效益。相反，经济较弱、竞争力不足的国家可能更倾向于保护贸易政策。通过设置贸易壁垒，如高关税和进口限制，从而保护本国的幼稚产业和敏感产业，避免受到外国竞争的直接冲击。这种政策有助于国内产业的稳定发展和保障就业。

2.经济发展战略的影响

采取外向型经济战略的国家，如新兴工业国家，往往制定较为开放和自由的贸易政策。这些国家通过积极参与国际贸易来推动经济增长，吸引外资和技术，以及促进本国产品的国际化。这种策略有助于这些国家快速融入全球经济体系，并从中获益。相比之下，那些采取内向型经济战略的国家可能会实施更加保守的贸易政策，限制进口以保护国内市场，同时侧重于自给自足和国内市场的发展。

3.国际政治经济环境和一国的外交政策

外交政策和贸易政策之间存在着互相服务和促进的关系。在某些情况下，为了维护外交关系或实现外交目标，国家可能调整其贸易政策，例如通过签署双边贸易协议或参与区域经济合作。此外，国际政治经济环境的变化，如全球化趋势、地缘政治冲突、国际贸易规则的变动等，也会影响国家制定和调整其贸易政策的方式。

4.利益集团的影响

各个利益集团，如工业界、农业界、服务业、消费者组织和环保团体等，都试图影响政府的决策以维护自身利益。这些集团通过游说、政治捐赠、公共关系活动等方式来影响对外贸易政策的制定。例如，产业界可能倾向于推动保护性贸易政策以防止外国竞争，而消费者团体可能更支持自由贸易政策以降低商品价格和增加选择。因此，国家在制定贸易政策时需要平衡各方利益，尤其是在面对相互矛盾的要求时。政策的最终形式往往是不同利益集团力量平衡的结果，既反映了国家的经济和政治现实，又体现了社会各界的诉求和影响力。

（二）国际贸易政策的制定与执行

国际贸易政策的制定和修改通常由国家的最高立法机构负责。在制定和修改这些政策之前，立法机构需要征询各个经济集团的意见，确保政策能够反映国家内部各方的利益和诉求。在发达资本主义国家中，这通常意味着征询大型垄断集团的意见，因为这些集团在经济和政治上都具有重要的影响力。通过这种方式，政策制定者能够获得关于国内外经济状况、行业趋势和国际市场的深入见解，帮助他们制定更加全面和有效的贸易政策。

最高立法机构颁布的国际贸易政策包括国家在较长时期内的总方针和基本原则，同时也涉及重要的具体措施和行政机构的特定权限。例如，美国国会可能会授权总统在特定范围内制定对外贸易法令、进行贸易谈判、签订贸易协定、调整关税和设定数量限制。这种授权使得政府能够灵活地应对国际贸易环境的变化，同时确保政策的连贯性和稳定性。

在国际贸易政策的执行方面，主要由海关和国家设立的其他机构来负责。这些机构负责执行政策规定的关税、配额和其他贸易措施，确保国际贸易的合规性和有效性。此外，国家内部还会设立专门的机构来促进出口和管理进口事宜，如出口促进局和进口管理局等。这些机构通过提供信息、咨询和支持，帮助国内企业更好地参与国际贸易。最后，国家政府还会积极参与各种国际经济贸易机构和组织，如世界贸易组织（WTO）、国际货币基金组织（IMF）等，进行国际经济贸易方面的协调工作。通过这些国际平台，国家可以参与制定国际贸易规则，解决贸易争端，并推动全球贸易的自由化和便利化。

第三节 国际贸易措施

国际贸易措施是各国政府为了干预自由贸易而采取的一系列政策工具。在全球化时代，各国经济的相互依赖和互联性显著增强，贸易和投资更加自由化，但它也带来了一些挑战，如国内产业面临的激烈国际竞争、就业流失、环境问题以及国家安全问题。为了应对这些挑战，国家采取国际贸易措施来保护本国的经济利益和社会福祉。然而，国际贸易措施的使用需要谨慎，因为过度的保护主义可能导致贸易紧张和全球经济增长的放缓。因此，在全球化背景下，国家在运用贸易措施时需要在保护国内利益和维护良好的国际贸易关系之间寻找平衡。

本节主要介绍的国际贸易措施为关税壁垒、非关税壁垒、出口鼓励与出口管制措施。

一、关税壁垒

（一）关税的概念

1.关税

关税是由政府所设置的海关在进出口商品经过一国关境时，对进出口商所征收的税收。[①]

2.海关

海关是设在国家边境上的行政管理机构，负责执行关税征收。它代表国家行使主权，根据国家的进出口政策、法律和规章对进出口货物、货币、金银、邮件和运输工具等进行监管和管理。海关的任务包括征收关税、查禁走私、监管货物，并统计进出口货物。此外，海关还有权对

---

① 张天颖.区域经济与国际贸易研究[M].北京：北京工业大学出版社，2019.

不符合国家规定的进出口货物采取"限入"措施，如不予放行、罚款、没收或销毁等。

3.关境与国境

关境指的是海关征收关税的领域，它是指适用同一海关法或实行同一关税制度的区域，包括领水、领陆和领空。通常情况下，关境与国家的领土边境（国境）是一致的。然而，在某些特殊情况下，关境和国境可能不同。例如，某些国家缔结关税同盟，成员国之间适用同一关税制度，这时关境可能大于国境。相反，有些国家在本国境内设立经济特区，这些地区可能不属于关境范围，此时关境小于国境。

（二）关税的特点

1.与其他税收相同的特点

关税作为国家财政收入的一个重要组成部分，与其他税收具有一些相同的特点，具体如下：

第一，强制性。关税的强制性体现在它是由国家基于政治权力和法律进行强制征收的。纳税人必须依法缴纳关税，这是对国家法律的遵守。如果纳税人未能遵守相关法律规定，他们将面临法律制裁，例如罚款或其他惩罚措施。这种强制性确保了国家税收体系的有效运行，确保了关税能够作为国家财政收入的稳定来源。无论是关税还是其他形式的税收，如所得税、增值税等，都具有这种强制性，确保税收的公平和效率。

第二，无偿性。关税的无偿性意味着一旦征收，这些资金就成为国家的财政收入，不再直接归还给纳税人，也不需要为此向纳税人提供任何直接的补偿或回报。这与其他税收形式相似，税款一经征收即进入国库，用于国家的公共开支，如基础设施建设、公共服务、国防等，而不是作为直接的回报给个别纳税人。这种无偿性是税收制度的核心特征之一，确保税收能够被用于更广泛的社会和经济目标。

第三，固定性。关税的征收通常是根据国家规定的税法和税则进行的，税率相对固定，并且不能随意改动。这种固定性使税收具有可预见性和一致性，确保纳税人能够了解他们的税收义务。固定性不仅有助于维护税收制度的公正性，也有助于提高税收征收的效率。

2.关税自身独有的特点

关税作为一种特殊的税种，除了与一般税收共有的特性外，还具有以下特点：

第一，关税属于间接税，其征收对象是进出口商品。这意味着关税首先由进出口商垫付，然后这部分成本会计入商品的价格中，并最终转嫁给消费者。这使得关税的实际负担者并非直接缴纳税款的人，而是商品的最终消费者。这与直接税（如所得税）不同，直接税是由纳税人直接向政府缴纳，且税负不会转移。关税的间接税性质使得它在调节市场和保护国内产业方面起到关键作用，同时也影响最终消费者的购买成本。

第二，关税的纳税主体是本国的进出口商，即法律上负有纳税义务的自然人和法人。关税的纳税客体，即课税对象，是进出口商品。通过将税收直接与国际贸易商品相挂钩，关税能够更有效影响进出口活动，从而实现特定的贸易和经济政策目标。

第三，关税长期以来被世界各国视为实施对外经济政策的重要手段。国家根据自身的经济实力和在世界经济中的地位，通过调整关税税率来调节与其他国家的贸易关系。关税不仅是一种财政收入来源，也是一种重要的经济政策工具，可以用来解决贸易摩擦、保护国内市场、促进或限制特定行业的发展等。这种政策功能使得关税在国际贸易和全球经济中扮演了独特且重要的角色。

（三）关税的作用

1.调节一国进出口贸易

关税是调节一国进出口贸易的重要工具。通过调整关税税率，国家可以有效地控制进出口商品的流量和结构。例如，在出口方面，国家可以采用低税率、免税或退税等措施来鼓励商品出口，增强国内企业在国际市场的竞争力。在进口方面，通过提高或降低税率、减免税收等措施，可以调节进口商品的数量和种类，从而影响国内市场的供需关系和价格水平。此外，关税还可以用来调节国家的贸易差额，平衡国际贸易。

2.实施一国对外贸易政策的关键手段。

不同的关税政策反映了国家在对外贸易关系中的不同策略。例如，在采取自由贸易政策时，国家可能对多数商品进口实行较低的关税税率甚至免税，以促进国际贸易和市场开放。而在采取保护贸易政策时，国家可能对进口商品征收较高的关税，以保护国内产业和市场。通过这种方式，关税成为调整国家与其他国家经济关系的一种有效工具。

3.推进一国产业结构的调整

通过对特定产业产品征收不同程度的关税，政府可以鼓励或限制这些产业的发展。例如，对某些竞争性产业的进口产品征收高关税，可以保护国内相应产业免受外来竞争的影响，从而促进这些产业的发展和升级。相反，对某些计划淘汰的产业产品进口采取较少限制，可以促进国内市场的开放和产业结构的优化。

4.增加一国的财政收入

关税是一国财政收入的重要组成部分，特别是对于经济不发达的国家，关税可能成为最重要的收入来源之一。关税收入可以为政府提供资金，用于公共服务、基础设施建设、社会福利和其他公共开支。这种财政收入对于国家的经济发展和稳定至关重要，尤其是在其他税收来源不足的情况下。通过征收关税，国家不仅可以保护国内市场，还可以为公共财政提供支持，增强政府的财政能力。关税收入的合理利用可以促进国家的社会经济发展，改善民众的生活水平，以及支持国家的长期发展战略。

（四）关税的种类

关税种类繁多，按照不同的标准，主要可分为以下几类：

1. 按照征税的目的分类

（1）财政关税。财政关税的主要目的是为政府提供财政收入。这种类型的关税通常对那些不会对国内市场造成严重影响或对本国产业不构成威胁的商品征收。财政关税的税率通常较低，目的是在不过分扭曲市场和贸易的情况下增加政府收入。在很多发展中国家，财政关税是一个重要的收入来源，因为这些国家可能缺乏其他有效的税收收集机制。财政关税的设计需要考虑到税收效率和公平性，以确保它不会给消费者带来过分负担或扭曲市场。此外，财政关税也可以作为补充其他税收的手段，帮助政府平衡预算和资助公共支出。

（2）保护关税。保护关税旨在保护本国产业免受外国竞争的影响。通过对进口商品征收较高的关税，从而提高外国商品在国内市场的价格，进而降低它们的竞争力，保护本国产业，特别是新兴产业和脆弱产业。保护关税可以支持本国产业的发展，保持就业，促进产业升级。然而，保护关税也可能导致国内消费者支付更高的价格，限制产品选择，并可能诱发国际贸易伙伴采取报复性措施。因此，在设计和实施保护关税时，需要权衡国内产业保护和消费者福利之间的关系。

（3）调节关税。调节关税是为了调整国内市场经济和保持国际贸易平衡而设立的。这种关税的目的是通过影响进口商品的价格和数量，来调控国内市场的供求关系，控制特定商品的流入，或促进某些产业的发展。调节关税可以用于多种经济目标，如稳定市场价格、保障国家粮食安全、支持环境保护、促进产业升级等。例如，政府可能对某些关键原材料实行较低的关税，以降低生产成本和鼓励国内生产；或者对某些奢侈品或对环境有害的商品征收较高的关税，以限制这些商品的消费。调节关税的设计和实施需要考虑到其对国内市场和国际贸易的影响，以及对国家长期经济政策目标的符合度。通过有效使用调节关税，国家可以更好地管理经济发展和参与国际市场竞争。

2. 按征收对象或商品流向分类

（1）进口税。进口税是对进入国家领土的商品征收的税费，目的是调控进口商品的流量和种类，以及保护国内市场和产业。进口税可以分为财政进口税和保护进口税。财政进口税主要是为了增加政府收入，税率通常较低，对市场影响较小。保护进口税则是为了保护国内产业免受外国竞争的影响，税率较高。进口税影响着国内市场的价格水平和商品供应，也是国家对外贸易政策的重要组成部分。合理的进口税政策可以促进国家经济发展，保护国内产业，同时避免对国际贸易造成过多干扰。

（2）出口税。出口税是对出口到其他国家的商品征收的税费。出口税的目的通常是控制资源的出口、保护国内资源、增加国家收入或影响国际市场价格。例如，一些资源丰富的国家可能对某些原材料或能源产品征收出口税，以保护国内供应或增加收入。出口税也可以用于防止国内市场的资源过度开采或出口。然而，过高的出口税可能导致国内生产商的竞争力下降，影响国际市场份额。因此，出口税的设定需要权衡保护国内资源和维护国际贸易竞争力之间的关系。此外，出口税也可能引起贸易伙伴的关注或反应，因此在实施出口税政策时还需考虑对国际贸易关系的影响。

3. 按差别待遇和特定的实施情况分类

（1）进口附加税。进口附加税是除了普通关税外，针对某些特定商品额外征收的税费。这种税通常是为了应对特殊情况，如贸易保护、应对市场紧急情况或平衡贸易逆差。进口附加税可以对进口商品产生显著的限制作用，提高进口成本，从而保护国内产业或实现其他政策目标。例如，政府可能对某些被认为对国内产业造成重大威胁的进口商品征收进口附加税。这种关税的设置需要细致考虑，以避免对国际贸易造成不必要的扭曲和紧张。

（2）差价税。差价税是指对进口商品征收的一种特殊关税，其税率根据商品在国际市场和国内市场的价格差异来确定。差价税的目的是平衡国内外市场价格差异，防止国外低价商品的倾销，保护国内市场。通过征收差价税，政府可以有效地调控国内市场，保护本国产业免受不公平竞争的影响。差价税是一种灵活的贸易保护措施，可以根据市场情况和国际贸易环境进行调整。

（3）特惠税。特惠税是指一国对某些国家或地区的进口商品给予的优惠关税率，通常低于普通的进口关税率。这种关税的实施是为了促进与特定国家或地区的贸易往来，加强政治、经济关系或支持发展中国家。特惠税可以帮助加强双边或多边贸易关系，为发展中国家提供市场准入机会。特惠税的授予通常基于双边或多边协议，是国际贸易中常见的优惠措施。

（4）普惠税。普惠税是指一国对所有或大多数贸易伙伴提供的统一的优惠关税率，通常较普通关税率更低。普惠税的目的是推动国际贸易的自由化和多边化，降低全球贸易壁垒，促进国际经济合作。这种关税体现了一种非歧视原则，即对所有国家提供相同的优惠条件，不论其经济、政治或地理位置。普惠税制度有助于提高发展中国家的出口竞争力，帮助它们更好地融入全球经济体系。通过普惠税，发达国家可以支持全球经济发展和减贫工作，同时也能从开放市场和多元化的供应链中获益。普惠税是国际贸易政策中重要的工具，对于平衡全球经济发展和促进国际经济一体化具有重要意义。

二、非关税壁垒

（一）非关税壁垒的概念与特点

1.非关税壁垒的概念

非关税壁垒又称非关税贸易壁垒，是指一国政府采取除关税以外的各种办法，来对本国的对外贸易活动进行调节、管理和控制的一切政策与手段，其目的就是试图在一定程度上限制进口，以保护国内市场和国内产业的发展[①]。

2.非关税壁垒的特点

与关税壁垒相比，非关税壁垒主要具有以下特点：

（1）灵活性和针对性。关税的制定和调整通常需要经过一定的立法程序，具有一定的延续性和稳定性。相反，非关税壁垒通常通过行政程序制定和实施，这使得它们能够更迅速、更灵活地响应市场和政策变化。非关税壁垒的程序较简单，可以针对特定国家和特定商品迅速采取或更换相应的限制措施，从而快速达到限制进口的目的。例如，政府可以迅速实施或撤销特定商品的进口配额或质量标准，以应对市场变化或保护国内产业。这种灵活性和针对性使得非关税壁垒成为调控国际贸易和保护国内市场的有效工具。

（2）保护作用的强度和直接性。非关税壁垒的保护作用通常比关税更强烈和直接。关税通过提高进口商品的成本和价格来间接影响其市场竞争力。相比之下，某些非关税壁垒如进口配额或特定标准的直接性更强。例如，进口配额通过预先限定进口数量和金额，超过限额则直接禁止进口，从而直接控制进口商品的流量。这种直接性使得非关税壁垒能够快速有效地保护国内市场和产业，特别是在面临急剧的市场变化或外国竞争压力时。此外，非关税壁垒还可以用于保护消费者健康、环境安

---

① 徐松.国际贸易学 [M].北京：机械工业出版社，2020.

全和国家安全等方面，其应用范围和影响广泛。

（3）隐蔽性和歧视性。关税壁垒的税率确定和征收办法相对透明，出口商可以较容易获取相关信息。然而，非关税壁垒往往在透明度和可预见性方面较差，且隐蔽性较强。例如，复杂的进口许可程序、标准和规定可能难以理解和遵守，给进口商带来额外负担。此外，非关税壁垒更容易针对特定国家或商品实施差别待遇，因此具有较强的歧视性。这种歧视性可能导致国际贸易关系紧张，甚至引发同贸易伙伴国的争端。因此，非关税壁垒在保护国内市场的同时，也需要注意其对国际贸易体系和外交关系的影响。

（4）稳定性。在当前许多国家实行浮动汇率制度的背景下，关税（尤其是从价税）受汇率变动的影响较大。当汇率变化导致进口商品的本币价格下降时，从价税的税额也会随之降低，这样就减少了关税对本国产业的保护作用。相反，非关税壁垒如配额、质量标准、许可证制度等不直接与商品价格挂钩，因此不会因为汇率变动而改变其对贸易的影响力。非关税壁垒的稳定性使得它们成为在国际贸易中长期和一致性地保护国内市场和产业的有效手段。例如，配额制可以确保进口商品的数量保持在一个稳定的水平，无论汇率如何变动。同样，技术标准和卫生检疫要求等措施也不受汇率波动的影响，能够长期稳定地对进口商品进行控制。然而，非关税壁垒的稳定性也可能带来某些挑战。例如，由于这些措施不易因市场状况而调整，可能会导致过度保护、市场扭曲或国际贸易争端。因此，在实施非关税壁垒时，也需要考虑其对国内市场和国际贸易环境的长期影响，确保这些措施在保护国内市场的同时，不会对国际贸易体系造成不必要的干扰。

（二）非关税壁垒的分类

1.直接性非关税壁垒

（1）进口配额。进口配额是指一国对特定商品或商品类别设置一个固定的进口数量或价值限制，一旦达到这个限额，就不再允许进口额外的商品，或者对超过配额的部分征收极高的关税。进口配额的设定通常基于国内市场的需求、国内产业的保护需要或国际贸易协议。政府可以通过调整配额的数量来应对市场变化，保护国内产业，促进产业升级，或平衡国际贸易。进口配额制度对于保护国内新兴产业、脆弱产业或关键产业具有重要作用。它可以防止国内市场被外国商品充斥，保障国内产业的健康发展，促进就业和经济多元化。此外，进口配额也有助于维护国家安全和公共利益。

使用进口配额时，需要注意以下几个关键问题，以确保配额的有效利用和最大效益。一是要合理使用配额。对于金额限制的配额，目标应是在金额上限内尽可能增加出口量。这需要对出口商品进行有效的市场定位和价格策略，以最大化出口量。对于数量限制的配额，则应着重于出口高档次、高附加值的产品，以实现利润最大化。这涉及产品开发、质量提升和市场策略的优化。二是要充分利用配额。这意味着在规定期限内充分使用所有配额，包括正常配额、留用额（上年度未用完的额度）、预用额（借用下一年度的额度）和挪用额（别国转让的额度）。这要求有高效的配额管理和监控机制，确保所有配额被充分而及时地利用。

（2）自动出口配额制。在自动出口配额制下，出口国政府会对某些商品设定年度或季度的出口配额。这些配额通常基于与进口国的协商结果或出口国自身的市场分析。一旦确定，出口商需要在这个配额限制下进行交易，超出配额的商品将无法出口。这种制度有助于避免某些商品的过度出口，保护国内市场的供应，同时减少对国际市场的冲击。

（3）进口许可证制。进口许可证制是一种国家对某些特定商品进口实施的管理措施。在这种制度下，进口商必须获得政府颁发的许可证才能进行商品的进口，没有许可证的商品将无法进入国家市场。进口许可证制通常针对那些需要特别监管或控制的商品，如敏感商品、战略物资或对国内市场具有重要影响的产品。这种制度是一种凭证进口的方式，确保了政府对进口商品有更直接和有效的控制。作为一种行政手段，进口许可证制具有多种优势。首先，这种制度相对简便易行，因为它依赖于政府的行政决策和执行。其次，进口许可证制的效果往往迅速显现，因为它可以立即对进口商品的流入产生影响。最后，与传统的关税保护手段相比，进口许可证制通常更为有效，因为它提供了对进口商品更直接和具体的控制。

2.间接性非关税壁垒

间接性非关税壁垒是一种通过影响进出口活动的各个方面来间接限制国际贸易的措施。这些措施不直接限制商品的进出口，但通过其他方式对贸易产生影响。

（1）外汇管制。外汇管制是指政府对外汇的交易、使用和持有进行限制的一种经济政策。在国际贸易中，外汇管制可以通过限制货币兑换、控制资金流动或设定外汇配额等方式来影响进出口活动。这种管制可能影响进口商和出口商获得外币的能力，从而间接限制国际贸易。例如，严格的外汇管制可能导致进口商难以获得足够的外币来购买外国商品，或者出口商在换汇时受到限制，影响其收益。外汇管制通常用于保护国家的外汇储备、稳定本币汇率或管理国际支付平衡，但过度的管制可能会对国际贸易产生负面影响。

（2）进出口国家垄断。进出口国家垄断是指政府对某些商品的进出口活动实行专营或专控。在这种制度下，政府通过国有企业或指定的机构来垄断特定商品的进出口贸易，如能源、粮食或战略物资。这种垄断使得政府能够控制这些商品的进出口量、价格和交易条件，从而影响国际市场。进出口国家垄断可以用于保护国内市场、调节国内供需、实现政策目标或获取国家收入。然而，这种垄断可能限制市场竞争，影响贸易效率和消费者利益。

（3）歧视性政府采购政策。歧视性政府采购政策是指国家制定法令，规定政府机构在采购商品时必须优先购买本国产品，进而限制进口商品销售的一种歧视外国商品的政策。这些政策可能包括优先采购国内产品、对外国供应商设置更高的门槛或在评标过程中给予国内供应商特别待遇。通过这种方式，政府可以支持国内产业和企业，促进本国经济发展。然而，歧视性政府采购政策可能限制国际竞争，影响市场开放和公平。这种政策在国际贸易中可能引发争议，特别是在那些强调市场自由化和贸易平等的国际协议下。政府在实施采购政策时需要平衡国内市场保护和国际贸易规则的要求。

（4）国内税。国内税是对国内生产的商品征收的税，但这种税收措施也可以影响国际贸易。当国内税对进口商品和国内商品征收不同的税率时，它就成为一种间接的贸易壁垒。例如，一个国家可能对进口商品征收更高的销售税或其他形式的内部税，使得这些商品在国内市场上的价格上升，从而减少它们的竞争力。这种做法可以保护国内产业免受外国竞争的影响，但也可能违反国际贸易规则，特别是那些要求国内外商品享有同等待遇的规则。因此，国内税作为间接性非关税壁垒时，需要谨慎设计和实施，以确保符合国际贸易协定。

（5）最低限价和禁止进口。最低限价是指政府设定的一种价格下限，低于这个价格的商品不得进口。这种措施通常用于防止国外低价商品对国内市场的冲击，保护国内产业。最低限价通过提高进口商品的最低销售价格，减少这些商品的市场份额，从而支持国内生产者。禁止进口则是一种更为严格的措施，即直接禁止特定商品的进口。这通常适用于那些对国家安全、公共健康或环境有重大影响的商品。虽然禁止进口是一种直接控制手段，但它也可以被视为间接性非关税壁垒，因为它通过禁止特定商品的进口来影响整体的贸易结构。最低限价和禁止进口措施需要仔细考虑，以确保它们符合国家的经济和社会目标，并且不违反国际贸易的规定。

（6）进口押金制。进口押金制，也称进口存款制，是指进口商在进口商品时，必须预先按进口金额的一定比率和规定的时间，在指定的银行无息存入一笔现金才能进口的制度。这笔现金在货物通过海关后可能退还，但在此期间，它实际上增加了进口商的资金成本。这种措施的目的可能是为了确保进口商品符合国家的标准和规定，或者作为一种对国内市场的保护措施。进口押金制可以减少特定商品的进口量，特别是对于资金流动性较低的进口商而言。这种制度通过提高进口成本来降低某些商品的进口吸引力，间接保护国内产业。然而，进口押金制可能会被视为对国际贸易的不公平干预，特别是在它过分限制或歧视性地应用于外国商品时。

（7）海关程序。海关程序是国家海关根据相关法律规定对进口货物实施的一系列管理和控制手续，包括结关、商品分类、海关估价以及征缴关税等。海关程序在确保国家安全、符合贸易法规和征收关税方面发挥着重要作用。然而，在某些情况下，海关程序也被用作实施贸易保护政策的工具。海关程序主要有以下两种：

第一，海关估价制度。海关估价是指海关为了征收关税而确定进口商品价格的制度。在实践中，某些国家可能会根据特殊规定人为提高进口商品的海关估价，从而增加其关税负担，以此来阻碍商品的进口。这种做法被称为专断的海关估价制度，可能成为国际贸易的障碍。为了解决这个问题，"乌拉圭回合谈判"达成的海关估价协议规定了一个新的估价制度，主要以商品的成交价格作为海关完税价格。该制度旨在为签字国提供一个公正、统一且中性的货物估价系统，防止海关估价成为国际贸易发展的障碍。

第二，进口商品征税的归类。进口商品的税额不仅取决于海关估价，还取决于商品的归类。海关将进口商品归在哪一个税号下征收关税具有一定的灵活性。商品的具体税号通常在海关现场决定，而税率上通常偏向较高的选择。这种归类过程增加了进口商品的税收负担和不确定性，从而可能起到限制进口的作用。

（三）非关税壁垒的经济效应

1. 对国际贸易的一般影响

非关税壁垒抑制了国际贸易的增长速度，并破坏了多边贸易体系的开放性。非关税壁垒增加了贸易的成本和复杂性，从而限制了商品和服务的国际流通。由于非关税壁垒的存在，很多国家被迫通过双边协议或加入区域一体化组织来绕过这些障碍，导致歧视性进口限制政策增多，最终阻碍了世界贸易的自由发展。此外，非关税壁垒还对世界进出口商品结构和商品流向产生了影响。例如，发展中国家的农产品和劳动密集型产品往往受到发达国家更多的非关税壁垒，从而影响了这些国家的经济发展和在国际贸易中的地位。

2. 对进口国的影响

非关税壁垒对进口国的影响主要表现在国内物价上涨和产业竞争力下降。限制进口的措施往往导致国内市场的商品供应减少，从而抬高价格，增加消费者的支出。同时，国内厂商，特别是垄断组织，可能从中获得额外的利润。然而，这种"贸易保护伞"容易使产业变得安于现状，缺乏创新和提高效率的动力，最终导致本国产品在国际市场上失去竞争力。此外，国内物价上涨也会导致出口商品的成本增加，进一步削弱出口商品的国际竞争力。

3. 对出口国的影响

非关税壁垒对出口国，特别是发展中国家的影响更为严重。这些壁垒直接限制了出口商品的市场准入，减少了出口规模和利润，阻碍了出口产业的正常发展。发展中国家的多数出口商品供给弹性较小，因此受进口国非关税壁垒的影响更大。这种不利的贸易条件迫使发展中国家采取报复性措施，从而恶化双方的贸易环境。长期来看，这种相互报复的贸易政策不仅损害了双方的经济利益，还可能导致国际贸易关系的紧张和不稳定。

三、出口鼓励与出口管制措施

各国在制定和实施贸易政策时，除了利用关税和非关税壁垒限制进口以外，还通过政府指令，在经济、行政、组织等方面采取各种鼓励出口的措施，扩大商品的出口。此外，对某些重要资源和战略物资，一些国家出于政治.经济或军事方面的考虑，实施出口管制、限制或禁止出口。

（一）鼓励出口的措施

1.出口信贷

出口信贷是政府或金融机构为了促进国内企业的出口而提供的贷款或信贷支持。这种信贷通常以较低的利率提供，目的是降低出口商的资金成本，从而增加其产品在国际市场上的竞争力。出口信贷可以帮助企业克服财务障碍，尤其是在需要大量前期资金投入的大型出口项目中尤为重要。这种贷款通常用于资助出口交易的生产、包装、运输和营销活动。出口信贷的提供可以是直接的，也可以是间接的。在直接模式下，金融机构直接向出口商提供贷款；在间接模式下，金融机构为买方或买方的银行提供贷款，从而使买方能够支付出口商品。出口信贷在很多国家被视为促进出口和国际贸易的重要工具，尤其对于发展中国家和新兴经济体的企业而言。

2.出口信贷国家担保制

出口信贷国家担保制是政府为了促进出口而提供的一种信用保险或担保服务。在这种制度下，政府或其授权的机构为出口信贷提供担保，减轻金融机构因提供出口贷款而面临的风险。这种担保通常涵盖商业风险和政治风险，包括买方违约、支付延迟、货币转换问题、政治动荡或战争等。出口信贷国家担保制使得银行和其他金融机构更愿意向出口商提供贷款，因为它降低了贷款的风险。这种担保机制对于那些面临较高风险市场或较大信贷需求的出口项目尤为重要。通过提供国家担保，政府可以激励金融机构支持出口活动，从而促进国内产业的国际化和经济增长。这种措施在全球许多国家得到了应用，被视为支持出口和增强国际贸易竞争力的有效方式。

3.出口补贴

出口补贴是政府直接或间接提供给出口企业的财政支持，目的是降低企业的出口成本，提升其产品在国际市场上的竞争力。出口补贴可以采取多种形式，包括直接的现金补助、减免税收、提供低息贷款、政府承担部分营销或运输费用等。这些补贴有助于降低企业的运营成本，使其能够以更有竞争力的价格出售产品。出口补贴不仅支持企业扩展国际市场，还有助于国家经济的整体增长。然而，出口补贴在国际贸易中饱受争议，因为它可能扭曲市场竞争，导致不公平贸易。国际组织如世界贸易组织（WTO）对出口补贴实行一定的限制和规则，以维护国际贸易的公平性。

4.经济特区

经济特区是政府为了鼓励出口和吸引外资而在特定地区设立的特殊经济区域。这些区域通常提供一系列优惠政策，如税收减免、简化的行政审批程序、特殊的海关规定和更灵活的劳动法规。经济特区旨在创造一个有利于企业成长和国际贸易的环境，吸引外国直接投资，促进出口导向型产业的发展。这些特区通常具有良好的基础设施和高效的服务，有助于降低企业的运营成本和提升生产效率。经济特区在许多国家成功促进了出口增长和经济发展，尤其是在亚洲的一些国家，如中国的深圳经济特区。

经济特区主要有以下几种类型：（1）自由贸易区。自由贸易区主要是为了促进贸易自由化而设立的区域，通常提供税收减免、简化的海关程序和更自由的商业环境。（2）保税区。保税区是一种设立在海关边境内的特殊区域，允许商品储存、加工或重新出口而不征收关税，直到商品进入国内市场时才需缴税。（3）自由港。自由港是一种设立在港口城市的经济特区，它结合了自由贸易区和保税区的特点，提供了更高的贸易自由度和更灵活的海关政策。（4）出口加工区。出口加工区专门为出口导向型的制造业和加工业企业设立，提供优惠的税收和海关政策，支持企业加工和再出口商品。（5）科学工业园区。科学工业园区是专注于科技和创新产业的特区，旨在吸引高科技企业和研究机构，提供优质的基础设施和政策支持，以促进技术发展和经济增长。（6）自由边境区。自由边境区是位于国家边境地区的特区，旨在促进边境地区的经济活动，通常提供特殊的贸易和投资政策。不同类型的经济特区各有特色，通过提供特定的政策优惠和环境，吸引投资和企业，从而促进区域的经济发展和国际贸易。经济特区的模式在全球许多国家和地区都取得了成功，成为推动经济增长和国际合作的重要工具。

（二）出口管制的措施

出口管制是一国政府为了实现特定的政治、经济或军事目的而对本国出口商品实施的管理和控制措施。这些措施通常通过法律法规和行政指令来实施，目的是限制或禁止某些战略性商品和其他重要商品的出口。出口管制的对象通常包括军事相关产品、高科技物资、敏感技术和其他可能影响国家安全或国际政策的商品。

1.出口管制的形式

出口管制的措施主要有两种形式：单边出口管制和多边出口管制。

（1）单边出口管制。单边出口管制是指一个国家独立设立的出口管制措施，这些措施基于国家自身的政策目标和安全考虑。单边出口管制可能包括特定商品的出口许可证制度、出口配额、出口禁令或对某些国家和地区的特定限制。这种控制通常针对那些被认为可能损害国家安全、有助于武器扩散、侵犯人权或破坏全球环境的商品。通过实施单边出口管制，国家可以独立地控制敏感商品的出口，避免这些商品用于不当用途或落入不稳定地区。

（2）多边出口管制。多边出口管制是指由多个国家共同参与制定和实施的出口管制措施。这些措施通常是基于国际协议或协调机制，旨在防止敏感技术和物资的扩散。多边出口管制机制如核供应国集团（NSG）、《导弹及其技术控制制度》（MTCR）和《瓦森纳协定》等，旨在控制能够用于制造大规模杀伤性武器及其运载工具的商品和技术的出口。多边出口管制通过国际合作提高了出口管制的有效性，避免了单个国家行动可能带来的局限性和不足。

2.出口管制的方式

一国控制商品出口的方式多种多样，其中最普遍、最有效的手段是出口许可证制度，它可以分为一般许可证和特种许可证两种。

（1）一般许可证。一般许可证，也称为普通许可证，是一种相对简化的出口许可方式。出口商无须向有关机构专门申请许可证，只需在出口报关单上填写相应商品的普通许可证编号。随后，海关在核实商品信息后即可办理出口许可证手续。这种许可证的流程相对简单快捷，适用于不涉及重大国家安全或敏感技术的普通商品。一般许可证的使用减轻了出口过程的行政负担，便于企业快速完成出口流程。

（2）特种许可证。特种许可证适用于敏感商品的出口，特别是那些可能影响国家安全、国际合作或具有重要战略意义的商品。出口这类商品时，出口商必须向有关机构提出申请，并在许可证上详细填写商品的名称、数量、管制编号以及出口用途。此外，出口商还需附上有关交易的证明书和说明书以供审查。只有在获得批准后，这些商品才能被出口。特种许可证的流程更为严格和详细，旨在确保敏感商品的出口得到妥善管理，防止这些商品用于不当用途或落入不安全的地区。

一般许可证和特种许可证是出口管制的两种主要方式，分别适用于不同程度的管制需求。通过这些许可证制度，国家能够有效地控制关键商品的出口，同时确保出口流程的效率和合规性。在经济全球化背景下，这些措施对于维护国家安全、遵守国际协议和保护国家经济利益都至关重要。

第三章　现代物流与国际贸易

第一节　现代物流概述

一、物流的概念

（一）物流的基本概念

物流是根据实际需要，将运输、储存、装卸、包装、流通加工、配送、信息处理等基本功能实施有机结合，使物品从供应地向接收地进行实体流动的过程。[①]

（二）物流概念的进一步解释

第一，物流是指有关物品流通的经济活动，包括物资流通和信息流通。物流是将货物从供应者移动到需求者，这一过程包含多个环节，如包装、搬运、保管、库存管理、流通加工、运输和配送等。在现代社会，物流是不可或缺的，物流的存在使得货物能够从生产地被有效地传递到消费者手中，从而实现了社会商品的有效流通。[②]

第二，物流是创造经济价值的活动。物流过程解决了时间和空间上

---

① 罗来根，赵斌，陈丽.物流基础 [M].北京：航空工业出版社，2022.

② 禹敏，秦文丽.我国物流经济及空间组织研究 [J].商场现代化，2014（5）：58.

的距离问题，连接供给主体和需求主体，从供应、生产、搬运、仓储到销售，在各个不同环节上创造价值，使这一过程中一切有形无形的资本获得增值，所以，它是物资在物理性移动中创造经济价值的活动。例如，将产品运输到消费者需要的场所，或在产品流通过程中对产品进行分类包装，就可以使消费者方便购买，使产品真正变成商品。

第三，物流不只是货物的物理性转移，它还涉及与生产、运输、保管、包装和搬运等活动相关的信息流。为了确保产品能以适当的数量、在适当的地点以适当的价格提供给适当的消费者，就需要把仓库场所、运输方法、保管方法以及通信方式等适当地组合起来，也要靠这些方面的信息控制进行各种过程的统一和综合，才能整体性地完成物流。因此，物流可以被视为一个控制原材料、成品和信息的综合系统。

第四，物流是集成性活动，是多种活动的统一。物流过程也是实现组织目标的过程，要对这一过程进行计划、控制和组织，既要满足顾客需要，又要实现自身盈利。物流的过程包括供应、生产、运输、保管、配送、包装、装卸、流通加工等实物的处理，这些处理过程形成了环环相扣的链接整体，因而称作"流"，如果不能形成流，则不能实现物的价值。另外，在物的运动中，要靠信息活动来统一和协调，借助于信息活动这种现代化技术手段来实现物的流动的科学化和数字化，降低物流活动的成本。因此可以说，物流是产品流、商流、信息流的相互融合和统一。

二、现代物流及其构成要素

（一）现代物流的概念

现代物流是在运输、储存、装卸、包装、流通加工、信息等基本功能要素的基础上，利用现代管理理念，借助于现代科学技术，通过对物流整体进行系统化管理，使物流功能要素组合达到整体大于部分之和的效果，即对物流各功能要素进行了"整合"的系统。①

（二）现代物流的构成要素

1.现代物流理念

现代物流理念将整个社会视为一个统一的物流运行系统，通过信息系统来整合对顾客、经销商、运输商、生产商、物流公司和供应商之间的管理。现代物流理念的魅力在于它不仅注重物品的物理流动，更强调流动过程的目的性和经济性，以此提升社会资源的整体利用效率。在这种系统化的管理思想指导下，物流活动不再是孤立的环节，而是构成了一个相互联系的物流网络，每个结点的物资都能根据区域、属性和服务对象的不同需求，得到有效的集成和调配。现代物流理念的实施确保了物资能够按照顾客的需求准时运达相应的地点，同时在集成和配送过程中实现最大的经济效益。此外，现代物流理念还有助于抵消市场经济中盲目竞争和调节滞后的制度性缺陷，通过更加精细和灵活的管理，提高整体供应链的响应速度和适应性。

2.信息运作平台

信息运作平台则是现代物流不可或缺的技术支撑，它依赖于信息技术来保障物流系统的正常运作。现代物流高度依赖于数据和信息的采集、分析、处理及时更新能力，这是因为物流决策需要基于大量实时且准确的信息。计算机技术的广泛应用使得大量信息的存储和处理成为可能，而条码技术和射频识别（RFID）技术使得物流过程中的信息采集工作变得简单且可靠。网络技术和电子数据交换（EDI）技术的应用则使数据信息的传递更加迅速和准确。这些技术共同为科学和快速的物流决策提供了强有力的支持，从而显著提升了物流效率，并扩大了物流活动的范围和深度。在现代物流中，IT技术的支持不仅是保证物流活动顺利

---

① 宋华.物流供应链管理机制与发展 [M].北京：经济管理出版社，2002.

进行的关键，还是实现高效、智能化物流管理的基础。没有信息技术的支持，现代物流系统的高效运作几乎是不可能实现的。

3. 物流实务操作

（1）运输。运输是指在空间上移动物品的物流活动，包括长距离和短距离的货物转移。运输系统由运输结点（如车站、码头）、运输途径、交通工具等硬件要素以及交通控制和运营等软件要素组成。[①] 这些要素共同构成了一个有机整体，通过它们的综合效应，实现物品的高效运输。随着技术的发展和供应链的全球化，运输系统变得更加复杂和高效，需要精确的调度和管理来保证货物的准时到达，同时也要考虑成本效益和环境影响。

（2）储存。储存主要是指商品的储藏。通过储存，可以实现供需之间的时间调整和价格调整，从而使经济活动更加稳定和高效。储存的主要设施是仓库，而有效的仓库管理需要基于准确的库存信息。现代物流中的储存重点在于通过先进的仓储管理系统和自动化技术，提高仓储效率和减少库存成本。例如，通过实时库存追踪和自动补货系统，可以实现库存的及时调整和优化。储存不仅确保了货物的安全和品质，还为供应链提供了必要的灵活性，使得企业能够更好地应对市场需求的波动。

（3）装卸。装卸是指在交通机关和物流设施之间进行的商品取放活动。这一过程通常发生在商品的运输、保管、包装前后，包括商品的放入、卸出、分拣、备货等作业行为。装卸活动的有效性和效率对于整个物流过程的顺利进行至关重要。一个关键的合理化手段是使用集装箱和货盘，这些工具能显著提高装卸作业的速度和安全性，减少货物损伤的风险，并降低劳动力成本。此外，自动化装卸系统和机械化设备的应用也在提高装卸效率、减少人为错误和增强物流活动灵活性方面发挥着重要作用。

---

① 李思志. 第三方物流供应商选择模型研究 [D]. 阜新：辽宁工程技术大学，2004.

（4）包装。包装不仅在商品的输送和保管过程中发挥着重要作用，还在商品销售和品牌传播中扮演着关键角色。包装可以分为两类：一是工业包装，主要用于保持商品的品质和完整性。二是商业包装，其目的在于促进销售、提高商品价值，并传递相关信息给消费者。工业包装关注商品在运输和存储过程中的保护，确保商品安全抵达目的地。商业包装则更多地关注于商品的外观设计和信息传递，通过创意和吸引人的包装设计来提高商品的吸引力，促进消费者购买。包装不仅保护商品，还通过美观和实用的设计提升商品的市场竞争力。随着市场对环保和可持续性的关注增加，环保包装材料和可回收包装设计也成了现代物流中包装的重要趋势。

（5）流通加工。流通加工指的是在商品流通阶段进行的各种加工活动，旨在保持商品的品质或实现功能上的转换。这种加工包括切割、细分化、钻孔、弯曲和组装等轻微的生产活动。除了这些直接的加工活动，流通加工还涉及诸如单位化、价格贴付、标签贴付、备货、商品检验等辅助作业，这些都是为了确保商品流通的顺利进行。流通加工的重要性在于它能够提高商品的附加价值和促进商品的差异化。通过流通加工，商品可以更好地满足市场和消费者的特定需求，从而在竞争激烈的市场中脱颖而出。随着消费者需求的日益多样化，流通加工越来越成为提升商品竞争力和市场吸引力的关键手段，对于实现个性化和定制化服务尤为重要。

（6）信息。信息是现代物流系统中不可或缺的构成要素之一。它涉及收集、处理和传播与物流活动相关的所有信息，使整个物流过程能够有效且顺利地进行。随着计算机和信息通信技术的快速发展，物流信息已经实现了高度化和系统化，使得订货、在库管理、出货、商品接收、输送和备货等各个环节的业务流程实现了一体化。信息系统如销售时点信息管理（POS）和电子数据交换（EDI）等技术的应用，大大提高了物流信息的传播速度和准确性，使得大型零售店和便利店等能够削减流通成本、扩大销售。物流信息不仅包括与商品数量、质量、作业管理相关的物流信息，还包括与订货、发货和货款支付相关的商流信息。这些信息的有效管理对于优化库存、提高客户满意度、减少成本和提高整体物流效率至关重要。信息在现代物流系统中的作用不可小觑，它是确保物流活动高效、顺利进行的关键。

三、现代物流的基本特征

现代物流的基本特征主要体现在以下几方面，如图 3-1 所示。

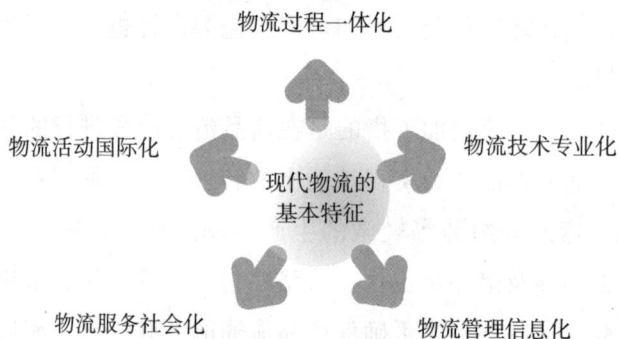

物流过程一体化

物流活动国际化　　现代物流的基本特征　　物流技术专业化

物流服务社会化　　　　　　物流管理信息化

图 3-1　现代物流的基本特征

（一）物流过程一体化

物流一体化强调的是系统综合和总成本控制。这意味着，物流不再是单一环节的管理，例如仅关注运输或者仓储，而是将供应、生产、销售、运输、库存以及相关的信息流动整合为一个统一的系统。在这个系统中，各个环节和部门不能再各自为政，而是需要协调合作，共同为整个系统的效能和成本控制负责。这样的系统思维有助于发现并解决物流环节中的瓶颈问题，提高整体的运作效率和成本效益。

物流一体化的一个重要表现是供应链概念的出现。供应链将物流系统从原材料采购开始，经过生产过程，再到货物配送直至到达终端用户的整个过程，视为一条连绵不断的"链"。在供应链管理中，重点不再是单个功能部门的运作，而是整个供应链的高效协作和管理。通过对整个供应链的优化和整合，企业能够更有效地控制成本，提高服务质量，增强对客户需求的响应速度。采用供应链管理的企业，尤其是世界级的公司，他们努力通过增加整个供应链提供给消费者的价值、减少整个供应链的成本来增强竞争力。[1] 这表明，现代物流的竞争焦点已经从单个公司转移到整个供应链。这种竞争不仅是价格竞争，更包括服务质量、交货速度、创新能力等多方面的竞争。这样的竞争格局促使企业必须在整个供应链范围内寻求合作伙伴，共同提升供应链的竞争力。

（二）物流技术专业化

物流技术专业化是指将现代技术广泛应用于物流活动中，以提高物流效率、扩大物流活动领域，并实现物流服务的优化。物流技术专业化体现在多个方面：例如，条形码技术和射频识别（RFID）技术被广泛应用于物品追踪和库存管理，提高了物流信息的准确性和实时性。电子数据交换（EDI）技术则使得供应链中的各个参与者能够高效地交换关键信息，如订单、发货通知和发票等，从而加快了整个物流过程的速度。网络技术的应用使得物流信息系统得以实现实时共享和全球化管理，提高了整个供应链的透明度和协调能力。自动化仓库系统、智能化的分拣系统、自动装卸设备等都显著提升了物流操作的速度和精确度，同时降低了人力成本和出错率。此外，运用智能化和柔性化技术，物流设备和系统能够更灵活地应对不同的物流需求和变化，提高了物流系统的适应性和灵活性。同时，通过对物流过程的优化，如路线优化、装载优化等，物流系统能够以更高效的方式完成物流任务。

（三）物流管理信息化

物流管理信息化是现代物流的关键特征，它通过数据库化、代码化、电子化和计算机化的信息处理，以及信息传递的实时化和标准化，

---

[1]　赵洪珊.竞争新思想——快速反应[J].中国纺织经济，1999（6）：18-20.

使得物流操作更加高效、准确和灵活。[①] 物流信息化不仅提高了物流服务的质量，还加强了企业在市场上的竞争力。在现代物流管理领域，信息化已成为企业竞争的重要焦点。

第一，物流管理信息化体现在对客户资料和订单处理的数据库化与代码化。这意味着物流系统能够高效地处理客户信息和订单数据，实现快速响应客户需求。数据库化使得客户信息和订单数据可以被系统化、标准化地存储和管理，为后续的物流操作提供了准确、详尽的信息基础。代码化则是指通过标准的编码系统（如条形码、QR 码等）来标识商品和订单，使得信息的采集和传递更加迅速和准确。第二，物流信息处理的电子化和计算机化是物流管理信息化的核心。在这一过程中，通过计算机系统和各种软件工具，物流信息被高效地处理和分析。例如，物流管理系统（LMS）、仓库管理系统（WMS）和运输管理系统（TMS）等专业软件能够帮助企业优化库存管理、运输安排和仓储操作。电子化和计算机化的信息处理大大提高了物流决策的准确性和效率。第三，信息传递的实时化和标准化是现代物流管理信息化的另一重要体现。实时化保证了物流信息能够即时传递，使得各环节能够对变化进行快速响应，有效协调物流操作。而信息传递的标准化则确保了信息在不同系统和组织间的无缝对接，降低了沟通成本，提高了信息交换的效率。

（四）物流服务社会化

首先，物流服务社会化的一个重要体现是第三方物流的兴起和发展。随着市场竞争的加剧和企业对成本控制的关注，越来越多的企业开始寻求通过外包物流服务来提高效率和降低成本。第三方物流提供商专注于物流服务，具有专业的技术、设备和人才，能够为企业提供包括运输、仓储、配送、库存管理等在内的一站式物流解决方案。通过将物流服务外包给专业的第三方物流公司，企业不仅可以减轻自身运营负担，

---

① 汪旭晖.现代物流产业发展趋势探讨 [J].港口经济，2003（3）：47.

还可以利用第三方物流的专业性和规模经济优势来优化物流效率和降低物流成本。其次，物流服务社会化还体现在物流中心的建设和运营上。物流中心作为物流网络的关键节点，具有集货、分拨、储存、加工和配送等多项功能。随着市场需求的日益复杂，物流中心的规模和功能也在不断发展，越来越多的物流中心采用高度自动化和智能化的设备和系统，提高了物流操作的效率和精确度。物流中心的社会化运营使得多家企业的物流需求得以集中处理，实现资源共享和协同作业，从而降低物流成本，提高物流服务水平。

物流服务社会化促进了企业内部物流部门的专业化。许多企业在内部设立相对独立的物流专业部门，专门负责物流管理和操作。这些专业物流部门凭借其在人才、技术和信息方面的优势，能够运用先进的物流技术和管理方法，提高物流效率，降低物流成本。[1]同时，企业可以将有限的资源和精力集中在自身的核心竞争领域，以实现更好的市场表现。

（五）物流活动国际化

物流活动国际化是经济全球化背景下的必然产物，它体现了物流活动的全球布局、跨国运作和国际协同。这一特征不仅影响了物流网络的构建和运作，而且对企业的全球战略规划和执行起着至关重要的作用。

物流活动国际化体现在全球供应链的构建上。跨国公司在全球范围内采购原材料和零部件，并选择产品和服务的销售市场。这种全球化的采购和销售策略要求物流活动跨越国界，形成一个覆盖全球的物流网络。这个网络不仅包括国际运输（如海运、空运），还包括国际仓储、国际配送和国际物流信息系统等多个环节。物流活动国际化还表现在全球分配中心和关键供应物的集散仓库的设立上。大型跨国公司通常会在全球

---

① 贾平，董智. 提高物流管理水平促进流通经济增长方式的转变 [J]. 江苏商论，2008（11）：20-22.

不同地区设立这些物流节点，以便更有效地管理和控制全球供应链。这些分配中心和集散仓库不仅是物流活动的关键枢纽，还是全球库存管理和产品分配的重要基地。通过这种布局，公司能够更灵活地应对市场需求的变化，优化库存水平，并降低物流成本。例如，耐克公司通过全球招标采购原材料，在亚洲地区进行生产，再将产品分别运送到欧洲、亚洲的中心仓库，进行就近销售。①这种全球化的物流布局使得耐克能够有效地管理其全球供应链，降低成本，同时快速响应不同市场的需求。

第二节　全球化时代现代物流发展对国际贸易的影响

一、降低国际贸易成本

（一）物流信息技术的进步有利于降低国际贸易成本

物流信息技术的进步在降低国际贸易成本方面发挥了关键作用。这些技术提高了信息处理的效率和准确性，优化了供应链管理，减少了与运输、库存和信息处理相关的成本。

电子数据交换（EDI）技术是现代物流中一个关键的技术，它允许企业在全球范围内快速、准确地交换关键商业信息，如订单、发货通知和发票等。通过 EDI 技术，传统的纸质文档处理被数字化，这不仅减少了人为错误，还大大加快了信息传递的速度。更快的信息交换意味着更快的响应时间，从而缩短了整个供应链的周期时间，减少了与延迟相关的成本。

全球定位系统（GPS）在物流中的应用提供了对运输过程的实时可见性。通过 GPS 技术，企业能够实时追踪货物的位置，有效管理运输过程中的风险。这种实时追踪能力不仅提高了货物安全性，还允许企业更

---

① 谢标. 浅谈当代国际物流的发展特征 [J]. 东方企业文化，2010（10）：20.

灵活地调整运输计划以应对不可预见的事件，从而减少了因运输问题导致的额外成本。

物流管理软件的应用对于降低国际贸易成本具有显著作用。这类软件通过库存管理、运输管理和仓储管理等功能，有效地减少了与物流操作相关的成本。库存管理软件使企业能够更准确地预测市场需求，并据此优化库存水平。通过避免库存过剩或库存不足的情况，企业能够减少因过度库存而造成的资金占用和仓储成本，同时避免因库存不足而导致的缺货和紧急补货的额外成本。准确的库存管理有助于企业减少资金的闲置和浪费，从而降低整体运营成本。运输管理软件通过优化运输路线和运输方式选择，直接降低了运输成本。该软件能够根据货物类型、目的地、时间要求和运输成本等因素来选择最经济高效的运输方案。此外，运输管理软件还能够优化装载计划，提高运输工具的装载效率，减少空运输和重复运输，进一步降低运输过程中的成本。仓储管理软件通过自动化和优化仓储操作，显著提高了仓储效率，从而降低了仓储成本。自动化的仓库系统减少了人力成本，提高了货物存取的速度和准确性。同时，仓储管理软件还能够优化货物的存放位置和仓库空间的使用，减少仓储空间的浪费，进一步降低仓储成本。

（二）实施供应链管理有利于降低国际贸易成本

供应链管理涉及对产品从原材料采购到最终用户交付的整个流程的优化，包括生产、运输、仓储、分销和客户服务等环节。在国际贸易中，有效的供应链管理可以显著降低成本，提高效率，增强竞争力。

首先，供应链管理通过集成和协调全球供应链中的不同环节降低国际贸易成本。通过精细化管理，企业可以更准确地预测市场需求，及时调整生产和库存，减少库存积压和过剩生产带来的成本。例如，通过实施精益生产和及时生产策略，企业能够减少不必要的库存成本，同时保持较低的缺货风险。其次，供应链管理通过提高物流效率来降低运输和仓储成本。利用先进的物流技术和信息系统，企业能够优化运输路线，提高货物装载效率，减少运输时间和成本。此外，通过合理的仓储管理和货物分配策略，可以减少仓储空间的浪费，降低仓储成本。最后，通过实施有效的信息共享和协作机制，企业能够及时掌握供应链中各环节的动态，快速应对市场变化和供应链中断的风险。这不仅降低了风险管理成本，也增强了客户对企业的信任度。

二、促进市场扩张

（一）提高市场接入能力

现代物流通过提供高效且快速的运输和分配服务，使企业能够轻松地将产品和服务送达到新的地理区域和市场。这种物流能力对于那些寻求跨国或跨地区扩展的企业尤其重要。高效的物流不仅能确保货物及时送达，还能在保证产品质量和减少运输成本的同时扩大企业的市场覆盖范围。此外，现代物流还能够提供灵活的运输解决方案，适应不同市场的需求和特点，从而促进市场扩张。

（二）增强客户满意度和忠诚度

准时、可靠的物流服务能够极大地提升客户的购物体验，提高客户对品牌的满意度和忠诚度。现代物流系统通过精确的库存管理和高效的订单处理，能够确保客户及时收到所需产品，同时减少订单错误和退货情况的发生。这种优质的服务体验不仅能够在现有市场中增强企业的竞争力，还能够吸引新客户，推动企业进入新市场。

（三）支持产品多样化和定制化

现代物流的灵活性和高效性支持了产品的多样化和定制化，使企业能够根据不同市场和消费者群体的需求提供定制化产品。这一能力不仅增强了企业的市场适应性，还为进入新市场和满足不同消费者需求提供了可能。通过有效的物流管理，企业可以在保持运营效率的同时，提供更广泛的产品选择，满足不同市场的特定需求，从而推动市场扩张。

三、促进国际贸易的便利化和效率化

现代物流技术的应用，如自动化仓储、智能运输系统、高级跟踪技术和电子数据交换（EDI）技术，极大地提升了国际贸易的便利性和效率。这些技术使得货物的运输、清关和分配过程更加迅速和精确，从而减少了交易时间和成本。例如，通过实时跟踪技术，企业能够精确监控货物在全球范围内的运输状态，及时调整运输计划，以应对可能的延误或变化。此外，电子数据交换系统使得贸易文档的处理更加高效，减少了人为错误和对纸质文档的需求，进一步加速了贸易流程。效率的提高不仅有利于降低企业的运营成本，还有利于提升整个供应链的响应速度和灵活性，使得企业能够更好地适应国际市场的变化。

第三节　现代物流促进国际贸易发展的策略

一、转变传统物流观念，发展第三方物流

在现代经济全球化的背景下，物流行业作为国际贸易的重要支撑，其发展方式和效率对贸易流通有着深远的影响。特别是第三方物流的兴起和发展，为国际贸易的繁荣提供了强大的动力。传统的物流管理模式，尤其是那种依赖企业内部资源的自我服务方式，在很大程度上限制了物流效率的提升和专业化、社会化服务的发展。[①] 这种局限不仅影响了物流行业本身的发展，也制约了国际贸易快速发展。

为了突破这一瓶颈，转变传统物流观念，发展第三方物流成了现代物流发展的核心。第三方物流不仅是物流行业发展的必然趋势，也是适

---

① 　徐琪.基于服务科学的物流服务创新模式研究 [J].科技进步与对策，2008，25（4）：55-58.

应国际贸易发展的重要举措。第三方物流作为专业的物流服务提供者，能够有效整合资源，提供更加灵活和定制化的物流解决方案。这些方案不仅涵盖了传统的运输、仓储和配送服务，还包括了更为复杂的供应链管理、货物跟踪和信息技术服务等。通过专业化的分工和服务，第三方物流能够显著提高物流活动的效率和效果。在传统模式中，企业需自行处理从采购原材料到产品销售过程中的所有物流环节，这不仅增加了成本，也降低了效率。第三方物流的出现，使企业能够将这些活动外包出去，专注于自身的核心业务。这种分工使得物流活动更加专业化，同时也降低了边际生产成本和边际交易成本。此外，第三方物流提供商通过服务多个客户，实现规模经济，进一步降低了成本。这种规模效应不仅有利于第三方物流自身的经济效益，也为客户提供了更具成本效益的服务。随着物流技术的进步和信息化水平的提高，第三方物流能够提供更加高效和透明的物流服务，增强了供应链的可靠性和灵活性，从而为国际贸易的发展提供了强有力的支持。

二、提高专业化物流服务质量和物流企业的经营管理水平

随着市场竞争的加剧和社会分工的日益细化，物流服务的专业化成了发展趋势。商品经济圈的不断扩大和物流管理的复杂性，要求物流服务提供商具备专门的技术和运作能力。[①]

现代物流服务以第三方物流为主，它不仅为生产或供应商提供专业的物流活动，还被视为降低物质消耗和劳动消耗的"第三利润源泉"。然而，尽管我国出现了一些专业化物流企业，物流服务水平和效率整体上仍有待提升。[②]许多物流企业仅能提供基本的运输和仓储服务，而在

① 刘素月.物流产业分工促进国际贸易发展的理论及经验研究[D].长沙：湖南大学，2006.
② 丁声旺.浅析建筑装饰业中存在的物流问题[J].中国市场，2013（10）：34-35.

流通加工、物流信息服务、库存管理等方面还需进一步发展。此外，物流企业的组织规模较小，缺乏竞争力，而经营管理水平和服务质量也有待提高。[①]

为了提升专业化物流服务质量和提高物流企业的经营管理水平，需要着重关注以下几个方面。第一，现代科学技术为物流的发展提供了良好条件，如电子数据交换技术、自动化仓储系统、计算机辅助运输线路设计等，这些技术的应用可以极大提升物流效率。因此，物流企业需要积极采用现代科技手段，优化物流服务流程，提高服务效率。第二，物流企业应提供综合化、一体化的高效率物流服务，同时也要注重个性化，以满足个性化消费和服务的需求。这不仅涉及物流方案的设计和全程物流服务的提供，也包括物流成本控制和信息服务的创新。通过提供高质量的物流服务，可以更好地满足货主企业的需求，提升整个物流行业的竞争力。

在国际贸易日益增长的背景下，提升物流服务质量和提高物流企业的经营管理水平对于促进国际贸易的发展至关重要。专业化的物流服务不仅能提高供应链的效率，还能降低交易成本，从而保障国际贸易的顺畅进行。因此，加强物流企业的专业化建设，提高服务水平和管理能力，是促进国际贸易发展的关键策略之一。通过发展第三方物流，不仅能推动物流行业的转型升级，还能为国际贸易提供更加高效、灵活的支持，从而促进国际贸易的健康发展。

三、加强物流基础设施、物流技术装备及标准化建设

虽然我国物流基础设施和装备条件已有显著发展，但在结构合理性、技术水平以及标准化方面仍存在不足。这些不足在一定程度上限制了物流效率的进一步提升，对物流产业的快速健康发展以及国际贸易的

---

① 刘丽.国际贸易与现代物流发展互动关系实证分析 [J]. 物流技术，2013，32（7）：131-133.

发展产生了不利影响。具体来说，我国东部地区交通设施相对发达，而中西部地区，尤其是西部地区的交通设施较为落后。[①]此外，各种运输方式之间尚未形成合理的分工关系，市场范围交叉严重，导致运输方式未能充分发挥各自优势。在物流集散和储运设施方面，现代化水平较低，影响了物流集散及运输效率的提高。物流设施及装备的技术水平不高，工作效率有待提升。与此同时，物流设施和装备的标准化程度不足，这不仅影响了物流功能和要素之间的有效衔接，也制约了全社会物流效率的提升。

为了缓解这些问题，可以采取以下措施：一是政府和相关部门应加大在中西部地区的交通基础设施投资，提高该地区的交通网络覆盖率和质量，缩小地区间的交通发展差距。同时，加强跨地区交通网络的连接和协调，促进区域间的有效衔接和整合。二是需要通过政策引导和市场机制优化运输方式的组合和分工。通过科学规划，推动不同运输方式之间的合理衔接和互补，如通过多式联运等方式，发挥各种运输方式的综合优势，提高整体运输效率。三是应加快现代化改造和升级，提升物流中心的自动化和智能化水平。政府和企业应加大投资，建设更多高效能的物流集散中心，以提高物流集散的效率和能力。此外，推进信息技术在物流领域的应用，通过建立智能物流系统，实现物流信息的快速流通和精准管理。四是加快物流标准化建设步伐。标准化不仅包括物流用语、计量标准、技术标准、数据传输标准、物流作业和服务标准等基础方面，也涉及标准化的组织协调工作。[②]需要深入研究与物流活动相关的国家标准和行业标准，全面梳理现行标准，淘汰落后标准，修订完善不符合实际需要的标准，并制订新型标准。通过这些措施，可以使各种相关的技术标准协调一致，并与国际标准接轨，提高货物和相关信息的流转效率。

---

① 丁琳，龚琼.第四方物流——企业物流策略选择的最佳方式 [J].时代经贸（中旬刊），2007（S8）：90-91.

② 赵亚洲.发展我国物流产业的对策建议 [J].粮食经济研究，2006（2）：57.

加强物流基础设施、技术装备及标准化建设，能够显著提升物流行业的整体效率和服务水平，这对于促进国际贸易具有重要意义。一方面，完善的物流基础设施和高效的物流技术装备能够降低物流成本，提高货物运输的速度和可靠性，从而保障国际贸易的顺畅进行。另一方面，标准化的物流体系有利于实现全球物流服务的无缝对接，增强国际贸易的互联互通。因此，通过加强物流基础设施、技术装备及标准化建设，可以有效地推动国际贸易的健康发展，提升我国物流行业在国际贸易中的竞争力。

四、优化现代物流业管理体制和机制

目前，我国物流产业在运输管理体制上采用的是按照不同运输方式划分的分部门管理体制，这种条块分割式的管理方式导致了部门之间、地区之间的权力和责任交叉重复，难以实现有效合作和协调。另外，由于多头管理和分段管理体制，政策法规之间存在矛盾且难以协调一致，直接影响了各种物流服务的发展。

要想有效地改善物流业的管理体制和机制，就必须解决这些问题。为此，有关方可采取以下几种措施：第一，推动管理体制的整合和简化，打破条块分割，实现部门之间和地区之间的有效合作与协调。这可以通过优化政策法规，统一管理标准和程序，以及建立跨部门和跨地区的协调机制来实现。第二，进一步明确政府与企业的界限和职责，避免政府过度干预市场，同时提升企业的自主经营能力和市场适应性。第三，企业需要摒弃"小而全、大而全"的传统思维，转向专业化、市场化的运作方式。同时，要打破部门利益的壁垒，避免对市场竞争的不正当干预，为物流产业的健康发展创造公平的市场环境。第四，在市场经济中，合作与竞争并存，物流产业的发展也需要依靠企业间的联盟。通过纵向联盟和横向联盟，物流企业不仅能够实现资源的整合和规模化经营，还能降低运作成本，提高服务质量。这对于提升物流行业的竞争力和促进国际贸易的发展具有重要意义。第五，对现行税收政策进行调整，减少甚至消除对物流行业发展的制约因素。同时，鼓励多元化投资主体进入物流服务市场，并对工商登记、税收征管等制度进行必要的调整，促进企业的跨区域经营。

通过改善物流业的管理体制和机制，可以有效地促进物流产业的健康发展，进而推动国际贸易的繁荣。这需要政府和企业的共同努力，通过制度创新和市场机制的完善，实现物流服务的高效运作和国际贸易的顺畅发展。

五、培养专业物流人才

我国目前在物流研究和教育方面相对落后，涉及物流领域的大学和专业研究机构的数量有限，企业层面的研究和投入更是较少。此外，物流教育水平不高，主要体现在缺乏规范的物流人才培养途径，这使得目前从事国际物流的人员中，许多人的业务素质有待提高。虽然国内有专家在对物流专业进行研究，并且一些大专院校设立了相关课程，但现代综合物流知识的普及程度仍然不足。许多人对物流的理解仅限于其提供的运输和仓储服务，而未能充分认识到物流业务的新整合方式。在物流企业中，对人才的重视程度不足，导致从事物流的人员缺乏必要的业务知识和技能，影响了物流管理的效率和质量。

为了提升物流行业的人才水平，应当采取多方面的措施。一是高等院校应根据市场需求开办和设置现代物流专业和课程，培养高级管理人才和专业人才。二是鼓励和引导企业、行业组织及民办教育机构参与现代物流人才的培训和教育工作。通过借鉴国际经验，可由行业社团组织来执行现代物流产业从业人员执业资格制度，逐步建立我国物流行业从业人员职业教育、培训和从业资格认证制度及相应的认证体系。三是物流企业本身也应大力引进专业人才，并严格贯彻执行完善的培训和激励制度，不断吸引和留住优秀人才，促进企业发展。此外，国家职业资格物流师培训标准的实施，将为物流人才的在职教育提供重要支持。通过这些措施，可以有效提升物流行业的专业水平，增强物流企业的竞争力，从而促进国际贸易的发展。

六、建设物流企业发展和运作的良好政策环境

良好的政策环境不仅可以提升物流业的整体效率和竞争力，还能够创造一个更加开放、公平的市场条件，从而推动国际贸易的健康发展。

要实现这一目标，首先需要关注物流政策的制定和实施。政府部门应考虑物流行业的实际需要和发展趋势，制定全面、合理的物流政策。这些政策应涵盖基础设施建设、信息化技术推广、税收优惠等多个方面，以确保物流业的高效运作。例如，加强机场、港口和高速公路等关键物流基础设施的建设和维护，提高物流网络的覆盖率和服务质量。同时，政府需要致力于打破行业垄断，鼓励竞争和创新。通过制定合理的行业标准和审批程序，政府可以有效减少市场壁垒，促进更多企业进入物流市场。这样不仅能够降低物流成本，还能提高服务质量，进一步促进国际贸易的发展。除此之外，政府还应积极推动物流行业的专业化和社会化。通过培育专业化物流企业，提升行业整体水平，可以更好地满足国际贸易的多样化需求。政府可以通过提供培训、资金支持等方式，帮助物流企业提升管理水平和技术能力。最后，政府应注重培育物流企业的自律行为，确保行业的健康有序发展。通过建立完善的监管机制和激励措施，政府可以引导企业遵守行业规范，提高运作效率，进而更好地服务于国际贸易。

七、加强物流行业协会对诚信服务和合理操作的监管

在现代物流领域，随着国际货运市场的开放和国际贸易的日益增长，物流行业协会在监管诚信服务和合理操作方面的作用变得越来越重要。加强物流行业协会的监管能力不仅有助于提升物流服务的质量和效率，还能有效促进国际贸易的发展。

物流行业协会应承担起监管和指导的重要职责，确保物流企业在国际贸易中的操作行为符合国际标准和法规要求。这需要协会对物流企业的服务质量、操作流程和资质等进行严格的监督和管理。例如，通过建立完善的行业标准和认证体系，确保物流企业能够提供高效、安全和可靠的服务。此外，物流行业协会还应积极参与物流市场的整顿和规范工作，特别是在国际物流市场上。这包括对运价报备制度的监督，确保物流企业的定价透明合理；对申报程序和政策规定的指导，减少因不熟悉规定导致的返工和耽误；以及对物流服务提供者的选择权的保护，促进市场上的健康竞争。在提升物流行业整体职业素质方面，物流行业协会还应发挥关键作用。通过组织培训、研讨会和交流活动，提高从业人员的业务水平和职业道德。确保物流服务的诚信和专业性，从而提高国际物流业的整体效率和竞争力。物流行业协会还应积极推动行业内的创新和技术升级。鼓励企业采用先进的物流管理系统和信息技术，提高物流操作的自动化和智能化水平，从而更有效地满足国际贸易的需求。通过物流行业协会的有效监管和引导，可以推动物流行业向更高水平的专业化和国际化迈进，从而为国际贸易的繁荣发展提供有力支持。

八、优化供应链管理

（一）优化供应链系统元素

供应链系统的高效运作依赖于其成员之间的相互协调与配合，要提高供应链系统的整体功能，必须对其元素——节点企业进行优化。具体来说，可以采取以下措施。

第一，企业观念的转变。企业需要深入理解供应链管理的内涵和重要性，认识到通过外包非核心业务、专注于核心能力的发展可以带来长期利益。这种认识的转变有助于企业从短期行为转向长远规划，进而提升企业的整体管理水平。因此，加强供应链管理的培训，使管理者和员工都能够对供应链管理有更深刻的理解和掌握，是推动供应链系统优化的关键一步。

第二，创新管理机制，促进供应链企业之间的有效合作。一方面，通过建立激励机制，可以鼓励供应链上的企业积极参与信息技术应用、流程再造等活动，从而创新自身的核心能力，提高供应链的运作效率。另一方面，企业应以用户满意为目标，建立一个可量化的绩效评价指标体系和相应的利润分配机制。这不仅能增强企业实施供应链管理的动力，还能提升整个供应链的竞争力和绩效水平。[①]

第三，加强企业诚信建设。良好的诚信是供应链系统顺利运转的基础，尤其是在信息共享、风险共担和长期战略合作关系方面。企业只有在良好的诚信环境下合作，才能保证圆满履约，快速响应市场变化，提升整条供应链的竞争力。因此，企业需要规范交易行为，通过确定交易规则、资信评估和仲裁等方式建立企业间的信任机制，维护良好的合作伙伴关系。

第四，培养企业的核心竞争力。企业核心竞争力是企业独有的、支撑其可持续性竞争优势的核心能力，这种能力是企业长期形成的，并能在竞争环境中使企业取得主动地位。为了在供应链管理中培养并保持这种核心竞争力，企业需要从物质资源配置和人力资源管理两个方面进行系统的优化和创新。在物质资源配置方面，企业需要从战略角度确定自身的核心竞争能力，并将重点放在发展这些能力上。这意味着将非核心竞争能力的业务外包，从而将全部物质资源集中投入核心竞争能力的业务中。此外，企业应采用先进的管理理念和方法，引进国际先进水平的设备，不断为企业核心竞争能力注入新的元素，保持并强化这些能力。通过科学管理和不断创新，企业能够持续提升其在供应链中的竞争优势。在人力资源管理方面，企业应将培训经费重点用于与核心竞争能

---

① 蒋秀兰，张晓凤.我国发展供应链管理的思考[J].承德民族职业技术学院学报，2002（1）：46-49.

力相关的员工培训。① 使用先进的技术和知识来武装员工，有效激励员工，确保人才与岗位的匹配，使员工能够充分发挥其潜力。此外，建立学习型组织对于知识的科学管理也非常重要。企业应通过将隐性知识显性化、显性知识系统化，以及系统知识共享化，以提升组织的整体知识管理水平，进而促进企业核心竞争力的持续增强。

（二）优化供应链系统结构

通过优化供应链的空间结构和时间结构，可以完善供应链系统的功能，降低成本，提高效率，从而为国际贸易的发展提供有力的支持。

1.供应链空间结构的优化

空间结构，即元素在空间中的排列分布方式，直接影响供应链系统的功能和效率。在优化供应链空间结构的过程中，需要着重考虑两个关键方面：减少地方保护主义的影响和克服企业性质及所有制差异所带来的障碍。地方保护主义和企业性质、所有制差异的存在，常常导致供应链空间结构的不合理性，进而影响整个供应链系统的功能。为了解决这些问题，合理规范地方政府的行为至关重要。地方政府在制定政策时应从更宏观的战略角度出发，减少不正当干预，避免地方性和短期性的政策制定，从而降低供应链系统的地区分割和条块分割程度。通过优化供应链系统的战略渠道设计，可以实现空间结构的系统增值，减少购销成本，进而提高整体运行效率。此外，克服企业性质和所有制差异的障碍，促进企业间的合作也是优化供应链空间结构的重要方面。供应链的空间结构不仅关乎企业在地理位置上的布局，而且涉及企业间的相互作用和合作。在选择供应链合作伙伴时，应重视其核心竞争力和战略渠道设计，而不是仅仅基于企业性质和所有制。只有当企业具备参与供应链的核心竞争能力并能够提高整个供应链的运作效率时，才应该被纳入供

---

① 张晓凤.构建我国企业供应链管理体系[D].保定：河北农业大学，2003.

应链体系。这种方式有助于实现供应链空间结构的合理化，提高整个供应链系统的协调性和效率。

2. 供应链时间结构的优化

时间结构的核心在于实现快速信息传递和快速响应顾客的需求。在中国，由于各企业信息化程度较低和第三方物流不发达，供应链系统的时间结构优化面临着一定的挑战。为了有效地优化时间结构，需要从加强信息技术建设和发展第三方物流公司两个方面入手。

加强信息技术建设是提升供应链时间效率的重要措施。信息技术的发展对企业管理有着全方位的、革命性的影响。通过建立数字化和网络化的现代信息技术系统，企业可以更快速地传递和处理信息，从而加快供应链中的信息流动速度。这不仅能够提高供应链的反应速度，还能增强供应链的透明度和可追踪性，有助于更精准地满足市场需求。发展第三方物流公司也是优化供应链时间结构的关键。第三方物流公司能够为供应链中的企业提供高质量、低成本、全方位的服务，从而大幅提升供应链的整体效率。除了基础的仓储和库存管理服务外，第三方物流公司还应提供更多增值服务，如分类检签、订货实现、退回产品的管理与销毁等。这些服务能够进一步缩短供应链的响应时间，实现需求与生产的无缝连接，推动向零库存的目标迈进。

通过加强信息技术建设和发展第三方物流公司能够显著提升供应链的运行效率和响应速度。这不仅有助于更好地满足市场需求，还能够促进国际贸易的发展，提高整个供应链系统的国际竞争力。优化的供应链时间结构是现代物流发展和国际贸易繁荣的关键支撑，对于应对全球化贸易的挑战和抓住机遇具有重要意义。

（三）优化供应链系统外部环境

供应链系统的运作受到外部环境的显著影响，包括政府政策、市场机制、法律保障等方面。我国目前面临的挑战在于外部环境对供应链提供的资源不足以及对供应链的压力过大，因此，采取有效的措施来优化这些外部环境因素显得尤为重要。

在提供更多资源支持方面，政府应加大对供应链管理的支持力度，包括在法规和政策方面的支持。这种支持有助于推进供应链管理的发展，提高整个供应链系统的效率和竞争力。此外，市场角度的发展也不容忽视，需要加强专业市场和相关市场的建设，如资本市场、劳务市场、技术市场、信息市场、房地产市场等。发展这些生产要素市场和配套服务市场（如第三方物流市场）能够为供应链系统提供更完善的服务，从而促进供应链的整体发展。在减少对供应链系统的压力方面，政府需要推进国有企业改革，采用国际质量标准和先进管理方法，以增强国有企业的核心竞争力。这样可以确保国有企业在全球供应链中发挥积极作用，从而推动供应链的发展。同时，市场机制的完善也至关重要，包括减少信息不对称现象、为市场运作提供法律保障等。这些措施有助于减少供应链企业间的违约现象，促进企业间顺利合作，确保供应链系统中产品的质量。① 此外，政府行为和供应链市场行为之间可能产生的矛盾和冲突，如税收方面和信息平台资源共享方面，需要从宏观和微观的角度综合考虑，寻找产生原因和相应的对策。政府应采取措施解决重复征税问题和税率不一致问题，同时，对非管辖区域的企业征收一定的使用费，以解决信息平台资源共享方面的矛盾。

---

① 刘素月.物流产业分工促进国际贸易发展的理论及经验研究 [D].长沙：湖南大学，2006.

第四章　电子商务与国际贸易

第一节　电子商务概述

一、电子商务的概念

（一）电子商务的概念

电子商务的出现改变了传统的商业贸易模式，也改变了商业伙伴之间建立的合作关系模式以及计算机应用平台的模式。电子商务这一概念最早由 IBM 公司在 1997 年提出，并自那时起逐渐在全球范围内普及。电子商务的英文表达为"electronic commerce"，"electronic"表示"电子的"，而"commerce"意为"商务"或"贸易"。因此，电子商务可以被简单理解为"电子"和"商务"的结合，即通过网络技术支持完成整个商业交易流程的贸易方式。

电子商务的概念可以从广义和狭义两个角度来理解。在广义上，电子商务是指通过电子手段进行的一切商业事务活动。这包括利用互联网等电子工具，实现企业内部、供应商、客户和合作伙伴之间的信息共享，从而实现企业间业务流程的电子化。通过这种方式，企业能够提高其生产、库存、流通和资金等各个环节的效率，并配合企业内部的电子化生产管理系统，实现整体的业务优化和效率提升。从狭义上讲，电子商务是指通过使用互联网等电子工具（如电报、电话、广播、电视、传真、计算机、计算机网络和移动通信等）在全球范围内进行的商务贸易活动。它基于计算机网络，涵盖了各种商务活动，包括商品和服务的提供者、广告商、消费者、中介商等各相关方的行为总和。电子商务不仅包括商品和服务的在线交易，还包括与这些交易相关的在线广告、营销、客户服务等活动。一般人们所理解的电子商务通常是指狭义上的电子商务。

二、电子商务的发展历程

电子商务的发展历程可分为四个阶段，如图 4-1 所示。

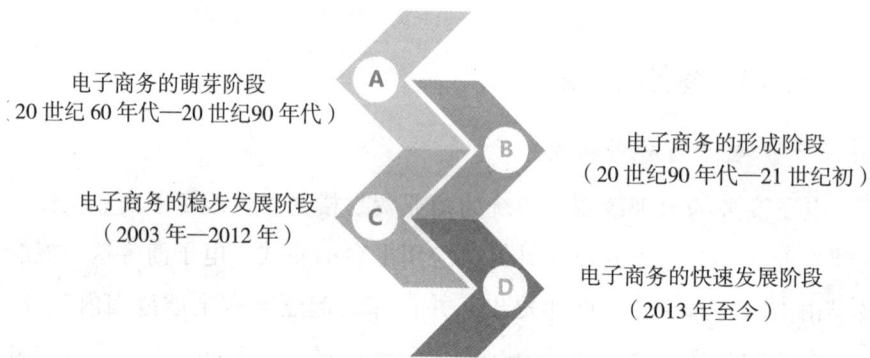

电子商务的萌芽阶段
（20 世纪 60 年代—20 世纪 90 年代）

A

B
电子商务的形成阶段
（20 世纪 90 年代—21 世纪初）

电子商务的稳步发展阶段
（2003 年—2012 年）

C

D
电子商务的快速发展阶段
（2013 年至今）

图 4-1　电子商务的发展历程

（一）电子商务的萌芽阶段（20 世纪 60 年代—20 世纪 90 年代）

商业贸易是人类在长期的生产、生活中形成的一种社会活动形式，是指通过买卖方式使商品流通的一种经济活动。自第一次社会大分工之后，形成了最初的商业模式——以物换物，从此，商业贸易便成为人类社会生活中不可或缺的一部分。在电子手段出现之前，人们贸易信息的传递只有依靠信件或口述，而电子手段的出现，尤其是电话的发明，极大地提高了贸易信息传递的效率，为商务活动带来了革命性的变化。

电子商务的萌芽是在 20 世纪 60 年代美国开发的电子数据交换（EDI）技术之后。EDI 是一种将标准化的经济信息通过通信网络在贸易伙伴间的电子计算机系统进行数据交换和自动处理的技术。这项技术通过使用通用的标准格式，能够有效地在不同行业如贸易、运输、保险、银行和海关之间进行信息的交换与处理，完成以贸易为中心的业务流程。与传统的商务处理模式相比，EDI 技术通过消除贸易过程中的纸质文档，实现了所谓的"无纸交易"。这种新的商务处理方式因其高效率和减少文档处理的优势，在美国迅速发展并被越来越多的企业采用，这便是电子商务的雏形。

然而，建立 EDI 通信系统需要企业在初期进行较大的投资，系统建成后，其使用费用也很高昂。这导致 EDI 技术主要集中应用于资金雄厚的大型企业中，而中小企业由于经济能力有限，很难承担这样的费用。因此，EDI 技术的应用范围受到了限制，未能在更广泛的企业中推广。20 世纪 60 年代末至 20 世纪 70 年代初，美国国防部资助建立的 ARPAnet 网络，其关键技术在于将不同计算机系统互联，这标志着互联网的诞生。1972 年，美国 Xerox Palo Alto 研究中心（PARC）将 Xerox Alto 计算机接入 ARPAnet，并于 1973 年运行了世界上第二个个人计算机局域网，即以太网（Ethernet）。1981 年，美国国家科学基金会（NSF）开发的 NSFnet 网络连接了多个超级计算机中心和地区性网络，加快了互联网的发展。1982 年，TCP/IP 协议被嵌入 UNIX–BSD4.1 版本，成为 ARPAnet 上的标准通信协议，标志着真正意义上的互联网（Internet）的出现。与 EDI 系统相比，基于互联网的应用成本低得多，这促使基于互联网的电子商务开始兴起，开启了电子商务发展的新篇章。

（二）电子商务的形成阶段（20 世纪 90 年代—21 世纪初）

互联网出现后的一次历史飞跃是其在商业中的应用。1991 年，美国将互联网对社会公众开放，并开始将其应用于商业贸易。1993 年，万维网（WWW）及其相关技术的出现成了电子商务发展的关键转折点。万维网不仅使互联网具备了支持多媒体应用的功能，还使用户能够访问超文本链接的信息。这一技术突破降低了企业进行电子商务的成本，并创造了更多商业机会，使中小企业得以利用电子商务发展并与大企业竞争。1994 年，互联网已连接了全球上百个国家和地区，拥有超过百万用户，成为世界上最大的计算机网络。1995 年，互联网上的商业业务信息量超过了教科业务信息量，这一现象成为电子商务大规模发展的一个重要标志。在这个时期，电子证券成为电子商务成功应用的领域之一，网络证券交易不仅为证券市场开辟了新渠道，也引领了证券交易的新时代。1998 年，国外电子商务浪潮开始影响中国，国内涌现出了阿里巴巴、新浪、网易、搜狐等专业的互联网公司，标志着中国互联网的发展起步。尽管起步较晚，但到 1999 年下半年，中国的网络服务商们开始大规模涉足电子商务领域，众多电子商务项目和网站相继涌现，标志着中国电子商务从启蒙阶段迈入广泛而务实的发展阶段。2000 年，新浪、网易、搜狐等门户网站在美国纳斯达克上市，展现了蓬勃发展的局面。然而，2001 年世界 IT 行业遭遇重挫，中国的电子商务发展也受到影响。

（三）电子商务的稳步发展阶段（2003 年—2012 年）

互联网经济在度过了 2001 年和 2002 年的泡沫时期之后开始恢复，并从此进入到稳步发展阶段。以中国为例，2003 年至 2005 年是电子商务的恢复期，这一时期电子商务逐渐走向务实经营，网购开始被越来越多的网民接受。阿里巴巴成立了淘宝并推出了支付宝，标志着电子商务开始进入一个新的发展阶段。随着电子商务的发展，我国政府开始正视电子商务的重要性，并出台了一系列支持性政策，例如 2005 年 1 月国务院办公厅颁布的《关于加快电子商务发展的若干意见》等。这些政策为电子商务的发展营造了良好的环境氛围，并促进了中国电子商务的发展。2008 年至 2009 年，中国电子商务进入了发展的转型期。这一时期，中国形成了独特的网络交易方式，并开始进入规范化阶段。电子商务企业间的竞争日益激烈，电子商务开始朝着细分市场方向发展。京东、当当网、唯品会等电商平台凭借自身的特色和优势在激烈的市场竞争中站稳脚跟。2010 年至 2012 年，作为电子商务重要组成部分的物流快递实现了快速增长，以韵达、中通、申通、顺丰等快递公司为代表。此外，支付宝等第三方支付平台的兴起，尤其是支付宝在 2011 年获得国内第一张《支付业务许可证》，标志着第三方支付平台正式获得国家认可，为电子商务的进一步发展奠定了重要基础。

（四）电子商务的快速发展阶段（2013 年至今）

自 2013 年以来，电子商务进入了快速发展阶段，这一阶段的特点是移动电子商务的兴起，得益于 3G、4G 乃至 5G 技术的普及以及智能手机的广泛使用。在全球范围内，包括美国、欧洲、日本和中国在内的许多国家和地区都经历了电子商务的快速增长。

在美国和欧洲等发达国家，电子商务发展较早，在这一阶段继续保持快速发展的势头。亚马逊、eBay、沃尔玛等电商平台的发展，以及电子商务销售额的不断增长，标志着这些地区电子商务的快速发展。此外，网络通信基础环境的发展为电子商务的发展创造了良好的条件。特别是日本，凭借其完备的电商系统和专业化、信息化、自动化的物流系统，在电子商务方面取得了显著成就。在中国，网络基础设施的建设不断完善，移动互联网用户规模持续增长，为电子商务的发展提供了强有力的支持。政府对电子商务的支持力度也在加大，颁布了一系列支持性政策，如国务院印发《关于大力发展电子商务加快培育经济新动力的意见》等。这些政策为电子商务的发展营造了良好的政策环境。随着相关基础设施的完善和政策的支持，中国的电子商务实现了快速发展，电子商务交易额持续增长，虽然增长率有所下降，但整体仍维持在较高水平。

三、电子商务的分类

依据不同的分类标准，电子商务可分为以下几种。

（一）依据参与交易的对象分类

依据参与交易对象的不同可将电子商务分为企业与企业之间的电子商务、企业与消费者之间的电子商务、消费者与消费者之间的电子商务、企业与政府之间的电子商务、消费者与企业之间的电子商务以及代理商、商家与消费者之间的电子商务6种。

1.企业与企业之间的电子商务（B2B）

企业与企业之间的电子商务是指企业与企业之间借助互联网进行产品、服务以及信息的交换，包括企业与供应商之间的贸易，即人们常说的B2B（Business to Business）。具体的交易过程为：企业发布供求信息、订货及确认订货、支付过程、票据的签发、传送和接收、确定配送方案并监控配送过程等。企业与企业之间的电子商务一般分为两种：非特定企业间的电子商务和特定企业间的电子商务。非特定间企业间的电子商务是指在开放的网络环境中针对每笔交易寻找最为合适的合作伙伴，并与该伙伴进行全面的交易行为（从订购到结算整个过程）。特定间企业间的电子商务是指过去一种存在交易关系且今后会继续维持交易关系的企业，特定间企业间的电子商务较为稳定，交易的渠道既可以是公共的网络，也可以是企业间为了交易专门建立的网络。提起电子商务，或许很多人认为电子商务在企业与消费者之间发生的频率更高，但其实就交易额而言，企业与企业之间的电子商务占比更大。

2.企业与消费者之间的电子商务（B2C）

企业与消费者之间的电子商务是指企业与消费者之间借助互联网进行商业贸易的一种贸易方式，即人们常说的B2C（Business to Customer）。此类电子商务主要应用于商品的零售业，最常见的模式就是面向消费者的网上商品销售，即网上购物。对于商家而言，网上商城的建立打破了原有市场的局限性，传统意义上的商圈被打破，商家不必纠结于在哪些地方开店，只需要建立一个网上商店，便可以将业务拓展至全国，甚至全球，形成了真正意义上的国际化市场。另外，相较于线下商店而言，网上商店避免了有形商店相关的设施投资，大大降低了开店成本。由于网上商店的上述优势，B2C 交易模式成为当前电子商务模式中发展速度最快的一种，成为电子商务发展的一个重要的增长点。

3. 消费者与消费者之间的电子商务（C2C）

消费者与消费者之间的电子商务是指消费者与消费者之间借助互联网进行个人交易的一种模式，即人们常说的 C2C（Consumer to Consumer）。互联网的快速发展使每个人都能够参与到电子商务中，不再局限于企业与消费者之间，由此产生了消费者与消费者之间的电子商务。C2C 模式凭借灵活方便、用户参与性强的特点，受到很多消费者的青睐，也由此表现出了极强的发展潜力。C2C 模式的发展离不开 C2C 电子商务平台，该平台为消费者之间提供一个在线交易平台，使消费者之间能够在平台上发布待出售的物品信息，并为他们提供相配套的服务，如协调市场信息汇集、建立信用评价制度、多种付款方式等。

4. 企业与政府之间的电子商务（B2G）

企业与政府之间的电子商务是指企业与政府之间进行的电子商务活动，即人们常说的 B2G（Business to Government）。B2G 涵盖政府与企业之间的各项事务，如采购、税收、商检等。在 B2G 这一电子商务模式中，一方面，政府作为消费者，通过互联网采购自己所需要的物品，并借助互联网的公开性实现公开和透明。另一方面，政府作为指导者和协调者的角色，对企业进行宏观调控、指导规范以及监督管理，从而确保电子商务作用能够更充分、及时地发挥。由此可见，政府在电子商务中不仅扮演着使用者的角色，进行购买活动，还扮演着电子商务宏观指导者的角色，对电子商务的发展起着指导、规范和监督的作用，这是 B2G 的特点所在。

5.消费者与企业之间的电子商务（C2B）

从字面意思来看，消费者与企业之间的电子商务（即 C2B，Customer to Business）同 B2C 相比只是参与对象发生了位置的颠倒，但就其内涵来看，则发生了本质性的变化。C2B 模式首先是在美国流行起来的，这种模式的核心是以消费者为中心，即消费者先提出需求，然后企业结合消费者的需求进行组织生产。其实就消费者的需求来看，很多消费者一直以来都有定制的需求，但定制生产的成本相对较高，企业与消费者之间存在的空间障碍、时间障碍以及金融支付等障碍又进一步增加了定制生产的成本，所有这种面向消费者的定制生产模式一直很难大范围地应用。电子商务的出现为消费者与企业之间提供了快捷、方便、低成本的沟通手段，且现代金融支付手段、物流体系以及以模块化、延迟生产技术为代表的柔性生产技术日益完备，又进一步降低了定制生产的成本，为 C2B 的发展创造了条件。

6.代理商、商家与消费者之间的电子商务

代理商、商家与消费者之间的电子商务是指代理商、商家与消费者共同搭建一个电子商务平台，该平台具有生产、消费和经营的功能。代理商、商家与消费者借助这一平台可以相互转化、相互支持、相互服务，可谓是你中有我、我中有你，彼此之间形成了一个利益共同体。

（二）依据交易的范围进行分类

依据交易的范围进行分类可以分为国内电子商务与跨境电子商务两类。

1.国内电子商务

国内电子商务是指发生在我国地域范围内的电子商务活动。从 2003 年开始，国内电子商务开始稳步发展，2013 年后开始迅速发展，如今，国内电子商务发展已经进入一个新的阶段，也出现了一些新的发展趋势。具体来说，表现在三个方面。一是发展模式不断演变。近年来 B2B

与 B2C 加速整合，并由信息平台向交易平台转变。二是零售电子商务平台化趋势日益明显，具体包括 3 种情况：追求全品类覆盖的综合性平台，专注细分市场的垂直型平台，大型企业自营网站逐渐向第三方平台转变。三是平台之间竞争日趋激烈，市场日益集中。以阿里巴巴、京东商城为第一梯队拉开了与其他中小型电子商务企业的差距。从支撑性电子商务服务业来看，近年来出现了不少重大的变化。比如，各方面的功能日益独立显现，呈现高度分工的局面；新一代信息技术在电子商务服务中得到快速应用，除了物联网技术外，大数据正逐渐让数据挖掘发挥其精准营销功能；电子商务平台的功能日益全能化。从辅助性电子商务服务来看，围绕网络交易派生出一些新的服务行业，如网络议价、网络模特、网（站）店运营服务与外包等。总体而言，国内电子商务的环境不断完善，全社会电子商务的应用意识也在不断增强，并且随着电子商务的不断发展，如今已经逐渐渗透到乡村，在此拓展了国内电子商务发展的市场。

2.跨境电子商务

跨境电子商务，顾名思义就是跨越国境的电子商务活动，通常指分属不同关境的交易主体，利用电子商务手段订立合同、进行支付结算，并通过跨境物流送达商品、完成交易的一种国际商业活动。跨境电子商务根据进出口方向的不同可分为进口电子商务与出口电子商务；依据参与对象的不同，可分为跨境电子商务 B2B 和跨境电子商务 B2C。从字面意思来看，跨境电子商务与国内电子商务虽然只是发生了地域上的变化，但由于不同国家国情的不同，跨境电子商务与国内电子商务存在着较大的差异。首先，是业务环节上的差异。国内电子商务属于国内贸易，而跨境电子商务属于国际贸易，所以后者在环节上无疑更为复杂，需要经过海关检验检疫、出口退税、进口征税、外汇结算等环节。在快递运输上，因路途遥远，物流配送时间较长，货物容易损坏，容易产生企业与消费者之间的纠纷。其次，交易对象存在差异。跨境电商面向的是全球的国家与地区，而不同国家、地区有着不同的消费习惯、生活习俗和文化心理，这就需要从事跨境电商的企业对国外贸易、互联网、分销体系、消费者行为有很深的了解，才能做到"知己知彼，百战不殆"。最后，是适用规则的差异。相比于国内电商而言，由于跨境电商涉及多个国家和地区，所以跨境电商一般比国内电商要适应的规则更复杂，这就需要从事跨境电商的企业要随时了解国际贸易体系、规则，进出口管制、关税细则、政策的变化，对进出口形势也要有更深入的了解和分析能力。总体而言，跨境电子商务与传统的国际贸易模式相比，具有地理范围限制少、交易环节较少、受各国贸易保护措施影响较小、利润率高等优点，但同时也存在通关、外汇结算、退税、贸易争端处理不完善等问题，所以说跨境电子商务的发展之路仍旧漫长。

四、电子商务的特征

电子商务由于自身突出的特性，成为当今时代重要的商务活动形式之一，因此具有鲜明的特征。

（一）全球性

1.媒介的全球性

互联网作为电子商务的主要媒介，覆盖了全球范围，使得电子商务不受地理位置的限制。这意味着企业可以通过网络向全球任何地区的客户展示其产品和服务，而客户也能从世界各地轻松访问这些信息。这种全球性的媒介打破了传统商业活动的地理界限，为企业提供了无限的市场潜力和商机。同时，这也促进了文化和信息的交流，加速了全球经济的一体化进程。媒介的全球性还意味着企业必须考虑到不同文化和市场的差异，以适应全球多元化的客户群体。

2.交易的全球性

由于互联网的普及和便捷性，电子商务使得全球范围内的买卖双方能够轻松地进行交易。交易的全球性大大降低了跨国贸易的门槛，为小型和中型企业提供了与大型跨国企业竞争的机会。此外，这种全球交易模式也促进了支付系统的创新和发展，如数字货币和跨境支付解决方案，从而简化了国际交易流程。

3.服务的全球性

电子商务提供的服务，包括产品宣传、信息咨询、物流配送、售后服务、服务贸易等均具有全球性的特征。

互联网技术的重要功能之一就是促进信息的交流，互联网打破时间与空间的限制，使不同地区的人们能够自由地在线上进行交流，具体到跨境电子商务领域，企业能够通过互联网，将商品的详细信息与具体功能介绍给世界各地的人们。

在传统的商贸活动中，企业普遍采取线下宣传与报纸、电视广告的方式介绍自己的产品，但受制于具体的宣传路径与媒体的传播能力，这种方式成本较高、宣传范围有限，对于许多中、小型企业来说很不友好，在电子商务领域，宣传工作与信息交流更是难上加难。随着电子商务的发展，企业通过网络可以充分实现商品的宣传与信息交流，消费者可以通过浏览相关网站进行商品的搜索与筛选，互联网帮助企业将自己的商品在全球范围内进行展示，在提升宣传能力的同时，极大缩减了宣传成本，同时也使得全球消费者能够有更多的选择，这是传统商务活动所不具备的功能。

（二）实时性

1.商品交易的实时性

电子商务的信息传递是以互联网为媒介的，互联网本身具有信息传输速度快和信息传送量大等特点，且互联网传送信息的速度与地域距离无关。因此，信息传递的实时性也是电子商务的显著特点。

传统的信息传递方式主要以信函、传真、电话等方式为主，信息传递效率低下，难以针对具体问题进行及时的沟通与交流，互联网的信息传送不受空间的限制，地理上的距离被互联网无限拉近，商品的交易、信息的收发等都可以在很短的时间内完成，极大提升了交易的效率。

在传统贸易活动中，消费者在购买商品时，由于掌握的相关信息量较少，时常出现对交易不满意的情况，这是信息交流不及时带来的信息差造成的，信息的不对等也使得消费者在购买商品时的选择较少，一般都是通过电视、报纸等媒体宣传，或者通过朋友介绍与自身的亲身体验进行商品的选择，这些方式限制了消费者对于商品的选择。而电子商务的出现，则在很大程度上改变了这一现状，电子商务将商品的具体信息呈现在网络平台之上，消费者可以及时获取商品的价格变动、更新迭代、参数变化等信息，进而在大量的同类型商品中根据自己的购买标准选择心仪的商品，互联网的即时性优势在跨境电子商务活动中体现得更为明显。

2. 信息交流的实时性

电子商务的实时性不仅体现在商品的交易过程中，还体现在商务活动的各个环节之中。在传统的商务活动之中，企业之间的交流需要面对面进行，或者通过信函、传真的方式，这些方式效率低下，成本较高，特别是对于参与跨境贸易的企业来说更是如此，较低的交流效率与较高的交流成本使得不同关境企业之间的交流并不活跃，在很大程度上影响了企业之间的合作。在电子商务中，企业之间可以通过线上会议的形式或者电子邮件的方式快速实现商务信息交流，极大提升了信息交流的效率，使企业能够获取实时的信息，且节约了大量的人力、物力成本。

3. 管理的实时性

电子商务涉及的商务主体多、信息量大、贸易过程复杂。保证电子商务企业内部的信息管理、客户关系管理、人力资源管理以及财务管理等领域的准确性与高效性，均需要电子商务发挥作用。在传统的企业内部管理运行机制当中，指令的下达、人事的变动、财务的管理等通常都是通过会议或纸面文件进行的，这种方式不仅消耗人力物力，而且效率低下，失误率高。基于互联网技术的管理系统，具有较高的效率与准确性，且节约了大量的管理成本，上述一系列管理活动都可以通过线上的方式来完成，处理过程准确且高效，对于电子商务企业的内部管理具有巨大的促进作用。

（三）无形性

1.交易过程的无形性

无形性是电子商务与传统商务的显著区别之一，在传统的商品交易中，消费者和企业面对的是实实在在的商品，消费者选定商品后，通过面对面交易或者订单配送的方式完成交易活动。但是在电子商务中，由于距离的限制，交易活动往往难以面对面进行，商品信息查询、选择、订购、支付等环节都是在无形的网络上进行的。

在电子商务活动中，商品与服务均是通过数字化的形式呈现给人们的，大量的商品与不同类型的服务通过不同的网络服务平台传输到网络世界的每一个角落，有着不同需求的人们根据网络提供的信息选择商品与服务，最终完成交易。可以说，电子商务是使用"无形"的手段进行有形商品交易的过程，其交易的成果是有形的，但整个交易的过程却是无形的、虚拟的。

2.数据传输的无形性

网络的发展使数字化产品和服务的传输盛行。而数字化传输是通过不同类型的媒介，如数据、声音和图像在全球化网络环境中集中而进行的，这些媒介在网络中是以计算机数据代码的形式出现的，因此是无形的。以 E-mail 信息的传输为例，这一信息首先要被服务器分解为数以百万计的数据包，然后按照 TCP/IP 协议通过不同的网络路径传输到一个目的地服务器再重新组织转发给接收人，整个过程都是在网络中快速完成的。

电子商务是以网络技术为依托的，而网络中的数据传输是无形的，因此，从电子商务所依托的技术手段来观察，无形性是电子商务显著的特征。

3.服务贸易的无形性

服务贸易指的是一国的法人或自然人在其境内或进入他国境内向外国的法人或自然人提供服务的贸易行为。服务贸易的内容是服务而非有形的商品，服务贸易包括商业服务、通信服务、建筑及相关工程服务、销售服务、教育服务、环境服务、金融服务、健康与社会服务等。

广义的服务贸易既包括有形的活动，又包括服务提供者与使用者在没有直接接触下交易的无形活动。随着时代的发展，服务贸易日益成为贸易活动的重要组成部分，特别是在电子商务领域，无形的服务贸易发展更为迅速。教育、金融等领域的许多服务可以完全通过线上的方式进行，大大便利了人们的生活。

（四）匿名性

1.交易主体的匿名性

正因为电子商务具有全球性与无形性的特点，用户量大，且分属于不同的国家或地区，因此难以确定用户的信息。电子商务的参与者，无论是商品、服务的提供者，还是消费者，一般都会隐藏全部或者部分的个人信息，网络所提供的用户身份、地理位置等信息也具有很强的不确定性。网络作为一个虚拟的平台，为人们提供了自由交流的环境，在现实生活中，人们用真实的身份信息学习、工作、生活，而在电子商务中，匿名行为基本不会影响网络交易的进行，而网络的匿名性也允许电子商务的各参与主体这样做。

2.交易过程的匿名性

在传统的商品交易中，部分商品的交易过程需要签收单据，人们通常会将自己的真实姓名签在单据上。而网络为电子商务提供了虚拟的交流平台，匿名的行为会让人们感觉更加自由，在匿名的状态下，人们可以享受最大的自由，而承担最小的责任。人们匿名在虚拟的网络世界中自由进行商品与服务的交易。在交易的过程中，电子商务各参与主体多是以匿名的形式参与到电子商务活动中来，在整个交易过程中，交易的双方匿名进行交流。

（五）无纸化

1.无纸化办公

电子商务采取无纸化办公模式，信息时代的到来，使计算机取代了传统的纸和笔，成为人们办公的主要工具，电子商务的信息传递也是通过电子邮件进行的，实现了无纸化办公。

自从纸被发明、改良以来，其凭借独特的优势成为信息记录的主要工具，从古代一直到现代，纸在信息传递方面发挥了至关重要的作用。在传统的商务活动中，纸可以说是最为重要的办公工具之一，文件的传输、信息的传递、合同的签订以及商务活动中的多种票据，都需要以纸为载体。可以说，纸既是人类文明的重要载体，又是日常生产生活中不可或缺的信息记录工具。

电子商务是诞生于信息时代的新的商务模式，因此，电子商务企业的办公模式具有鲜明的信息化时代特色，在企业内部管理与办公过程中，对于纸不再具有迫切的需求，企业凭借网络展开管理与办公，通知、公告、会议等均可以通过线上的方式来完成，这种无纸化办公模式，不仅提升了办公效率，还减少了企业的成本，且节约了大量的资源，这也符合现代环保的理念。

2.无纸化交易

随着电子信息技术与互联网技术的不断发展，计算机逐渐取代纸张成为信息记录的重要工具。在电子商务中，商品运输距离长，商务活动参与各方距离较远，因此，以纸作为信息记录与交流的工具会导致信息交流时间过长，严重阻碍电子商务交易的效率，而且，由于贸易的迅速发展，贸易中涉及商品的种类繁多，数量庞大，无论是物流还是海关，将纸张作为信息记录的主要工具将难以应付大量的商贸交易。[①]

因此，在电子商务的整个运行环节，计算机几乎取代了纸张，成为信息交流与记录的主要工具。

第二节　全球化时代电子商务对国际贸易的影响

一、电子商务促进了国际贸易运行方式和运行环境的改变

电子商务作为一种基于信息技术的商业模式，在促进国际贸易运行方式和环境的改变方面发挥了重要作用。在国际贸易交易过程中，信息技术的普及将外贸企业、厂家、第三方服务商与海关、税务、商检等有关部门联系起来，同时对电子商务活动中的寻找商机、促销、浏览商品、洽谈、签约、生产、交货、付款等进出口业务进行自动化处理并提供一条龙式的全程跟踪服务，进出口商品的交换信息、商贸洽谈、合同签订、货物运输、报关报检、进出口代理、交货付款等服务功能也都可以通过电子商务系统来传输和处理。与之前的业务处理方式相比，国际贸易不仅在运行方式上发生了很大的变化，还在贸易的运行环境上有了较大的改变。互联网上"虚拟"进出口信息的交换，开辟了一个开放、多维、崭新的市场空间，突破了传统交易市场中必须以一定地域存在为条件的局限，电子化的应用使得整个世界形成一个大的"统一市场"。同时，商品与服务等有关信息能在全球范围内充分准确地流动，表现出公开、完整和实时等特性，减少了进出口双方信息的不对称，从而避免

① 徐凡.跨境电子商务基础 [M].北京：中国铁道出版社，2017：27-29.

或减少了因市场信息不完全而产生的扭曲，同等质量的商品或质量相似的商品之间的竞争更加激烈，保证了价值规律充分发挥作用。

二、电子商务促进了国际贸易流通模式的变革

随着信息技术的发展和互联网的普及，电子商务已成为国际贸易中不可或缺的一部分，它通过提供一种全新的贸易方式，极大地改变了传统的贸易流通模式。电子商务使得国际贸易的流通渠道更加多元化和灵活。在传统的贸易模式中，交易通常依赖于固定的渠道和中间商，而电子商务的出现打破了这一模式，使得生产者和消费者可以直接进行交易，减少了中间环节，从而降低了交易成本，提高了交易效率。这种直接交易的模式不仅加快了商品和服务的流通速度，也使得更多的小型企业和个体经营者有机会进入国际市场，增强了市场的活力和竞争性。电子商务还改变了商品和服务的展示和销售方式。通过网络平台，企业可以向全球消费者展示产品和服务，消费者可以随时随地浏览、比较和购买商品，这极大地扩展了产品的市场范围和潜在客户群。同时，网络平台上的用户评价和反馈机制为消费者提供了更多的信息，帮助他们做出更明智的购买决策，这不仅提高了消费者的购物体验，还提升了商品的质量。

三、电子商务促进了国际贸易经营主体的扩大

在传统的国际贸易模式中，由于成本较高和需要雄厚的资金开拓国际市场，国际贸易的主体大多是实力较强的大型企业。然而，电子商务的兴起改变了这一局面，它简化了国际贸易流程，使买卖双方可以通过平台直接交流，显著降低了交易成本，从而使广大中小微企业乃至个人也能在国际市场上竞争。另外，电子商务在国际贸易领域的广泛应用催生了大量的"虚拟"企业，这些企业通过向世界市场提供产品或服务参与国际贸易。这些公司往往在自己的专业领域拥有卓越的技术，利用电

子商务技术将自己编入一个大网络，从而更加有效地向市场提供商品和服务。这种模式的出现使得小企业和个体经营者可以充分利用自己的专业优势，通过电子商务平台扩大自己的市场影响力。

四、电子商务使国际贸易经营管理方式产生变革

以计算机网络信息技术为核心的电子商务系统，利用信息技术改造传统国际贸易，为国际贸易提供一种信息较为完全的市场环境，促进跨国界资源和生产要素的优化配置，从而使市场机制能够更为充分有效地发挥作用。这种方式突破了传统国际贸易以单向物流为主的运作格局，实现了以物流为依托、资金流为支撑、信息流为核心、商品流为主体的全新经营管理模式，通过信息网络提供全方位、多层次、多角度的互动式的商贸服务。生产者与消费者通过网络，使即时供货制度和"零库存"生产得以实现，商品流动更加顺畅，信息网络成为最大的"中间商"，国际贸易中由进出口商作为跨境商品买卖媒介的传统方式受到挑战，由信息不对称形成的委托—代理关系发生动摇，贸易中间商、代理商和专业进出口公司的地位相对减弱，引发了国际贸易中间组织结构的革命。

五、电子商务促使国际贸易成本结构发生改变

在传统国际贸易模式中，高昂的成本主要集中在信息搜寻、合同订立和执行、售后服务等环节。然而，电子商务通过利用信息技术，改变了这一成本结构。首先，电子商务通过提供直接的交易平台，显著降低了信息搜寻成本。企业可以利用网络平台快速获取市场信息、寻找潜在的贸易伙伴，避免了传统交易中耗时耗力的信息搜寻过程。其次，电子商务简化了合同订立和执行的过程，降低了相关的交易成本。企业通过电子商务平台可以更快捷地达成协议、签署合同，并利用电子方式执行合同，节约了纸质文件处理和邮寄的时间和费用。最后，电子商务还降低了企业的库存成本和物流成本。通过网络平台，企业能够更加精确地掌

握市场需求，实现及时供货和"零库存"生产，从而降低库存成本。同时，电子商务促进了物流服务的优化，使得商品运输更加高效，降低了运输成本。然而，电子商务的应用也带来了新的成本，如软硬件投资成本、学习和培训成本、维护和安全成本等。这些成本对企业的总体成本结构产生了影响，企业需要技术和人力资源的投资，以适应电子商务环境。

六、电子商务改变了国际贸易营销的模式

电子商务在全球化时代对国际贸易营销模式产生了深远的影响，引发了市场营销的巨变，并促进了国际贸易营销创新。随着经济发展和新兴市场客户需求的变化，传统的国际贸易营销方式已不再适应时代的发展，从而催生了新的市场营销形式——电子营销。电子营销以互联网为媒体平台，采用新的方式、方法和经营理念，通过一系列网络营销策划，制定和实施企业营销活动。这种新型营销模式更有效地促成个人和组织的交易活动实现，成为企业整体营销战略的一个重要组成部分。电子营销以互联网为基本手段，营造网上经营环境，实现企业总体或部分经营目标。

电子营销具有较强的实践性特征，它强调从实践中发现电子营销的一般方法和规律，比空洞的理论讨论更具实际意义。电子营销的核心在于理解互联网的营销环境，并利用各种互联网工具为企业营销活动提供有效的支持。因此，电子营销研究中必须重视电子营销实用方法的探索和应用。

电子营销主要分为以下几种：

（一）网络互动式营销

网络互动式营销主要通过互联网平台实现企业与消费者之间的双向交流和互动。这种营销方式利用网络技术，如社交媒体、论坛、博客等，让企业能够直接与消费者沟通，收集消费者的反馈和建议，及时了解市场动态和消费者需求。网络互动式营销的优势在于能够建立起更加紧密和

个性化的客户关系，提升客户的参与度和忠诚度。企业可以通过网络互动，不仅发布产品信息和促销活动，还能够收集用户数据，进行市场分析和产品改进，从而更有效地满足消费者的个性化需求，提高营销效果。

（二）网络整合营销

网络整合营销是指企业将不同的网络营销渠道和工具进行有效整合，以实现营销目标的一种方式。在网络整合营销中，企业需要统筹考虑各种线上渠道，如网站、社交媒体、电子邮件、在线广告等，确保在不同的渠道上传递一致的品牌信息和营销策略。这种整合不仅涉及外部的营销活动，也包括内部资源的整合，如技术支持、内容创作、数据分析等。通过网络整合营销，企业可以更有效地覆盖目标市场，增强品牌影响力，同时实现营销资源的最优化配置，提高营销投资的回报率。

（三）网络定制营销

网络定制营销侧重于根据每个消费者的特定需求和偏好提供个性化的产品和服务。这种营销方式利用网络技术收集和分析消费者数据，如购买历史、浏览行为、个人偏好等，然后根据这些数据为消费者提供定制化的推荐和服务。网络定制营销的优势在于能够提高消费者的满意度和忠诚度，因为消费者能够获得更符合自己需求的产品和服务。对于企业来说，定制营销有助于提高产品的附加值和差异化竞争优势，同时也能够提高营销效率，减少资源浪费。

（四）网络"软营销"

网络"软营销"是一种较为隐性的电子营销方式，它不直接推销产品，而是通过提供有价值的内容、建立品牌形象和口碑来吸引和留住消费者。网络"软营销"通常通过撰写博客文章、发布教育性视频、开展在线活动等方式进行。这种营销方式的核心在于创造和分享对目标消费者有用的信息，而非直接的广告宣传。网络"软营销"的优势在于能够在消费者心中建立品牌的正面形象，增强品牌的吸引力和影响力。长期来看，网络"软营销"有助于建立企业与消费者之间的信任关系，提升品牌忠诚度，为企业带来更稳定和持久的市场竞争力。

七、电子商务促进国际贸易监管方式发生改变

电子商务的无形化和网络化特征使得传统的国际贸易监管方式面临挑战，促使各国政府必须对国际贸易的监管方式进行创新，以适应跨境电子商务的发展需求。在海关监管方面，电子商务导致的贸易模式变化要求海关部门改变传统的监管方式。由于电子商务交易的即时性和无形化，传统的基于实体商品检查的海关监管模式变得不再适用。因此，海关部门需要采用更先进的技术手段，如电子数据交换（EDI）技术、自动识别系统等，实现对电子交易的实时监控和管理。此外，海关部门还需要与电子商务平台合作，通过共享数据和信息，提高监管效率和准确性。在商品检验方面，电子商务的增长要求提高商品检验的效率和灵活性。电子商务环境下的商品检验需要更多地依赖于电子信息和网络技术，以及与电子商务平台的协同工作。这可能包括利用电子标签、二维码等技术进行商品追踪和认证，以确保商品的质量和安全。同时，为了适应电子商务中商品种类的多样性和交易速度的快速性，商品检验方法也需要更加灵活和快捷。在关税征收方面，电子商务也对传统的关税征收模式提出了挑战。电子商务交易的匿名性和跨境性使得关税征收变得更加复杂。因此，税务部门需要开发新的征税方法和策略，如电子关税申报和支付系统，以及对电子商务交易实行特定的税收政策。此外，国际协调和合作在电子商务环境下的关税征收中变得尤为重要，以确保税收的公平性和有效性。这些变化不仅提高了国际贸易监管的效率和效果，也为国际贸易的健康发展提供了支持。

八、电子商务影响国际贸易政策的趋向

电子商务作为全球化和信息技术发展的产物，在理论和实践上对国

际贸易政策产生了深远的影响，并提出了新的要求和命题。随着电子商务在全球贸易中的重要性日益增强，它对国际贸易政策的趋向提出了新的挑战。首先，国际贸易政策需要明确电子商务交易的性质，包括商品和服务的定义、跨境交易的界定等，以便制定相应的法规和标准。此外，电子商务的跨境特性也要求国际贸易政策在全球范围内实现更好的协调和一致性。其次，网络安全、数据保护、消费者隐私等问题在电子商务中尤为重要。国际贸易政策需要制定相应的规则和标准，以保护电子交易中的信息安全和消费者权益。同时，电子支付和网络交易的安全性也需要通过国际贸易政策来加以规范和保障。再次，电子商务的发展给传统的关税征收方式带来了挑战，特别是在数字产品和服务的跨境交易中。国际贸易政策需要适应电子商务的特点，制定合适的关税政策和征收机制，同时考虑到不同国家和地区的利益平衡。最后，发展中国家在电子商务的发展中面临着基础设施落后、技术短缺、人才不足等方面的挑战。国际贸易政策需要考虑到这些国家的特殊需求和挑战，提供必要的支持和帮助，以促进电子商务在全球范围内的均衡发展。

第三节 电子商务在国际贸易中的具体运用

电子商务在国际贸易中的应用主要是指国际贸易的哪些环节可以运用电子商务。这种应用旨在减轻业务人员的工作负担、降低贸易成本、提高贸易效率，并提升服务质量，进而增强企业的综合竞争力和盈利能力。通过有效运用电子商务，企业能够促进出口的大幅增长，带动国民经济的快速发展。同时，电子商务的应用也为企业的发展提供了明确的方向，指引企业在国际贸易中更加高效和创新地开展业务。

一、电子商务在国际贸易交易准备中的运用

（一）市场研究和信息收集

电子商务为企业提供了强大的工具来进行市场研究和信息收集。通过互联网，企业可以访问大量的国际市场数据、行业报告和竞争分析，这些信息对于制定有效的贸易策略至关重要。企业可以利用搜索引擎、专业的市场研究平台和社交媒体网络来获取关于目标市场的最新动态、消费者偏好和潜在的商业机会。此外，电子商务还允许企业进行在线调查和消费者行为分析，以更深入地了解市场需求和趋势。

（二）产品展示和品牌推广

电子商务为企业在国际市场上展示产品和推广品牌提供了便捷的渠道。通过建立在线展示平台，如企业网站、电子商务市场和社交媒体页面，企业可以向全球客户展示其产品和服务。这些平台不仅可以展示产品图片、详细描述和用户评价，还可以提供互动性内容，如视频演示、在线咨询和虚拟试用，从而增强消费者的购物体验和品牌忠诚度。同时，网络广告、搜索引擎优化（SEO）和内容营销等电子商务营销策略可以有效提升品牌在国际市场的知名度和吸引力。

（三）建立商业联系和合作伙伴关系

电子商务平台为企业寻找和建立国际商业联系和合作伙伴关系提供了便利。企业可以通过电子商务市场、行业论坛和专业网络平台来寻找潜在的客户、供应商和分销商。在线交易平台和 B2B 电子商务网站使企业能够直接与全球合作伙伴进行沟通和交易，缩短了寻找合作伙伴的时间，并降低了交易成本。此外，电子商务还提供了线上谈判和合同签订的工具，使合作更加高效和透明。

二、电子商务在交易磋商中的运用

（一）邀请发盘

邀请发盘是国际贸易交易磋商中的一个重要环节，它指的是一方向另一方发出邀请，表明有意愿进行商业交易，并期待对方提出具体的交易条件或报价。在这一环节中，电子商务的应用极大地提高了邀请发盘的效率和效果。利用电子商务平台，企业能够迅速地向潜在的客户或供应商发送交易邀请。这可以通过电子邮件、在线交易平台、社交媒体或者专业的 B2B 电子商务网站实现。这种方式不仅加速了信息的传播，还使得企业能够根据具体市场需求或特定客户群体定制邀请内容。电子商务平台提供了丰富的工具来分析市场数据和潜在客户的反馈，帮助企业更准确地定位市场需求和客户偏好，从而使得邀请发盘更具针对性和吸引力。此外，电子商务还使得跟踪和管理邀请发盘的过程变得更加简便和高效，企业可以轻松地管理大量的邀请并及时跟进潜在客户的反应。

（二）发盘

发盘指的是一方根据对方的邀请或市场需求提出具体的交易条件，包括价格、产品规格、交货时间和支付方式等。电子商务在发盘环节中的应用同样显著，使得报价过程更加迅速、灵活和透明。企业可以利用电子商务工具，如在线报价系统、电子目录和产品展示页面，详细介绍产品或服务的特点和交易条件。这些工具不仅提供了便捷的方式来展示和更新产品信息，还允许企业根据市场反馈快速调整报价或交货条件。电子商务平台提供了实时的市场反馈和数据分析能力，使得企业能够基于客户行为和市场趋势来优化自己的发盘策略。通过电子商务，企业还能够更有效地与潜在客户进行沟通和谈判，提高交易成功的可能性。此外，电子商务的应用还帮助企业减少了传统发盘过程中的纸质文档处理和邮寄成本，提高了整体的交易效率。

（三）还盘

在交易磋商中，还盘是指收到发盘后，对方对提出的条件不完全接受，提出自己的交易条件或对原条件进行修改的过程。电子商务在这一环节中的应用极为重要，它使得还盘过程更加迅速、灵活和高效。借助电子商务平台，企业可以快速响应对方的发盘，并通过电子方式提出自己的交易条件或对原有条件进行修改。这种方式加快了信息的交流速度，减少了纸质文件的往返时间。电子商务平台如电子邮件、在线交易系统和即时通信工具使得双方可以实时沟通和协商，加快了磋商进程。此外，电子商务还为企业提供了数据分析和市场研究工具，帮助企业在还盘中做出更有信息支撑的决策，提升交易磋商的准确性和成功率。

（四）接受

交易磋商的最后一个环节是接受，这指的是一方对另一方的发盘或还盘表示同意，从而达成交易协议。电子商务在接受环节的应用使得这一过程变得更加便捷和正式化。企业可以通过电子方式明确表示接受交易条件，如通过发送电子邮件确认或在电子交易平台上点击接受按钮。这种方式不仅加快了交易确认的速度，也为交易的正式性和合法性提供了保障。电子签名和电子合同技术在这一环节中也发挥了重要作用，它们使得合同的签订和确认过程电子化，确保了交易的法律效力和安全性。电子商务的应用还使得交易双方能够更容易地保存和管理交易文件，为后续的合同履行和监管提供了便利。此外，电子商务平台提供的跟踪和分析功能使得企业可以实时监控交易进展，及时处理交易中的任何问题，从而提高了整体交易效率。

三、电子商务在国际贸易合同履行中的运用

在电子商务环境下，履行出口合同的过程已经实现了较高程度的自动化，减少了业务员的手工作业量。出口合同的履行主要涉及货物的备货、相关证件的处理（包括催证、审证、改证）、船舶的租赁和订舱以

及款项的制单和结汇等环节。在这些环节中，电子商务系统的应用使得大部分工作可以自动完成，从而提高了工作效率和准确性。然而，由于技术和实践的限制，并非所有出口环节都已完全实现电子化操作。因此，在国际贸易中，传统的操作过程与基于电子商务的操作仍然并存，企业需要结合实际情况选择适合的操作方式。

（一）备货

备货是国际贸易过程中准备货物以满足出口合同要求的阶段。在这一环节，企业必须根据合同的条款安排生产或采购所需的商品，确保按照规定的时间、数量和质量标准完成备货。备货工作包括计算所需的原材料和辅料数量、安排生产计划、处理包装要求以及确保交货期限的合理安排。

电子商务在备货方面的应用极大地提升了这一流程的效率和准确性。电子商务系统可以自动分析出口合同中的关键信息，如产品规格、数量、交货时间和包装要求，并据此计算出所需原材料和辅料的具体数量。这一过程通过集成的供应链管理系统（SCM）实现，该系统能够自动向供应商发出采购订单，同时协调交货日期以避免过早或过晚接收材料，从而减少资金和仓储的占用。电子商务系统还与企业内部的企业资源规划系统（ERP）相连，用以安排内部生产流程。该系统根据备货需求优化生产调度，确保资源的合理分配和高效利用。对于非自产的商品，电子商务系统可用于筛选和评估外部生产企业，确保所选企业能够满足质量、成本和交付时间的要求。

以服装出口为例，假设企业需要出口一批全棉青年布衬衣。电子商务系统首先根据合同条款（如规格、尺码、价格、包装和交期）计算出所需的面料和辅料数量。然后，系统自动在供应商数据库中查找并通知相关供应商，包括面料和辅料的规格、数量和交货日期。如果是自产，ERP 系统将安排内部生产。如果是买断制出口，则电子商务系统会比较不同生产企业，选择最优厂家并下达详细的生产订单。这一过程不仅提高了备货的准确性和效率，还降低了成本，提升了企业的竞争力。

（二）报检、签发产地证

1. 报检

报检是指进出口商品在通关前必须经过国家检验机构的检验并取得检验合格证书的过程。根据国家规定或合同要求，某些商品在出口前需向出入境检验检疫局申请检验，以确保货物符合质量标准和安全要求。只有获得检验检疫局签发的检验合格证书，货物才能被海关放行。若商品经检验不合格，则不得出口。报检是确保商品质量和符合进出口规定的重要步骤，对保障国家利益和消费者安全具有重要意义。

在电子商务条件下，报检过程得到了极大简化和效率提升。通过电子商务系统，进出口报检手续和检验证书的传递可以在线完成，进出口企业可以通过互联网以电子申报方式轻松完成报验手续。在报检流程中，检验检疫局对进出口商品实施法定检验，检验结果出具的检验证书也通过网络进行传输和共享。海关通过联网核实检验证书的真实性后，对符合法定要求的通关货物予以放行。远程电子报检和数字证书的传输极大地减少了报检环节的时间，简化了报检手续，减少了企业往返检验检疫部门的次数。同时，海关通过网络对检验证书的核实也变得更加便利和准确，保证了通关货物的合规性。

以某进出口企业为例，当企业需要出口一批纺织品时，企业通过报检软件在网上提交报检申请，包括商品信息、检验要求和相关文件。检验检疫局收到电子申请后，安排对纺织品进行检验。检验合格后，检验检疫局通过软件系统向企业发送电子检验证书，企业即可使用该电子证书办理海关放行手续。这一过程大大提高了报检的效率，降低了企业的时间和成本开销，同时也保障了商品的质量和合规性。

2.签发产地证

签发产地证是国际贸易合同履行中的一个重要环节，主要指出口商根据合同或信用证的要求，向相关机构申请出具证明货物原产地或制造地的证件。这种证件通常由出口地的公证行或工商团体签发，在我国，产地证明书可以由出入境检验检疫局或中国国际贸易促进委员会（贸促会）签发。产地证是国际贸易中的重要文件，通常用于证明商品的产地，以满足进口国的规定或获取关税优惠。

电子商务在签发产地证方面的应用改善了这一过程的效率和便利性。通过电子商务平台，出口商可以在线上提交产地证的申请。这种方式使得申请过程从纸质文件处理转变为电子化操作，简化了提交和审批流程。出口商通过电子系统提交所需的相关信息和文件，如商品详情、产地证明等，系统自动处理申请，并在完成审查后电子签发产地证。例如，一个出口企业需要向海外客户出口一批纺织品，合同中要求提供产地证。企业通过登录相关电子商务系统，填写相关信息并上传必要的文件，如商品说明和原产地证明等，提交产地证申请。系统自动审核所提交的资料，完成审批后电子签发产地证。企业随后可以下载或打印产地证，用于后续的出口通关和进口国的清关。电子商务在签发产地证方面的应用大大减少了手工作业量和审批时间，提高了出口过程中文件处理的效率。同时，电子化的处理方式也增强了申请过程的透明度和可追溯性，降低了出错的风险。这对于提高国际贸易的工作效率、减少企业的运营成本具有重要意义，同时也方便了政府部门的管理和监督。

（三）催证、审证和改证

催证、审证和改证是国际贸易中履行信用证付款合同的重要环节，直接关系到合同的顺利执行和资金的安全。在这些环节中，电子商务的应用显著提高了效率和安全性。

1.催证

催证是指出口商在合同规定的时间内，催促进口商开立信用证的过程。在实际操作中，进口商通过其银行申请开立信用证后，开证行通常通过环球银行金融电信协会（SWIFT）将信用证信息传递给出口国的通知行，再由通知行转发给出口商。电子商务的应用使得这一流程更加迅速和透明。通过电子化的金融网络，信用证的传递变得更加高效，出口商可以更快地接收到信用证信息，从而加快交易进程。

2.审证

审证是指出口商在收到信用证后，对照合同条款对信用证进行仔细审核的过程。信用证的内容应与合同条款一致，但实际中可能由于多种原因导致不符。电子商务的应用在审证过程中发挥重要作用。通过电子化的信用证管理系统，出口商可以快速比对合同条款和信用证内容，提高审核的效率和准确性。同时，系统还可以记录和存储历史数据，方便出口商在未来的交易中参考和使用。

3.改证

改证是指在审证后发现信用证与合同规定不符时，出口商提出修改或取消某些条款的过程。信用证条款的修改需要征得进口商和开证行的同意。电子商务的应用在改证过程中同样至关重要。电子商务系统提供了高效的沟通渠道，使得出口商可以快速向进口商和开证行提出修改建议，并及时获得回应。此外，电子化的文档管理和追踪功能使得修改过程的记录和审批更加清晰和便捷。

（四）租船订舱

租船订舱是指为出口货物安排合适的运输方式和船只。传统的租船订舱过程通常涉及与多个航运公司的联系、比较和协商，这个过程可能既耗时又复杂。然而，在电子商务的条件下，这一过程得到了显著的简化和效率提升。通过网上订舱系统，卖方可以直接在互联网上浏览不同航运公司的船期、船位和运价，选择最合适的航线和班次进行订舱。这种方式不仅加快了订舱的速度，还提供了更多的选择和灵活性。例如，一个出口企业需要将一批货物从中国运输到欧洲，企业通过电子商务平台查询并比较不同航运公司的船期和价格，选择最合适的船只和班次进行订舱，整个过程可以在短时间内在线完成，大大提高了工作效率和准确性。

（五）投保

投保是指出口合同中卖方根据合同条款在装运前向保险公司办理货物保险的过程。在 CIF（成本、保险费加运费）等贸易术语下，投保是卖方的责任。电子商务在投保环节中的应用同样显著提高了效率和方便性。通过电子商务平台，卖方可以在线上与保险公司联系，提交货物详细信息和保险需求。保险公司可以根据提供的信息快速出具保险单，并通过电子方式将保险单发送给卖方。这种方式不仅简化了投保手续，还加快了保险单的获取速度。例如，一个出口企业需要为一批机械设备办理海运保险，企业通过电子商务平台向保险公司提交货物信息和保险需求，保险公司在线上审查后，快速出具并发送电子保险单给企业，整个过程迅速高效，保证了货物的及时投保和装运安排。

（六）报关

报关指的是进出口货物在进出国境时向海关申报并办理相关手续的过程。根据我国海关法规定，所有进出国境的货物必须经由设有海关的港口、车站或国际航空站进出，并由货物所有人向海关申报。只有在海关审核放行后，货物才可提取或装船出口。报关是确保货物符合国家进出口规定的关键步骤，涉及货物的分类、估值、关税征收以及相关法规的遵守。

在电子商务的条件下，我国建立的中国口岸电子执法系统（简称中国电子口岸）为报关流程带来了重大改变。该系统是由多个部委联合研制的信息系统，利用国家电信公网资源，将业务数据的电子底账集中存放到海关总署的电子口岸公共数据中心。在这个统一、安全、高效的计算机物理平台上实现了跨部门、跨行业、跨地区的数据共享和数据交换。企业可以通过电子口岸系统在网上办理各种进出口业务，包括在线提交报关单、上传必要的文件和支付关税等。例如，一家出口企业需要将一批机械设备运输到国外。在电子商务条件下，企业通过中国电子口岸系统在线提交报关申请，包括填写电子报关单、上传货物清单、商业发票和装箱单等文件。系统自动处理申请，审核货物信息并计算应缴纳的关税。企业在线支付关税后，海关对提交的资料进行审核，并在满足所有要求后进行电子放行。整个过程无须企业前往海关办理纸质手续，大大提高了报关的效率和便利性。

电子商务在报关方面的应用不仅简化了传统的报关流程，减少了企业的时间和资源开销，也提高了报关的准确性和透明度。通过电子化处理，企业可以及时了解报关进度，及时应对可能出现的问题。这种电子化的报关方式对于促进国际贸易的顺畅进行和提高企业的国际竞争力具有重要意义。

（七）装运

装运在国际贸易中是指将货物运送到指定目的地的过程。在装运过程中，承运人（通常是航运公司）会在货船靠港前后通知货主，要求其在规定时间内将货物运至指定码头准备装载。出口商需要向承运人提交装箱单，详细记录货物的情况。货物经海关检验放行后，海关会向出口商和承运人发送放行通知。在港口配合和理货公司的监督下，货物被装上指定的船只。装船完成后，承运人向出口商签发海运提单，标志着货物装运启程。电子商务在装运环节的应用极大地提升了这一过程的效率和透明度。通过电子商务系统，出口商和承运人可以进行电子数据交换，加快了装箱单和海运提单的处理速度。出口商可以在线上提交电子装箱单，承运人在收到货物后可以迅速在线上确认并生成电子海运提单。同时，海关的放行通知也可以通过在线方式发送，加快了整个装运流程的处理速度，并减少了纸质文件的使用。此外，电子商务系统还允许出口商实时追踪货物装运状态，提高了货物装运的透明度和可追踪性。这些电子化的处理方式不仅提高了装运过程的效率，也降低了出错的风险，为国际贸易的顺利进行提供了便利。

（八）制单结汇

在国际贸易中，制单结汇是出口过程的重要环节。制单指的是出口商根据信用证的规定，编制各种出口单据，如商业发票、装箱单、海运提单等。这些单据必须严格符合信用证的要求，以便顺利完成交易并确保收汇安全。在电子商务条件下，制单过程得到了显著的简化和自动化。电子商务系统可以根据合同和信用证条件自动生成一系列出口单据，这不仅加快了单据编制的速度，还提高了单据的准确性和一致性。例如，出口商在完成货物装运后，可以通过电子商务系统输入相关信息，系统自动根据信用证的要求生成商业发票、装箱单等单据，并确保这些单据与信用证的条款完全一致。这样的自动化单据生成大大减少了人工错误的可能性，提高了办理结汇手续的效率和收汇的安全性。

结汇是指出口商在编制全套议付单据后，通过银行向进口商收取货款的过程。在电子商务条件下，结汇过程也得到了电子化的改进。出口商可以通过电子银行系统提交议付单据，并通过电子方式向银行申请结汇。银行在审核议付单据无误后，便可办理汇款手续，将货款汇入出口商指定的账户。这种电子化的结汇方式大大加快了资金流转的速度，降低了交易的时间成本。例如，一家出口企业在完成对欧洲客户的货物装运后，通过电子商务系统向银行提交了一套符合信用证要求的议付单据，银行在审核后迅速完成结汇，将货款汇入企业账户，确保了企业资金的及时回笼。

（九）出口收汇核销

出口收汇核销是国际贸易中用于保障货款安全、及时收汇、提高出口收汇率、增加国家外汇收入的重要制度。自 1991 年 1 月 1 日起，我国实行了出口收汇核销和跟踪结汇制度，并建立了出口收汇核销系统。这一制度要求出口企业在完成货物出口后，需及时收回货款，并将收汇情况报告给外汇管理部门进行核销，以确保外汇收入的安全和合法。随着电子商务和高科技的发展，国家外汇管理局和海关总署对原有的出口收汇核销系统进行了改进，建立了中国电子口岸出口收汇子系统。这一子系统的应用使得出口收汇核销流程得到了电子化和自动化，极大地提升了核销过程的效率和准确性。通过中国电子口岸的出口收汇系统，企业可以在线上申领核销单，提交核销单交单申请，完成出口报关备案，以及对核销单各项信息进行综合查询。这些操作均可在网上完成，无须前往外汇管理部门和海关办理纸质手续，大大节省了企业的时间和资源。例如，一家出口企业在向海外客户出口一批商品后，需要办理收汇核销手续。企业通过登录中国电子口岸系统，在线上申请核销单并提交必要的报关单据和收汇证明。系统自动处理企业的申请，并进行数据核对。一旦核销单申请通过审核，企业即可在线上完成出口收汇的核销流程。这种电子化的处理方式不仅提高了核销的效率，还增强了核销过程的透明度和可追溯性。

（十）出口退税

出口退税是指对出口商品在国内已缴纳的税款，按照规定退还给出口企业的政策，旨在提升国内企业的国际竞争力，推动出口增长。为了正确实施出口退税政策并加强管理，我国政府采取了多种措施，有效保护了合法经营的企业。在电子商务条件下，企业可以通过电子口岸系统在线上提交退税申请，包括上传相关的出口单据、税务证明和其他必要文件。这些信息通过系统自动传输至相关部门进行审核。审核通过后，退税款项将自动汇入企业指定账户，整个过程无须企业前往相关部门提交纸质文件，大大减少了时间和人力成本。电子商务在出口退税方面的应用不仅能够加快退税流程，降低企业的运营成本，还能够增强退税管理的准确性和透明度。这对于提升我国出口企业的国际竞争力、促进出口增长以及有效防止退税中的漏洞具有重要意义。通过电子化的退税系统，出口企业能够更加便捷地享受到国家的退税政策，从而推动国家经济的发展和国际贸易的繁荣。

四、电子商务在非货物国际贸易中的应用

（一）电子商务在国际技术贸易中的应用

技术贸易涉及的交易对象包括各种形式的技术知识，如文字、语言、表格、数据、公式及配方等，这些技术表现形式既可以是有形的，也可以是无形的，如实际生产经验、个人技能或观念。关键在于技术应该是可传授、可用于生产并能带来经济效益的，而且不依附于个人的生理特点。电子商务为国际技术贸易提供了一个理想的平台。随着互联网和相关技术的发展，尤其是多媒体技术和虚拟现实技术的进步，国际技术贸易的各个环节都可以通过网络进行，包括市场调研、交易谈判、技术提交和技术培训等。这种电子化的交易方式使得交易双方无须亲自出国就能完成所需的所有交易活动，从而大幅节约了技术交易的成本并提高了交易效率。例如，一家中国企业欲引进欧洲的先进制造技术。通过电子商务平台，该企业可以在线上搜索和评估潜在的技术供应商，通过电子邮件或视频会议系统与供应商进行交易谈判和技术细节的讨论。交易达成后，技术资料和相关文件可以通过电子方式传输，同时供应商还可以通过网络提供技术培训和支持，如在线教程、视频示范或远程指导等。这种交易方式不仅节省了双方的时间和旅行成本，还加快了技术转移的进程。电子商务还为技术贸易提供了更广阔的市场和更多的机遇。企业可以通过互联网接触到更多的国际客户和供应商，扩大技术交易的

范围。此外，电子商务平台还提供了丰富的信息资源，帮助企业了解最新的技术动态和市场需求，从而做出更加明智的交易决策。

（二）电子商务在国际服务贸易中的应用

电子商务在国际服务贸易中的应用正深刻地改变着服务的提供和接受方式，为许多原本不可能的服务贸易提供了可能性。通过电子商务，服务的输出方可以通过信息网络为全球客户提供服务，而接受服务的一方则可以通过多媒体技术随时随地获取所需的服务，这一变革极大地提高了国际服务贸易的效率和便捷性。

在电子商务环境下，国际信息服务贸易如技术与管理咨询服务（包括工程咨询、法律、财务服务等）和国际专家服务（如教育、医疗专家服务、专家理财服务等）都可以通过互联网进行。服务提供者可以通过网络平台、专业网站或应用程序为客户提供远程咨询、在线课程、电子书籍、软件下载等服务。这种"运送服务"的方式不仅减少了时间和空间的限制，还为服务贸易带来了更广阔的市场和更多的机遇。例如，一家国际教育机构可以通过其在线平台提供远程教育课程，学生无须前往教育机构所在国家，即可通过互联网接受高质量的教育服务。同样，一家技术咨询公司可以为全球客户提供在线技术支持和管理咨询，客户只需通过互联网连接即可获得专业的服务。通信和信息技术的不断进步为国际服务贸易的发展提供了强大的支撑。例如，美国的技术咨询公司通过提供高质量的在线咨询服务，创造了巨大的贸易盈余，证明了电子商务在国际服务贸易中的巨大潜力和价值。

（三）电子商务在国际金融贸易中的应用

电子商务在国际金融贸易中的应用正引领银行业的革命性变革，其中网上银行的兴起尤为显著。网上银行突破了传统银行营业网点和物理架构的限制，提供了一种不受地域和时间限制的银行服务模式。顾客可以通过任何网络接入点随时随地享受到全天候、全周无间断的服务，这种服务的便捷性和灵活性极大地满足了客户的需求，改变了银行业的运营模式和竞争方式。

电子商务使得银行能够以低成本、高效率的方式运行，从而增强竞争力并提高盈利能力。网上银行不需要庞大的物理建筑和大量的从业人员，其业务活动全部通过计算机和网络完成，实现无纸化办公。这大大降低了银行的经营成本。同时，因特网的快捷和全球连通性特点，可以最大限度地压缩资金的在途时间，提高整个社会系统的经济效率。此外，网上银行还可以利用因特网信息资源丰富的优势，获取大量有用信息，完善风险管理并提高决策效率，从而增强自身的竞争力。随着信息技术的发展和因特网的普及，银行业面临着来自信息企业及非银行金融机构的竞争。在这种环境下，网上银行的出现为传统银行业提供了强大的竞争优势，吸引着尤其是年轻、成长型和高价值客户的关注。网上银行的服务方式多样化和个性化，如企业银行业务、中间业务（包括证券交易、网上收费等）、网上支付功能、多样化的电子支付手段以及银行呼叫中心服务等，这些服务将有良好的发展前景。它们使银行能够与客户之间实现无缝联系，从而实现与客户的无距离沟通。

电子商务在国际金融贸易中的应用还包括网上购物与消费、网上外汇市场、移动银行、非银行金融业务、电子资金转账等新型金融业务。这些新型业务不仅提供了更多样化的金融服务，也为金融行业带来了新的发展机遇。

第四节　全球化时代电子商务促进国际贸易发展的策略

全球化时代电子商务促进国际贸易发展的策略如表 4-1 所示。

表4-1 全球化时代电子商务促进国际贸易发展的策略

	总体策略	具体策略
全球化时代电子商务促进国际贸易发展的策略	推进电子商务促进国际贸易发展的管理体制改革	整合优化管理职能
		加强法律法规建设
		政府积极发挥服务协调指导职能
		相关企业应制定国际化战略
	完善电子商务促进国际贸易发展的平台和设施	构建电子商务国际贸易合作平台
		加强电商物流基础设施的互联互通
		搭建各领域沟通平台
	推动电商和国际贸易相关产业协同发展	相关企业坚持协同发展的理念
		加强与制造业、商贸流通业、金融企业等相关产业的协同合作
		加强国际市场营销的协同
	推动跨境电子商务发展，拓展国际贸易发展的途径和空间	完善跨境电商的支持政策与监管机制
		加强跨境电商质量安全风险监测
		完善跨境电商国际贸易供应链体系
		畅通国际物流合作通道，提升跨境电商物流能力
		大力培养跨境电商人才

一、推进电子商务促进国际贸易发展的管理体制改革

（一）整合优化管理职能

电子商务和国际贸易领域的业务涉及多个管理部门，这导致了监管和服务流程的严格性和复杂性。为了有效地促进电子商务在国际贸易中的发展，国家政府部门需要着手解决制约这一发展的核心问题。这包括对与电子商务和国际贸易相关的管理职能进行理顺，同时优化和整合政府部门的相关管理资源。此外，还需要加强部门之间的协调和联动机制，确保各部门能够有效合作，共同推动电子商务在国际贸易中的发展。通过这些措施，可以形成一个有力的支持体系，促进电子商务与国际贸易的协同进步。

（二）加强法律法规建设

一是完善电子商务促进国际贸易发展的法规制度。随着经济全球化和电子商务的发展，国际贸易趋势不断变化。政府需要深入分析这些趋势，制定符合当前国际形势和国内发展需求的法规。这包括调整和完善电子商务促进国际贸易的相关政策，为企业提供更加开放和有利的贸易环境。二是简化企业"走出去"的监管程序和办事流程。这意味着要减少行政审批的环节，缩短审批时间，为企业提供更加便利的国际贸易条件。这种简化不仅有助于提高企业的国际竞争力，还有利于吸引更多的外国投资，促进国家经济的发展。三是强化市场监管和企业自律。政府需要建立有效的市场监管机制，加强对电子商务活动的监督，保障市场秩序的公正性和透明性。四是完善企业失信惩处机制，加强企业的法律意识和社会责任感，确保电子商务和国际贸易的健康发展。

（三）政府积极发挥服务协调指导职能

为了有效地支持企业参与国际贸易，政府需要深入了解全球各国和地区在政治、经济、文化等方面的特点及其对国际贸易的潜在影响。这

种深入的洞察使政府能够为企业提供有针对性的指导和支持，帮助他们适应不同市场的需求和规范。同时，政府还应积极介入，帮助企业解决在国际贸易中遇到的具体问题，如产品出口的流程、物流配送的安排、通关结算的处理以及跨境支付等问题。这些措施不仅能够降低企业在国际贸易中遇到的障碍，还能加强企业在全球市场中的竞争力。政府的这种服务协调和指导职能对于促进企业更加顺利地参与国际贸易至关重要，不仅有助于企业扩大国际市场的份额，还有利于国家经济的整体增长和全球贸易的健康发展。通过政府的积极参与和指导，可以确保电子商务和国际贸易的协同发展，实现共赢的局面。

（四）相关企业应制定国际化战略

在当今经济全球化的背景下，电子商务和国际贸易企业面临着前所未有的机遇和挑战。为了在竞争激烈的全球市场中站稳脚跟，这些企业必须制定并实施清晰的国际化战略。国际化战略的核心在于识别和利用国际市场的机遇，这包括了解不同市场的需求、文化和法规。企业应通过市场研究深入了解目标市场的特性，制定相应的市场进入和拓展策略。此外，产品和服务的创新是实现国际化的关键。企业需要根据不同市场的特点和需求，持续创新其产品和服务，以满足不同客户群体的需求。

二、完善电子商务促进国际贸易发展的平台和设施

（一）构建电子商务国际贸易合作平台

随着全球产业和科技的迅速发展，世界经济格局正在经历重大变化。在这样的背景下，电子商务作为一种新兴的商业模式，对国际贸易的影响日益显著。为了更好地适应全球经济的变化，政府部门和电商国际贸易企业需要携手合作，共同构建电子商务国际贸易合作平台。通过这样的合作，可以建立起国家间的贸易沟通协调机制，有效地扩大互利

合作的范围，为电子商务企业提供更多的国际贸易机会。同时，通过合作平台，可以更有效地维护国际贸易秩序，打破贸易保护主义的障碍，促进各国间政策的沟通和贸易的畅通。此外，构建电子商务国际贸易合作平台还意味着要加强国与国之间的信息交流和资源共享。这将有助于提高电子商务在国际贸易中的透明度和效率，同时促进电商企业之间的相互学习和合作，推动电商行业的整体发展。

（二）加强电商物流基础设施的互联互通

为了更有效地促进国际贸易，尤其是在电子商务日益成为主导的今天，加强电商物流基础设施的互联互通显得尤为重要。电商物流是国际贸易的关键组成部分，其效率和便利性直接影响到商品的流通速度和成本。因此，通过一系列措施提升物流基础设施的互联互通水平，不仅能够扩大国际贸易的基础，还能畅通国际贸易渠道，从而有效提升电子商务在国际贸易中的应用范围和效率。为此，一是加强对外投资合作。通过对外投资，可以在关键地区和节点建设物流中心和仓储设施，这不仅有利于当地经济的发展，还有利于打通国际贸易的重要通道。这种投资合作可以是双边或多边的，通过政府间协议或者企业间合作实现，共同投资建设物流网络，提高物流效率。二是共建交通基础设施。交通基础设施如港口、机场、铁路和公路是国际贸易流通的重要支撑。共建这些基础设施不仅能提升货物运输的速度和便捷性，还能降低物流成本。通过多国合作，可以实现区域内交通网络的互联互通，为电商物流提供更加顺畅的通道。三是建设物流园区。物流园区可以集中处理物流相关的各种业务，如货物仓储、分拣、打包、转运等，提高物流处理的效率。同时，物流园区还可以提供增值服务，如货物跟踪、质量检验、报关服务等，进一步提升物流服务的质量。

（三）搭建各领域沟通平台

为了打造电商国际贸易的良好环境，不仅需要政府部门的积极参与，还需要利用外资企业、华侨组织、中介机构等各类组织的力量。通过建立各种沟通平台，可以有效地促进信息交流、资源共享和合作机会的发现，从而为电商国际贸易提供更加多元化和开放的合作空间。

外资企业由于其跨国运营的特性，拥有丰富的国际市场经验和广泛的国际资源网络。通过与这些企业的合作，可以引入先进的管理经验、市场策略和技术支持，为电商国际贸易注入新的动力。此外，外资企业通常具有较强的市场竞争力和品牌影响力，与之合作可以帮助本土电商企业提升自身的国际竞争力，扩大在全球市场的影响力。华侨组织作为联系海外华人的重要桥梁，对于推动国际贸易具有独特的作用。华侨组织不仅可以为电商企业提供关于目标市场的深入洞察，还能帮助企业在海外市场建立信任和认可。华侨组织的网络和资源可以为电商企业在海外市场的拓展提供强大的支持，特别是在解决跨文化交流和市场适应方面。中介机构，包括贸易促进机构、行业协会、咨询公司等，也是搭建沟通平台的关键参与者。这些机构通常拥有专业的知识和丰富的经验，能够为电商企业提供市场分析、法律咨询、商务配对等服务。通过中介机构，电商企业可以更有效地识别潜在的合作伙伴，降低国际贸易的风险，提高贸易效率。为了发挥这些组织的作用，需要通过建立各种沟通平台来促进信息和资源的共享。这些平台可以是线上的电子商务平台，也可以是线下的会议、展览、商务洽谈等活动。通过这些平台，企业可以及时获取市场动态，找到合适的合作伙伴，共享行业知识和经验。

三、推动电商和国际贸易相关产业协同发展

随着科技的进步，产业之间的界限逐渐模糊，相互联系越来越紧密，这为电商和国际贸易企业提供了新的发展机遇。

（一）相关企业坚持协同发展的理念

电商和国际贸易企业坚持协同发展的理念至关重要，这意味着企业必须超越传统的经营思维，致力于在产业链和供应链的各个环节中寻求

和实现协同效应。这种协同主要体现在技术、人才和营销等关键资源的整合上。通过共享技术资源，企业可以利用最新的科技成果，如大数据分析、人工智能、物联网等，来优化其商业运作，提高运营效率和决策的准确性。人才资源的共享则有助于企业汇聚各领域的专业知识和经验，创造更具创新性和竞争力的产品或服务。在营销资源方面，企业可以通过整合各自的市场网络和渠道，拓宽市场覆盖面，提高品牌影响力。这种资源的整合和创新商业模式的探索，使企业能够为客户提供更加系统和全面的解决方案，从而更好地满足国际市场的多样化需求。

（二）加强与制造业、商贸流通业、金融企业等相关产业的协同合作

电商和国际贸易企业应加强与制造业、商贸流通业、金融企业等相关产业的协同合作。在全球化的商业环境中，单打独斗已经难以适应日益复杂和竞争激烈的市场。因此，通过形成"联合舰队"，企业可以更有效地整合和利用彼此的资源和优势，共同面对市场的挑战。例如，与制造业的合作可以帮助电商企业更直接地掌握产品质量和供应链管理，而与金融企业的协作则可以提供更加灵活和多元的融资解决方案。此外，物流作为连接电商和国际贸易的关键环节，其优化和创新对于提高交易效率和客户满意度至关重要。通过这种跨行业的协同合作，企业不仅能够提供全方位的产品和服务，还能够在国际市场中构建更为稳固和长远的竞争优势地位。

（三）针对差异化和精准化的市场需求，加强国际市场营销的协同

电商和国际贸易企业需要针对差异化和精准化的市场需求，加强国际市场营销的协同。在全球化的市场中，消费者的需求日趋多样化和个性化，因此企业必须深入了解不同市场和文化背景下的消费者需求。这需要企业不仅依靠自身的市场研究和数据分析，还需要通过与合作伙伴

的信息共享和资源整合，共同开发适合不同市场的营销策略。例如，结合线上营销的便捷性和线下体验的互动性，可以更有效地吸引和留住顾客。同时，利用数字营销工具，如社交媒体、搜索引擎优化和大数据分析，可以帮助企业精准定位目标客户群，提高营销效果。通过这种协同营销的方式，企业不仅能够更有效地开拓新市场，还能够在激烈的国际竞争中占据有利地位。

四、推动跨境电子商务发展，拓展国际贸易发展的途径和空间

（一）完善跨境电商的支持政策与监管机制

为了推动跨境电子商务的发展，完善支持政策和监管机制是关键。政府部门需要制定和实施一系列具有针对性的政策措施，以促进跨境电商的健康增长和可持续发展。这包括提供税收优惠、简化通关程序、降低交易成本等政策支持，以及建立健全的电商市场监管体系。政策的制定应考虑到跨境电商的特殊性，比如商品的多样性、交易的即时性、物流的复杂性等，确保政策既能够促进行业发展，又能够保障消费者利益。同时，政策制定应具有一定的灵活性和适应性，能够及时响应市场变化和行业发展的新趋势。

（二）加强跨境电商质量安全风险监测

跨境电商的快速发展也给质量安全风险带来了挑战。因此，加强对跨境电商商品的质量安全风险监测显得尤为重要。这包括建立完善的商品检测和认证体系，确保所有跨境交易的商品符合目标市场的质量标准和安全要求。同时，政府部门应加强对电商平台的监管，确保平台上的商家和商品信息真实可靠。通过使用先进的数据分析技术和监测工具，可以及时发现潜在的风险，采取预防和应对措施。此外，加强消费者教育和引导，提高消费者对跨境购物中潜在风险的认识和防范能力，也是保障质量安全的重要方面。

（三）完善跨境电商国际贸易供应链体系

供应链是跨境电商运营的重要组成部分。为了提高跨境电商的效率和响应速度，需要完善国际贸易的供应链体系。这涉及优化供应链管理、改善物流服务、加强供应商关系管理等多个方面。政府可以通过鼓励技术创新、支持物流基础设施建设、促进供应链信息共享等措施，帮助企业建立更加高效和灵活的供应链体系。此外，鼓励企业通过数字化和智能化技术提升供应链管理水平，比如利用云计算、大数据分析等技术提高供应链的透明度和预测能力。同时，通过建立国际合作关系，加强与供应链上下游企业的沟通协作，共同应对市场变化，提高整体的供应链效率和竞争力。

（四）畅通国际物流合作通道，提升跨境电商物流能力

物流作为电商活动的关键一环，其效率和成本直接影响着整个跨境贸易的运作。首先，政府和企业需共同努力，通过建立更加开放和高效的国际物流合作机制，消除跨境物流的障碍，如降低关税壁垒、简化通关手续等，以便货物更顺畅地跨国界流动。此外，需要通过采用先进的物流技术和管理方法来优化物流组织模式。例如，运用大数据分析来优化运输路线、利用自动化设备提升货物装卸效率、实现物流信息系统的互联互通等措施，都可以有效提升物流效率。同时，降低跨境物流成本也是关键，这不仅有利于降低企业运营成本，也有助于提高商品的市场竞争力。通过这些举措，可以构建更加高效、经济的跨境物流体系，为跨境电商的发展提供坚实的物流支持。

（五）大力培养跨境电商人才

随着跨境电商的快速发展，对专业人才的需求日益增长。因此，大力培养跨境电商人才成为推动行业发展的重要策略。首先，企业和教育机构需要共同努力，拓宽人才成长的渠道，比如开设更多与跨境电商相关的教育课程和培训项目，提供实习和就业机会，帮助人才快速成长。

同时，需要完善人才培养的模式，注重理论与实践相结合，培养具备国际视野、跨文化沟通能力和电商专业技能的复合型人才。此外，企业需建立有效的人才激励约束机制，通过提供有竞争力的薪酬福利、职业发展路径和持续教育机会等措施，吸引和留住优秀人才。最后，要注重人才的绩效评估和激励，促使人才充分发挥其能力和潜力。通过这些方式，可以为跨境电商行业培养出一批高素质的专业人才，以满足行业快速发展的需求。

第五章　全球化时代国际贸易的风险管理与防范

第一节　国际贸易风险管理概述

一、国际贸易风险认知

（一）国际贸易风险的概念

风险一般指在特定活动或决策中面临的不确定性带来的潜在负面影响。风险通常与不可预测的事件相关，可能导致损失或损害。国际贸易风险特指在跨国贸易活动中可能遇到的各种不确定因素和潜在威胁。

（二）国际贸易风险的构成

国际贸易风险的构成主要包括以下三方面：

1. 风险因素

风险因素是指那些对国际贸易进程产生负面影响、可能给贸易主体带来损害的状况或情形。这些因素构成了国际贸易风险形成的条件和原因。[①]风险因素从形态上可以分为物的因素和人的因素。物的因素例如船舶的不适航、气候恶劣等，而人的因素如信用缺失、工作失误等。此外，

[①]　吴建功.对外贸易风险的理论内涵[J].经济论坛，2007（22）：26-28.

风险因素从性质上又可分为自然因素和社会因素。自然因素包括如洪涝灾害、地震等，而社会因素则包括经济制裁、军事冲突等。这些风险因素的存在增加了国际贸易的不确定性和复杂性，为企业的运营带来了挑战。

2. 风险事件

风险事件是指那些实际发生的产生负面影响的事件，它们是国际贸易风险损失产生的媒介，是风险因素相互作用的结果。风险事件可以是一次突发的贸易争端、意外的货物损毁、突发的市场变动等。这些事件直接导致了国际贸易活动中的损失，其发生往往是无法预见的。因此，预防风险事件的发生或者尽量回避风险事件，成为国际贸易风险防范的重要任务。

3. 风险损失

风险损失是指由于风险事件导致的对经济主体造成的利益损失。这些损失可以是直接的，如因为货物损坏导致的费用损失、财产损失等；也可以是间接的，如企业信誉受损和社会利益的损害等。风险损失的大小和性质取决于风险事件的性质和严重程度。对于外贸企业来说，了解风险损失的可能性和范围是制定有效风险管理策略的关键。

（三）国际贸易风险的特征

1. 国际贸易风险具有客观存在性

国际贸易风险的一个显著特征是其客观存在性。这意味着无论企业采取何种预防措施，风险始终存在。这些风险源于多种不可控因素，如国际政治经济环境的变动、汇率波动、贸易政策的改变、自然灾害等。由于这些因素通常超出单个企业的控制范围，因此风险的存在具有一定的不可避免性。客观存在的风险要求企业在进行国际贸易时必须具备风险意识，通过建立风险管理机制来识别、评估和应对这些风险。这包括但不限于市场研究、风险分析、保险覆盖、合同条款设计等，以减轻风险带来的潜在损失。

2. 国际贸易风险具有复杂性

国际贸易风险的复杂性体现在风险的多源性和交织性。国际贸易涉及不同国家和地区，因此风险因素不仅包括经济方面，还涉及政治、法律、文化、技术等多个领域。例如，一个国家的政治稳定性、经济政策、文化习俗和法律环境都可能成为影响贸易的重要因素。此外，这些风险因素相互作用，可能会增加风险事件的发生概率以及导致更严重的影响。例如，政治不稳定可能导致货币贬值，进而影响到国际支付和货物价格。因此，国际贸易中的风险管理需要综合考虑各种因素，采取多元化的策略来应对不同类型的风险。这要求企业具备全面的风险评估能力和灵活应对策略，以应对复杂多变的国际市场环境。

3. 对国际风险的准确认识和预测比较困难

一方面，由于国际贸易涉及的变量众多，与风险相关的指标很难精确计算，导致风险预测成为一个复杂的问题。各种外贸风险之间存在较大的差异，缺乏可比性，使得仅依赖数理统计方法计算风险发生的概率或估计风险损失的程度变得不现实。另一方面，专业经营人员的估计判断也可能受到自身主观意愿和倾向的影响，导致判断结果与实际情况存在较大差异。通常情况下，人们对外贸风险的认识往往是基于事后的总结和归纳，而对风险事件的表现形态、特征、演变过程的认定通常属于事后分析。由于国际贸易风险成因的复杂性，对外贸风险后果的预测通常比对其发生可能性的预测要更为困难，风险的后果具有很大的潜在性、复杂性和难以估测性。

4. 国际贸易风险的影响力与外贸主体的抗风险能力密切相关

国际贸易风险对不同的贸易主体产生的影响各不相同，其影响力与外贸主体的抗风险能力紧密相关。同一风险事件对不同的外贸企业可能产生截然不同的影响。具有较强风险防范能力的企业能够及时发现风险征兆，较为准确估测和预测风险的发展趋势，并采取有效的预防和应对措施，从而减少遭受外贸风险袭击的可能性，或迅速、有效地控制风险事件所造成的不利影响。相反，缺乏风险防范机制、抗风险能力较弱的企业则可能面临更大的风险和损失。因此，国际贸易风险管理不仅涉及风险的客观存在和复杂性，还需要考虑贸易主体的主观能动性和应对策略。

（四）国际贸易风险的主要类型

在国际贸易中，贸易双方都是要承担很大风险的。主要有价格风险、汇兑风险、信用风险、政治风险以及信息泄露风险等。

1.价格风险

价格风险是国际贸易中常见的一种风险，主要指由于国际市场价格波动而给企业带来的潜在损失。这种风险在商品和原材料的国际贸易中尤为明显，因为这些产品的价格受到多种因素的影响，如全球供需关系、国际政治经济状况、自然灾害等。例如，如果一家企业进口了大量的原材料，而在此后原材料的价格突然下跌，那么该企业可能面临重大的经济损失。同样，出口商在售出商品后，如果国际市场价格下跌，也可能遭受损失。为了管理价格风险，企业可能采用多种策略，如期货合约、期权合约等金融工具来锁定价格，或者通过多元化其产品和市场来分散风险。

2.汇兑风险

汇兑风险是指由外汇汇率波动导致的国际贸易风险。在跨国交易中，由于货币的兑换涉及不同国家的货币，汇率的波动可能对企业的利润和成本产生重大影响。例如，如果一家企业以外币计价销售其产品，而在交易和收款之间该外币相对于本国货币贬值，则企业将收到较少的本币收入。反之，如果企业以外币采购原材料，而该外币升值，则采购成本将增加。汇兑风险的管理通常涉及使用金融工具如远期合约、期权或掉期合约来锁定汇率，或者通过自然对冲，如在收入和支出中保持货币配对，以减少汇率波动的影响。

3. 信用风险

信用风险在国际贸易中指的是交易对手方未能履行合同义务（如支付款项）的风险。[①] 这种风险在贸易信贷和开放账户交易中尤为常见。信用风险的产生可能是由于对方企业的财务困难、意愿不足或者无法控制的外部因素（如政治动荡、经济危机等）。为了降低信用风险，企业可能需要进行详细的信用评估，审查潜在客户的财务状况和信誉历史。此外，使用信用保险、信用证或预付款等方式也是降低信用风险的常用方法。

4. 政治风险

政治风险是指由于政治原因（如战争、政变、政策变化、制裁等）导致的国际贸易风险。这种风险可能导致贸易合同的违约、资产的没收或损失、汇款限制等问题。政治风险在不稳定或政治环境复杂的国家尤为显著。企业在进行国际贸易时需要考虑目标国家的政治稳定性和政策连贯性。管理政治风险的方法包括进行深入的政治风险评估、选择稳定的贸易伙伴国、多元化市场和供应链，以及购买政治风险保险等。通过这些措施，企业可以在一定程度上降低政治变化给国际贸易带来的不确定性和风险。

5. 信息泄露风险

在互联网背景下，国际贸易中跨境数据传输时出现的信息泄露风险尤为显著。跨境数据传输涉及商业秘密、个人隐私、财务信息等敏感数据在全球范围内的流动。这一过程中，数据可能会经过不同国家的服务器，受到各种法律和监管环境的影响。互联网的开放性和边界性质使得信息安全成为一大隐患。黑客攻击、恶意软件、钓鱼邮件以及内部泄密都可能导致敏感信息的泄露。此外，不同国家对数据保护的法律和标准差异，加剧了跨境数据传输的复杂性和风险。

---

① 丁超超. 国际经济贸易中的外汇风险及防范 [J]. 中国经贸导刊，2014（17）：14-15.

二、国际贸易风险管理的理论基础

（一）国际贸易风险管理的概念与对象

国际贸易风险管理是指外贸主体在对外经营过程中对各种相关风险进行识别、测定和分析评价，及时采取风险管理技术或技术组合，对外贸风险实施有效的防范和控制。这一管理行为和过程的目标是在最小成本下获得最大的安全保障，确保对外贸易活动的正常进行。外贸风险管理的重要性在于其能够帮助企业预见和减轻潜在的风险，确保企业在复杂多变的国际贸易环境中稳健运营。

国际贸易风险管理的对象包括各种类型的风险因素、风险事件和风险损失。这些对象涵盖了国际贸易中的经济风险、政治风险、文化风险以及其他多种风险。这些风险既可能来自国内，也可能来自国际；既可能由进出口方的行为引起，也可能由其他经济主体和行政机构引起。国际贸易风险管理不仅涉及潜在的风险，还包括现实的风险，以及那些已经产生损失的风险。因此，外贸风险管理的对象广泛，涉及国际贸易活动的各个环节。

（二）国际贸易风险管理的主体

国际贸易风险管理的主体不仅包括专门负责风险管理的部门和专业人员，而且涵盖外贸企业的全体成员。从最高层的决策者到一线的工作人员，每个人都是风险管理的重要组成部分。在外贸企业中，每个人的行为和决策都可能成为引发风险的源头，因此，提高全员的风险防范意识至关重要。外贸风险不仅关乎企业的生存与发展，还可能对经济和社会造成严重影响。

国际贸易风险管理是一个系统工程，需要在企业运营的每个环节实施细致的风险管理和监控。这包括识别潜在风险，预防风险的发生，以及在风险事件发生时采取有效的应对措施。为此，企业中的每个成员都应严格遵循风险管理规程，确保工作流程中不出现差错，从而降低风险的发生概率。同时，企业内的各个部门需要协同合作，共同努力，确保整个企业在对外经营中的安全和稳定。

在国际贸易风险管理中，各部门负责人和业务人员、财务人员、生产人员等都有自己的职责和作用。他们需要在各自的岗位上分工把关，同时相互协调，形成一个有效的风险管理体系。通过全体员工的共同努力和合作，外贸企业才能有效地防范风险，确保对外经营的顺利进行。

（三）国际贸易风险管理的职能

国际贸易风险管理的职能如图 5-1 所示。

图 5-1　国际贸易风险管理的职能

1. 风险分析职能

风险分析职能的核心在于识别、鉴定和评估国际贸易中可能遇到的各种风险因素。在复杂多变的国际贸易环境中，企业面临诸如政治、经济、法律、文化、汇率和市场等多方面的风险。风险分析职能要求企业对这些风险因素进行深入的分析和研究，识别和理解隐性和显性的风险点。这包括对风险的性质、来源、可能造成的影响以及发生的概率进行定性和定量的评估。该职能的目的是为企业提供科学、客观的风险信息，使其能够在国际贸易决策过程中考虑到潜在的风险，从而更加合理地规划和调整其经营策略。通过有效的风险分析，企业能够预见和准备应对可能出现的不利情况，从而降低损失、避免危机，并寻找风险与机遇之间的平衡点。因此，风险分析是企业进行国际贸易时不可或缺的一个重要环节，有助于企业提高对外贸易的稳健性和成功率。

2. 风险警戒职能

风险警戒职能要求企业对可能出现的国际贸易风险保持高度的警觉和准备。在不断变化的国际市场中，风险是无时无刻不在的，包括但不限于信用风险、市场风险、汇率风险、政治风险、信息泄露风险等。风险警戒职能强调企业需要采取主动的态度，对外贸业务活动保持审慎，对交易过程中的风险因素保持警惕。

企业需要建立有效的风险监控和预警机制，定期对国际贸易环境进行评价和分析，及时发现和识别潜在的风险隐患。这包括对外贸政策、市场动态、汇率变化等方面的持续跟踪和分析。通过设立警戒系统，企业可以及时获得关于风险的信息，迅速作出反应，采取预防措施，从而最大限度地减少或避免损失。例如，企业可以通过多元化的市场策略、汇率保险、信用保险等手段来降低风险的影响。风险警戒职能的履行有助于企业在复杂多变的国际贸易环境中稳健经营，保障企业的长远利益。

3. 风险预防职能

风险预防职能强调的是企业在面对国际贸易风险时，应采取积极的手段来预防和减轻风险。基于对风险因素的准确分析，企业可以通过一系列预防措施来降低或消除潜在的风险。这些措施可能包括风险分散、风险转移、采用保险保障、制订应急计划、签订严密的合同条款等。风险预防职能要求企业不仅要能够识别风险，更要能够通过有效的管理和操作策略来减轻这些风险的潜在影响。例如，在面对汇率风险时，企业可能会采用对冲工具或签订固定汇率合同来减少损失。在面对信用风险时，企业可能会进行信用评估和严格的信用控制。通过这些积极的风险管理措施，企业可以在较大程度上控制和减轻贸易过程中可能遇到的风险，从而保障自身经济利益和商业活动的顺利进行。

4. 风险处置职能

风险处置职能指的是在风险事故发生后，企业应采取迅速有效的措施来处理和缓解风险带来的损失。风险处置职能涉及对风险事故的应急反应、损失评估、补救措施的实施以及后续的风险管理和预防工作。当风险事故发生时，企业首先需要迅速采取措施控制局势，防止损害的进一步扩大。这可能包括应急响应措施、启动备用计划、与相关方沟通协调等。随后，企业需要对损失进行评估，并实施相应的补救措施，如索赔、修复损失等。除了应对当前的风险事件外，风险处置职能还要求企业进行彻底的风险复盘，识别风险管理过程中的不足，改进风险管理策略和措施，以避免类似事件的再次发生。通过这些措施，企业不仅能够有效地处理当前的风险事件，还能够加强自身的风险管理能力，提高对未来潜在风险的防范能力。

5. 风险抵御职能

风险抵御职能是指外贸企业通过建立和完善风险防范机制，增强其抵御各种国际贸易风险的能力。这一职能要求企业不仅能够识别和预防风险，还要有能力在面对不可避免的风险时进行有效的应对和处理。风险抵御职能涉及的是企业在体制上和制度上建立一套全面、系统的风险管理框架，包括风险警戒、风险预防、风险处置等多个方面。在实施风险抵御职能时，企业需要健全内部风险管理政策和程序，确保风险管理的各个环节能够有效运作。这可能包括建立风险评估体系、制定应对策略、实施风险监控和预警机制、开展员工的风险管理培训等。此外，企业还需要定期审查和更新其风险管理策略，以应对国际贸易环境的变化和新出现的风险挑战。通过有效的风险抵御职能，外贸企业能够在面对复杂多变的国际市场和潜在的风险时保持镇定和从容。企业不仅能够预防和减轻风险带来的影响，还能够在风险发生时迅速做出反应，最小化损失，并从中恢复和成长。这种全面的风险管理能力对于企业在国际市场中保持竞争力和实现可持续发展至关重要。

（四）国际贸易风险管理的目标

国际贸易风险管理的目标，是在确保外经贸企业实现其经营总目标——获取最大利益的基础上，通过有效的风险管理策略和措施，促进企业稳健运营，确保其生存和发展。[①]具体而言，这一目标可以从高级层次和普通层次两个方面来理解和实施。

在高级层次上，国际贸易风险管理的目标是创造一个安全稳定、和谐高效的外贸经营环境。这意味着企业需要通过积极主动的风险管理，不仅要识别和分析潜在的外贸风险，还要有效监控和处理这些风险因素。这种做法旨在引导企业在相对安全的轨道上进行国际商务活动，确保对外贸易活动的安全性和营利性。实现这一目标的关键在于建立科学合理的风险防范机制，包括但不限于汇率变动、贸易壁垒、单证制作和交易方信用等方面的风险管理。

在普通层次上，国际贸易风险管理的目标则更加具体，主要包括两个方面：一是预防和遏止风险事故的发生，二是当风险事件发生后，尽可能使风险损失最小化。这一层次的目标强调企业应采取最经济有效的方法来预防潜在的风险事故，并对外贸经营计划、财务保障措施及风险管理技术进行严格的审查和周密的部署。同时，一旦风险损失发生，企

---

① 吴建功，李一文.试论外贸风险管理的理论内涵[J].商场现代化，2007（31）：
25-26.

业应迅速采取合理的补救措施，防止损失扩散，减轻对企业的冲击，并通过有效的风险处理和安全保障机制，逐步化解损失带来的负面影响，保障企业的持续发展。

（五）国际贸易风险管理目标的实现

1. 国际贸易风险管理目标实现的条件保障

（1）健康的国际经济环境。一个稳定而健康的国际经济环境能够为外贸企业提供更易预测和有利的贸易背景，减少市场波动和不确定性，从而降低企业面临的风险。在健康的经济环境中，国际贸易规则和政策相对稳定，货币汇率波动较小，国际市场需求持续增长，政治和社会环境稳定，这些因素共同作用，有助于企业更好地预测市场趋势，制定有效的经营策略。此外，健康的国际经济环境还有助于提高国际投资者和消费者的信心，从而增加外贸企业的出口机会和赢利潜力。

（2）健全的国际经济协调机制。国际经济协调机制包括各种国际组织、多边协议、贸易规则和标准，这些机制能够提供一个公平、透明和有序的国际贸易环境。通过有效的国际协调，可以减少贸易摩擦、避免保护主义措施、解决国际贸易纠纷，从而降低外贸企业在跨国经营中遇到的不确定性和风险。例如，世界贸易组织（WTO）和其他国际经济组织在制定和维护国际贸易规则、协调成员国的贸易政策等方面发挥着重要作用。健全的协调机制有助于确保贸易的公平性，为企业提供稳定的市场准入和公平竞争的条件。此外，国际经济协调还有助于促进全球经济一体化，为企业开拓新市场和寻找新机遇提供支持。

（3）科学的经营管理体制。风险管理作为企业管理的重要组成部分，需要在企业的宏观管理体制下有效运行。一个科学严谨的企业管理体制能够为外贸风险管理提供坚实的基础和保障。这包括明确的组织结构、清晰的责任分工、高效的决策流程，以及有效的内部控制和监督机制。在这样的管理体制下，风险管理可以成为企业日常运营的一部分，确保风险识别、评估、控制和缓解工作的连贯性和有效性。科学的经营管理体制还能够促进企业内部信息的流通和共享，提高对外部环境变化的响应速度和灵活性。此外，良好的企业文化和风险意识的培养也是科学管理体制的重要组成部分，有助于形成全员参与风险管理的良好氛围。

（4）稳定高效的风险预警机制。风险预警机制作为保障外贸安全的第一道防线，对于维护企业利益至关重要。一个稳定高效的风险预警机制能够及时为企业提供关于潜在风险的信息，使企业能够提前做好准备，采取预防措施，从而降低风险的影响。在国家层面，建立覆盖全国范围的风险预警网络，为外贸企业提供及时的国际贸易风险预警服务，是实现这一目标的重要途径。同时，在企业内部也应建立起科学的风险预警体系，制定详细的风险防范规程和应急方案。这不仅包括对市场动态、政治经济情况、法律法规变化等外部因素的监测，还包括对企业内部运营的风险点进行持续的监控。通过这种方式，企业能够确保其对外经营活动严格遵循既定的程序和规则，有效杜绝在对外贸易过程中的各种侥幸心理和潜在风险。

2.国际贸易风险管理目标实现的具体途径

第一，政府应该积极开展对外经济协调和合作，建立高效的国家间冲突解决机制和风险信息通报制度，从而为企业提供一个更加稳定和可预测的国际贸易环境。当企业面临难以独自抵御的国际经济贸易风险时，政府的积极介入和处理尤为重要。这包括在国际政治、经济纷争中代表国家和企业利益进行谈判，参与制定国际贸易规则，以及在发生贸易争端时提供必要的支持和保护。政府还可以通过建立风险信息共享平台，为企业提供关于市场动态、政策变化、法律法规等方面的及时信息，帮助企业更好地识别和应对潜在风险。政府的这些行动不仅有助于降低企业在国际贸易中的风险，还能够提高企业对政策和市场变化的适应能力。

第二，充分发挥外贸服务管理机构和部门的作用。海关、商检、工商、外汇管理等部门通过提供高效的服务，可以帮助外贸企业排忧解难，排查和克服各种风险，帮助企业更顺畅地进行国际贸易，减少由于行政程序和规定导致的不必要的风险和成本。此外，外贸服务管理机构和部门还可以提供专业的咨询和指导，帮助企业更好地理解和遵守国际贸易规则，提高其在国际市场中的竞争力。

第三，加强企业的风险防范机制建设。在风险管理中，预防和防范是关键，这要求企业建立健全而完善的风险管理机制。一个有效的风险管理机制应包括全天候、全方位的风险监控和管理体系，确保企业能够及时识别、评估和应对各种潜在风险。为此，外贸企业需要建立严格的外贸立项和审核流程。所有的外贸项目必须经过专业人员的多层次、多环节的风险评估。这种评估应涵盖项目的各个方面，包括价格风险、信用风险、汇率风险、政治风险等，以确保每一个项目的风险在可接受范围内。除了对项目的事前审核，企业还需要加强事中监督和事后检查，以增强对国际贸易行为和流程的全过程监控。这种持续的监控有助于企业及时发现风险的变化和新的风险点，从而采取相应的措施来应对。由于外贸交易涉及的因素和环节相当复杂，一旦出现风险事故，控制其发展可能非常困难。因此，在对外贸易项目进行风险评估时，企业应对那些风险因素不明确、风险事件难以控制的项目持谨慎态度。对于这类项目，企业应避免参与或采取更为严格的风险管理措施。此外，针对不同的贸易项目，企业还应制定不同的风险控制标准和底线。这种差异化的风险管理策略可以帮助企业更有效地应对各类项目的特定风险。

第四，强化企业全员的风险防范意识。在企业内部，风险防范工作不仅是企业领导和管理层的职责，也是每一位员工的重要工作。从董事长总经理到普通员工，每个人都应将风险防范意识视为首要工作意识。这种全员参与的风险管理文化有助于形成更为全面和有效的风险防范体系。为了强化全员风险防范意识，企业应将风险防范工作纳入到企业领导和部门负责人的考核标准中。企业领导在决策时应谨慎行事，努力做到集思广益，确保每一项重大的外贸项目都经过充分的专业论证，不可匆忙立项。同时，企业内每位员工在日常工作中也必须严格按照工作职责和流程办事，确保每一环节都能把控风险。此外，一旦员工在工作中发现风险苗头，应立即上报，以便及时采取应对措施。通过这种方式，企业可以确保风险管理渗透到企业的各个层面和环节，提高全员对风险的敏感性和应对能力，从而有效地防范和管理风险，确保企业的稳健运营和长期发展。

第五，实施风险管理能力建设工程。为了在全球市场中立足，外贸企业必须重视风险管理的能力建设和措施建设，增强抵御国际经济风险的能力。大型外贸企业应设置专门的风险防范部门，并配备专业的风险防范人员，专门负责风险管理相关工作。对于中小型外贸企业，风险防范工作可以与其他职能部门合并设置，风险防范人员可兼任其他工作。无论企业规模大小，所有部门的成员都应承担与其岗位相对应的风险防范职责和义务。此外，企业应定期举办风险防范教育培训，面向包括领导决策者在内的全体成员。这些培训旨在增强企业全体成员在识别风险、估测风险、监控风险、预防风险和处理风险方面的能力。通过这些措施，企业能够建立一个更加专业和系统的风险管理体系，提高全体成员的风险管理水平，从而更有效地应对国际贸易中的各种风险挑战。

第二节　国际贸易风险管理的基本内容

一、国际贸易风险识别

（一）国际贸易风险识别的任务

国际贸易风险识别是风险管理流程的初始步骤。其核心目的在于探索和揭示潜在的风险隐患，从而为整个风险管理过程指明目标和方向。下面具体介绍风险识别的主要任务。

1. 查找和发现国际贸易风险隐患

在国际贸易风险管理中，查找和发现风险隐患的过程涉及广泛使用各种风险识别工具和进行深入的风险调查。这一过程的目的是获取关于潜在风险的详尽信息，并对这些信息进行科学地论证和分析，以确定特定的风险隐患是否具有构成实质威胁的潜力。在查找和发现风险隐患时，应该对国际贸易的各个环节和流程中涉及的所有相关人员和事项进行细致而周密的排查，确保不遗漏任何可能的风险因素。对于那些尚未能够明确判定的风险因素，应该通过相应的渠道进行快速地查证，以便及时识别并应对这些潜在的风险点。

2. 分析国际贸易风险的成因

在识别出特定的风险后，需要对风险成因进行分析。只有深入分析风险的具体原因，才能够有效地针对性地解决问题。风险的成因可以分为主观因素和客观因素。在分析风险成因时，应该从这两个方面进行综合考虑。例如，自然灾害、汇率变动和贸易壁垒等风险主要由客观因素引起，而技术性风险、欺诈风险等则主要由主观因素导致。对于主要由主观因素引起的风险，可以通过加强工作人员的责任心和提升其业务能力来解决。而对于主要由客观因素引起的风险，则可以通过建立有效的风险预警机制和防范机制来进行管理和缓解。

3. 分析国际贸易风险的条件

分析国际贸易风险的条件有助于理解风险产生的具体客观背景，使贸易主体能够更好地认识和把握在类似条件下可能引发的相似风险。国际贸易风险的条件包括多种因素，如国内社会经济体制、外贸经营秩序、国际市场竞争状态、国际政治形势、国家的对外贸易政策倾向、外汇管理体制、法律冲突、外贸从业人员的业务能力和综合素质、企业经营管理水平等。这些因素的综合作用构成了国际贸易风险产生的客观土壤。通过对这些因素的深入分析，可以深化对风险的认识，提高风险识别的准确性和时效性，从而为风险管理提供更为有效的依据。

4.界定国际贸易风险的性质与类别

在识别出潜在风险后，需要对这些风险的性质进行甄别，以判断它们属于何种类型。这包括判断风险是简单还是复杂，可控还是不可控，人为还是意外事故，可预防还是不可预防，短期还是长期等。对风险性质的准确分析有助于进一步地风险归类，这对于贸易主体在处理风险时至关重要。风险的分类方法有多种，可以从不同的角度进行划分，同类风险又可以进一步细分为多个层次。在国际贸易风险管理中，贸易主体通常需要使用多种方法对风险进行归类，以说明风险的来源、性质和特征，从而便于后续的风险评估、监测和预防工作。

（二）国际贸易风险识别的方法

1.核对图表法

外贸人员把经历过、见识过或了解到的风险事件和来源罗列出来，编制出一份外贸风险核对表或核对图，启发人们对新的贸易项目可能存在的风险因素的想象和推测。外贸业务人员和风险管理人员查看核对图表后容易开拓思路，联想到本笔交易可能面临的风险损害。风险核对图表是基于以前同类进出口业务风险信息资料而编写出来的风险识别表或风险识别图。核对图表一般按风险来源进行排列。受原有风险事件的启发，这种风险联想识别法对贸易风险识别来说简洁明了，识别的速度也较快。但不同进出口贸易风险状况具有一些差异性和一定的不可比性，此种方法只能大致估算出有关的风险类别，至于该笔贸易可能具体存在哪些潜在风险，尚需借助其他技术手段。

2.外贸流程分解法

外贸流程分解法是指将整个外贸流程细分为多个阶段或环节，以便更加详细地识别和分析每个阶段可能存在的风险。通过将复杂的外贸活动分解成更小的部分，企业能够更加精确地定位风险点，从而有效地进行风险管理。在运用外贸流程分解法时，企业将外贸活动划分为若干关键阶段，如市场调研、合同谈判、货物生产、物流运输、支付结算等。每个阶段都有其特定的风险特征和可能面临的风险类型。例如，在市场调研阶段，企业可能面临市场需求预测不准确的风险；在合同谈判阶段，可能存在交易对手违约的风险；在货物生产阶段，可能面临生产延期或质量问题的风险；在物流运输阶段，可能遭遇运输延误或货物损坏的风险；而在支付结算阶段，则可能面临汇率波动或支付违约的风险。对于每个阶段，企业需要进行详细的风险分析，识别该阶段特有的风险因素，并评估这些风险对企业可能造成的影响。这包括分析风险的来源、性质、发生概率以及潜在的损失程度。通过这种分析，企业可以更加有针对性地制定风险预防和控制措施，比如采取风险转移（例如通过保险）、风险避免（如改变生产策略或运输路线）、风险降低（如加强质量控制）等策略。外贸流程分解法的优势在于它使得风险管理更加系统和有条理，帮助企业更好地理解和控制每个环节的风险。然而，这种方法也要求企业对外贸流程有充分的了解，并能够准确评估各个环节的风险。此外，由于外贸活动的复杂性，这种方法可能需要投入较多的时间和资源。

3. 系统分析法

系统分析法是采用外贸风险分解的方法去寻找和查证风险。该方法实际上也属于层次分析法。在使用系统分析法时，首先要确定国际贸易中可能面临的主要风险类别，如市场风险、政治风险、技术风险等。然后，针对每个风险类别，进一步分解为更具体的风险。例如，市场风险可能包括需求变化风险、竞争对手行为风险等。对于每个具体的风险，再深入分析其成因和可能的影响。通过这种分解和分析的过程，企业可以更全面地了解国际贸易中可能遇到的风险，并为每种风险制定相应的应对策略。系统分析法的优势在于它能够帮助企业从宏观到微观全面了解风险情况，但这也需要对贸易流程有深入的理解，并可能涉及大量的数据分析工作。

（三）国际贸易风险识别的步骤

国际贸易风险识别的第一步是收集国际贸易风险信息。这个过程涉及广泛搜集与国际贸易活动相关的数据和信息，以便对可能出现的风险有一个初步的了解。信息收集的范围应包括市场动态、政治经济状况、法律法规变化、汇率波动、供应链状况等多个方面。信息来源可以是公开的市场报告、行业分析、政府公告，也可以是企业内部的销售数据、财务报表等。有效的信息收集是风险识别过程的基础，它为后续的分析提供了必要的原始材料。

第二步是对收集到的国际贸易风险信息进行分析处理。这一步骤的目的是从收集的信息中识别出潜在的风险因素，并对这些风险因素进行深入分析。分析处理包括对信息的整理、分类、比较和评估。通过这一过程，可以识别出哪些因素可能对企业的国际贸易活动构成威胁，这些风险的可能性和潜在影响是什么。这个阶段可能需要使用特定的分析工具和技术，如统计分析、趋势预测等。

第三步是编写较为详细的国际贸易风险识别报告。报告应详细记录风险识别的过程和结果，包括识别出的主要风险因素、风险成因分析、可能的影响评估以及建议的风险管理策略。这份报告为企业管理层和相关部门提供了关于国际贸易风险的全面和系统的信息，是制定风险管理决策的重要依据。

最后一步是通报国际贸易风险识别的结果。这一步骤的目的是确保风险识别的结果能够及时、准确地传达给企业内部的决策者和相关部门，以便他们能够根据风险识别报告采取相应的行动。这可能包括举行内部会议、发送风险通报，或者通过企业内部的沟通渠道广泛传播风险信息。通过有效的信息通报，企业可以确保所有相关人员对风险有清晰的认识，并协同采取措施应对潜在风险。

二、国际贸易风险度量

国际贸易风险度量是指利用一定的技术方法和工具来分析和评估国际贸易项目中风险发生的可能性和风险影响程度等。通过风险度量，可以定量或定性地了解特定贸易活动中可能面临的风险水平，包括风险的类型、频率、严重性以及可能带来的影响。这种度量为国际贸易项目的风险管理和预防工作提供了科学依据，帮助企业制定更有效的风险应对策略，减少风险对企业运营和盈利能力的潜在影响。通过对风险进行度量，企业能够更好地评估风险与回报的平衡，从而在国际贸易中做出更加明智和稳妥的决策。

（一）国际贸易风险度量的标度

1.标识标度

标识标度是一种利用符号和颜色来表示风险状况指标的方法。例如，可以使用不同颜色来表示风险的严重程度，如紫色代表有一定风险危害，黄色表示风险危害严重，红色则表示风险危害非常严重。这种方法的优点在于能够直观地区分不同的风险等级，但它不涉及风险的量化问题。标识标度适用于处理定性和记叙性的风险信息，特别是在缺乏充分的风险信息资料或不需要深入估量分析的情况下。通过使用标识标度，可以在一定程度上概括反映风险的情形，帮助决策者快速识别和响应风险。

2.序数标度

序数标度是用于对风险的大小、性质和危害程度进行比较判断的一种方法。在使用序数标度时，首先需要确定一个基准或标准，然后根据这一标准将风险进行排序。比如，在估量某国技术贸易壁垒对我国工业产品出口的影响时，可按照对这些技术贸易壁垒风险的认知程度，将这些风险依次分为已知风险、可预测风险、不可预测风险。也可按照其影响范围的大小和危害程度的高低，将这些贸易壁垒风险依次排列为第一号贸易壁垒风险、第二号贸易壁垒风险、第三号贸易壁垒风险。若需对之进行预警的话，可分别发出一级预警信号、二级预警信号、三级预警信号。

3. 基数标度

基数标度在国际贸易风险度量中用于进行定量分析，通过使用具体的数值来比较不同风险之间的差异。这种标度使得所度量的贸易风险状况更加具体和明确。当风险分析人员掌握了足够的风险信息数据时，可以利用基数标度这一数值方法对风险状况进行精确的量化分析。例如，在评估外贸信用风险损失程度时，采用该标度进行分析、估算，推断某外国进口商的信用风险可能会给国内某出口企业带来 20 万美元的货款损失和 30 万元人民币的违约损失。此处采用了基数标度来评估国际贸易风险损失。

4. 比率标度

同基数标度一样，在风险度量时应用比率方法，便于确定各风险之间差别的大小，提高风险估计的准确度，从而更客观地估量国际贸易风险信息情报。当用概率来表示风险发生的可能性时，就使用了百分数或分数这一比率标度。比如说，某外贸公司在一项产品的出口贸易中，合同中规定采用某种外币结算。经估算预测，两个月后，该币种对本币贬值 10% 的概率为 55%，贬值 5% 的概率为 70%。此处对汇率风险的估量采用了比率标度。

（二）国际贸易风险度量的内容

1. 估量国际贸易风险发生的可能性

估量国际贸易风险发生的可能性实质上是对国际贸易风险概率的测定。通过概率分析方法，可以估测出各项贸易风险发生的可能性，并求出它们的概率。这种估量是一种典型的定量分析方法，依赖于对风险事件发生概率和概率分布的计算。在此基础上，风险分析人员能够分析特定风险可能带来的各种损害情形和损失程度，求出风险的概率分布，估算风险事件所引发的损失后果的分布情况。进而可以求得某种风险事件损失后果的期望值和方差，为分析风险事件可能对外贸主体造成的总体损失情况提供依据。

估量外贸风险发生的概率是外贸风险度量中基本、重要的工作。一个贸易项目的风险概率高表明其发生风险损失的可能性大，如果预测其危害性也较大，则应加强对该风险的监控。确定风险事件的概率可以采用以下三种基本方法：一是通过主观概率推定来确定风险事件的概率，这是在一定条件下，根据外贸人员的经验和对某项交易风险的了解来估量风险概率的主观方法。二是利用对历史资料的统计分析来确定风险事件的概率或概率分布，这种方法依赖于充足的历史数据和对这些数据的统计处理。三是使用理论概率分布来模拟风险可能性状态的分布，这是通过数理模型对外贸风险概率分布进行理论描述的方法。通过这些方法，风险分析人员能够对国际贸易风险进行更为准确和科学的估量，为风险管理提供重要支持。

2.估量国际贸易风险的严重性程度

估量国际贸易风险的严重性程度是指对贸易项目可能带来的损失大小进行分析和估计，以明确不同外贸风险后果的影响程度。风险评估专家和财会人员根据手头的风险信息资料和之前的风险管理经验，采用一定的度量标准来预测某项风险可能给贸易主体带来的损失情况。估量风险后果的严重性可以采用多种方法。一种方法是使用风险损失的金额来表示风险危害的程度，这是基于基数标度的方法。例如，在某出口交易中，可能因商业欺诈造成一定金额的货物损失，以及因外汇市场汇率波动导致的应收货款损失。另一种方法是使用风险危害系数来表示风险损失的大小，这种系数通常介于0（无风险损失）到1（可能导致企业破产）之间。还有一种方法是利用符号和颜色来标识风险危害的程度，这是一种标识标度的方法，如使用不同数量的星星来表示风险损失的大小。

3.估量国际贸易风险损失范围

估量国际贸易风险损失范围涉及对风险损失的种类、分布、影响程度和变化幅度等方面的分析。这一过程旨在全面理解风险所带来的潜在损害，并为风险管理提供更加精确的信息。

估量风险损失的种类意味着判断风险损失属于哪种性质或类别。这包括评估损失是临时性还是长期性，经济性还是声誉性，单一型还是综合型等。例如，在出口贸易风险评估中，可能将汇率波动造成的损失判定为短期性单一型损失，而技术贸易壁垒引起的损失可能是长期性和综合型的。对风险损失分布的估量涉及对风险损失可能影响的各个方面和相关当事方的评估。由于外贸业务流程多样且环节复杂，涉及多个当事方，一旦发生风险损失，可能影响诸多方的利益。例如，在出口贸易中的买方欺诈风险可能不仅影响出口商，也可能对供货商、银行等其他经济主体造成损害。此外，风险对外贸企业本身也可能有多方面的影响，如影响企业的贸易项目盈利、资信能力和社会形象。对风险损失影响程度的估量是判断某项风险事故对企业造成的具体危害和对企业未来发展的影响。例如，在评估买方拖欠货款行为及其后果时，需要估计这种行为对企业的商业利益的影响程度，以及是否可能导致企业的经营困难或生存危机。对风险损失变化幅度的估量涉及对预测的风险损失波动情况的测算，通常可以使用方差来表示风险损失的变化幅度。这有助于理解风险损失的不稳定性和不确定性，为风险管理提供更加详细的信息。

4.估量国际贸易风险损失的时间分布

估量风险损失的时间分布是对某项风险损失发生的时间密集度进行测量和推断的过程。这涉及判断风险损失是在某一特定时间段内集中发生，还是在不同的时间阶段里分多次发生。时间分布的估量对理解风险对企业的影响具有重要意义，因为风险损失发生的时间特点会对企业的应对策略产生重大影响。如果一家外贸企业在短时间内突然遭受大额风险损失，它可能面临严重的财务危机，甚至破产的风险。相比之下，如果同样规模的风险损失分布在较长的时间里逐步发生，企业则可能有机会通过内部管理调整和外部资源的利用来逐渐弥补和消化这些损失，从而保持企业的生存和发展。因此，对风险损失的时间分布进行估量有助于企业评估风险的紧迫性和累积效应，以便制定更有效的风险管理和应对策略。

5.估量国际贸易风险事件状态

国际贸易风险可以根据风险事件发生的概率和危害程度的大小分为四种情形：第一种是风险发生的概率高且危害性大的风险；第二种是风险发生的概率高但危害性较小的风险；第三种是风险发生的概率低但危害性大的风险；第四种是风险发生的概率低且危害性也小的风险。在衡量国际贸易风险的大小时，单独考虑风险发生的概率或仅关注风险损失的程度都无法全面地反映风险的危害情况。因此，必须综合考虑风险事件发生的概率和损害后果的大小。将事件发生的概率与损害后果的大小相乘，得到的结果称为风险事件状态。这一乘积能够较为准确地反映外贸风险事件的危害状态。明确风险事件状态有助于风险管理人员更加准确地度量外贸风险的大小，预测风险事件的危害状态。通过这种方法，可以更好地识别和评估各种风险，从而为风险管理和决策提供重要信息。例如，对于那些发生概率高且危害性大的风险，企业可能需要采取更加积极的预防和应对措施。而对于概率低且危害性小的风险，则可以采取相对较轻的管理措施。

（三）国际贸易风险度量的程序

国际贸易风险度量的程序如图 5-2 所示。

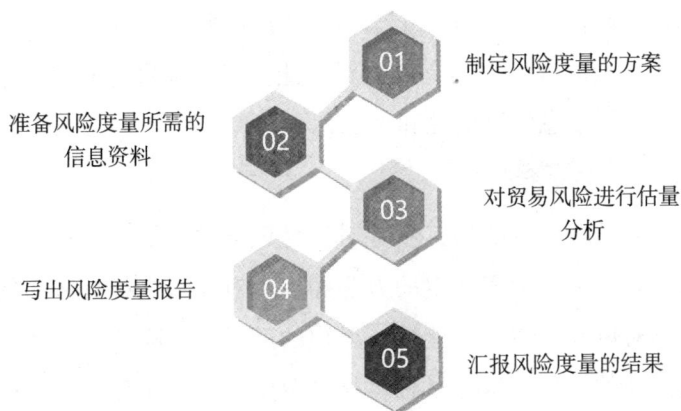

图 5-2　国际贸易风险度量的程序

1. 制定风险度量的方案

国际贸易风险度量的第一步是制定风险度量的方案。这个步骤至关重要，因为它为整个风险度量过程提供了基本框架和指导原则。在制定方案时，需要考虑多种因素，包括企业的具体需求、风险度量的目标、可用的资源、所面临的贸易环境以及可能的风险类型。方案应该详细说明风险度量的方法和工具，确定风险识别和评估的范围，以及风险报告的内容和格式。此外，方案还应考虑所需的时间框架、涉及的人员和部门，以及预期的结果。明确的风险度量方案不仅有助于保证风险度量的系统性和一致性，还能够确保所有参与者都对过程和目标有清晰的理解。

2. 准备风险度量所需的信息资料

国际贸易风险度量的第二步是准备风险度量所需的信息资料。这个步骤是风险度量的基础，涉及收集和整理与风险评估相关的各种数据和信息。信息涉及的内容非常广泛，包括市场趋势、政治经济情况、法律法规变化、历史风险事件记录、财务报告、运营数据等。在这一阶段，重要的是要确保信息的准确性、相关性和时效性。信息收集应当系统化和全面化，以确保对风险有一个全面的了解。收集到的信息资料将直接影响到风险度量的准确性和有效性。因此，这一步骤需要花费足够的时间和资源，确保信息的全面性和可靠性。

3.对贸易风险进行估量分析

国际贸易风险度量的第三步是对贸易风险进行估量分析。根据已经准备好的信息资料，运用选定的方法和工具对风险进行具体的估量和分析。这包括对风险发生的可能性、风险的后果、风险的种类和风险的时间分布等方面的评估。这个过程可能涉及定量分析（如统计分析、概率计算）和定性分析（如专家判断、情景分析）。估量分析的目的是识别出主要的风险因素，评估它们对企业可能造成的影响，以及为风险管理和决策提供依据。这一步骤需要风险管理人员具备相应的专业知识和技能，以确保分析的准确性和深入性。通过综合分析，可以形成对企业面临的主要风险的全面了解，为制定有效的风险管理策略奠定基础。

4.写出风险度量报告

国际贸易风险度量的第四步是将风险估量分析的结果整理成书面报告。风险度量报告应详细记录风险识别和评估的过程、结果以及建议的风险应对措施。报告内容需要包括风险的类型、发生的可能性、预期的损失、风险的时间分布，以及对企业的潜在影响。此外，报告还应提供关于如何减轻或管理这些风险的策略和建议。报告的撰写需要清晰、准确、易于理解，以确保所有相关的决策者和管理层能够充分理解风险情况，并据此做出合理决策。风险度量报告是企业管理层制定风险管理策略和决策的重要依据，因此，报告的质量直接影响到风险管理的效果。撰写报告时，还应考虑到不同读者的需求，确保报告既有足够的技术深度，又能为非专业人士提供易于理解的信息。

5.汇报风险度量的结果

国际贸易风险度量的最后一步是将风险度量的结果有效地传达给企

业的决策层和相关部门。汇报通常可以通过召开会议、发送风险度量报
告或其他适当的沟通方式进行。汇报内容应包括风险的主要形式、风险
的可能影响、建议的管理策略，以及需要采取的具体行动。有效的沟
通和汇报有助于提升整个组织对风险的认识和准备，促进跨部门的合
作，确保风险管理策略的有效实施。此外，汇报过程还应包括收集反馈
意见，以便对风险管理策略进行调整和优化。通过这种方式，企业能够
确保风险管理工作的连续性和一致性，有效应对国际贸易中的各种风险
挑战。

三、国际贸易风险预警

（一）国际贸易风险预警的含义

国际贸易风险预警是指对可能出现的风险事故的时空范围和危害程
度进行预测和预报，并及时提出相应的防范和应对措施。这一概念包含
两个重要方面：一是对国际贸易中可能出现的风险情况进行预测和预
报；二是采取相应的措施来防备或排除这些风险。预测和预报风险是为
了提前识别和理解可能出现的风险，这样可以在风险实际发生之前就采
取必要的预防措施。通过对潜在风险的分析，可以提前准备应对策略，
从而避免或减轻风险带来的负面影响。这种预测和预报依赖于对市场趋
势、政治经济状况、法律法规变化等因素的持续监测和分析。同时，预
警也意味着在识别出潜在风险后，积极采取措施来防范或消除这些风
险。这包括制定和实施风险管理方案、调整业务策略、加强内部控制和
监督等。预警的目的是排除风险，即在风险形成之初就及时采取措施，
防止风险的发生或减轻其危害。为了有效实施风险预警，外贸主体应建
立一个立体的、多层次的国际贸易风险预警系统。这样的系统可以使外
贸主体能够实施全方位的快速预警，及时响应市场和环境变化，从而更
好地保护企业免受风险的影响。通过这种系统化的预警机制，企业可以
更加灵活和主动地应对国际贸易中的各种不确定性和挑战。

（二）国际贸易风险预警的流程

1.收集风险信息

收集风险信息是指国际贸易主体通过各种渠道获取关于风险的信息，并对这些信息进行整理和加工。为了有效地进行风险预警，收集到的风险信息必须满足及时性、真实性和准确性这三个基本准则。及时性意味着信息能够反映市场和环境的最新变化，以便外贸主体能够迅速做出反应。真实性和准确性则确保所收集的信息可靠，能够准确反映风险的本质和可能的影响。为此，外贸机构和企业应建立一个灵通的信息网络，通过多种渠道收集外贸风险信息。这些渠道可能包括市场报告、行业分析、政府公告、合作伙伴的反馈、国际媒体报道以及企业内部的数据和观察。建立顺畅的风险通报系统也至关重要，它能够确保一旦探知风险情报，相关信息能够迅速在组织内部上传下达，从而加快决策和应对措施的制定。这样的通报系统有助于提高组织对风险的整体响应能力，确保所有相关人员及时了解风险情况，并采取适当的应对措施。鉴于风险信息来源渠道众多，信息内容可能非常复杂，外贸主体在收集风险信息时需要对所得信息进行筛选和甄别。这一过程不仅要排除不相关或不准确的信息，还要对信息进行分析和解读，以确保风险预警系统的有效性和可靠性。通过这种方式，外贸主体可以确保所收集的风险信息真实可信，为风险预警提供坚实的基础。有效的风险信息收集有助于企业及时识别潜在风险，采取预防措施，减轻风险的负面影响，保证企业的稳定运营和长期发展。

2.对风险信息进行分析和判断

风险管理人员在获取风险信息后，需要立即对这些信息进行分析和判断，以确定风险的类型、时空范围和影响程度。这一过程涉及对风险信息的深入解读，以理解风险的本质和可能带来的具体影响。其中最重要的是对风险进行分类和排序，以便区分不同风险的重要性和紧迫性。

这有助于确定哪些风险需要优先关注，哪些风险则可以稍后处理。对风险的分析和判断不仅依赖于收集到的信息，还需要结合风险管理人员的经验、行业知识和对当前市场状况的理解。通过这种方式，风险管理人员可以对每一种风险做出准确的评估，为后续的风险应对策略制定提供依据。

3.发布预警信息

在风险分析和判断完成后，风险预警系统将根据风险的危急程度和等级，向决策层和相关部门发送国际贸易风险信号。这一步骤的目的是及时通知组织内部的关键人员和部门，使他们能够做好风险警戒和预处理。预警信息的发布应该明确、及时，内容包括风险的类型、可能影响、建议的应对措施等。这样，相关人员可以根据预警信息迅速采取行动。有效的预警信息发布有助于提高组织对风险的响应速度和效率，确保企业能够及时应对潜在的风险事件，从而保护企业免受重大损失。通过这种系统化的预警机制，企业可以更加主动地管理风险，提升整体的风险管理能力。

4.制定风险处置的措施

风险管理部门需要根据风险的级别，启动快速反应机制，以应对潜在的风险事件。这包括确定如何最有效地减轻或消除风险带来的影响，以及如何保护企业的利益和资源。在制定风险处置措施时，外贸主体需要考虑自身的人力、物力和财力资源，以及风险管理的成本和效益。这意味着所采取的风险防范措施应该既合理又可行，既能够有效应对风险，又不会超出企业的承受能力。外贸企业在做出风险危机管理决策时，应避免采取超出自身实力、不切实际或代价过高的管理措施。通过这种方式，风险管理部门能够确保所制定的风险处置措施既能够有效应对当前的风险情况，又不会给企业带来不必要的负担。这有助于企业在面对风险时保持灵活性和适应性，同时也确保风险管理工作的可持续性。

四、国际贸易风险处置

（一）国际贸易风险处置的含义

国际贸易风险处置是指对已经识别、评估并发出预警的国际贸易风险采取相应的应对和处理措施。这一过程的目的是防止国际贸易风险事故的发生，或在风险事故已经不可避免时，尽力减少所带来的损失。

国际贸易风险处置包括决策和实施两个主要环节。风险决策是指外贸企业在风险识别和估量的基础上，选择最合适的风险管理技术和手段。这一决策过程要求决策者和管理者根据预测的风险形态和危害程度，有针对性地制定风险管理的基本策略和风险处置计划。这些策略和计划需要考虑企业的资源、能力和风险承受度，以确保所选取的管理措施既有效又可行。在制定了风险管理策略和处置计划之后，风险管理人员需要按照所定策略具体实施这些计划。通过以上步骤，企业可以有效地预防或控制国际贸易风险，减轻风险对企业运营和发展的影响。

（二）国际贸易风险处置的基本策略

国际贸易风险处置的基本策略如图5-3所示。

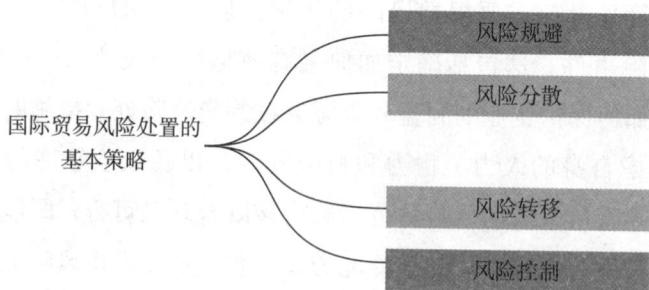

图5-3 国际贸易风险处置的基本策略

1.风险规避

当严重的风险事故即将发生或已经发生时，企业可能采取暂停与相关贸易对象的交易等措施，以保护自己免受重大损失，这种策略就是风

险规避。风险规避主要用于处理那些风险系数大、可能导致严重损失的
国际贸易项目。在这些情况下，采取规避和退出策略可以确保企业的根
本利益不受威胁。

　　风险规避策略要求企业对交易环境和对象进行充分评估，并在必要
时选择暂停或终止与某些贸易地区或对象的交易。这种策略可以有效减
少企业因风险事故带来的潜在损失，尤其是在风险无法通过其他措施降
低或转移时。然而，风险规避也可能导致失去某些商机和潜在的收益，
因此需要在风险和收益之间进行权衡。企业在决定采取风险规避策略
时，应综合考虑风险的概率、潜在的影响，以及企业的整体战略和风险
承受能力。

　　2.风险分散

　　风险分散的核心思想是通过分散风险源来降低单一风险对企业的总
体影响。在实践中，风险分散通常涉及将业务活动、投资或资源分布在
不同的市场、产品、客户或供应链中，从而减少企业对任何单一因素的
依赖，降低因这些因素变化所带来的风险。在国际贸易环境中，风险分
散策略尤为重要，因为市场和政治环境的不确定性可能导致交易风险显
著增加。例如，企业可以通过扩展到不同国家和地区的市场来分散地缘
政治风险，或通过与多个供应商建立合作关系来分散供应链风险。同
样，企业还可以通过多样化产品和服务来降低对特定市场需求变化的敏
感性。

　　风险分散策略的实施需要企业对市场和业务活动进行全面分析，以
确定风险集中的领域和潜在的风险分散途径。这可能包括寻找新的贸易
伙伴、进入新的市场、调整产品组合或改变供应链结构。在制定风险分
散策略时，企业还需要考虑到成本和收益的平衡，确保所采取的措施在
降低风险的同时，不会对企业的运营效率和赢利能力产生不利影响。值
得注意的是，风险分散并不意味着完全消除风险，而是通过降低对单一
因素的依赖来减轻风险的集中程度。这种策略有助于提高企业在面对不

确定环境时的韧性和适应性，使企业能够更加灵活地应对各种市场和环境变化。通过有效的风险分散，企业可以在保持业务增长和盈利的同时，降低潜在风险的负面影响。

3. 风险转移

风险转移是指将潜在的风险从一个方向转移到另一个方向，以减轻企业直接承担的风险程度。风险转移的常见形式之一是通过保险来转移风险。企业可以通过购买各种保险，如货物运输保险、贸易信用保险、政治风险保险等，来对可能发生的损失进行风险转移。当发生保险事故时，保险公司将根据保险合同的条款承担相应的赔偿责任。通过这种方式，企业能够在面对不确定性时得到一定程度的财务保护。除了保险外，风险转移还可以通过合同安排来实现。企业在与合作伙伴签订合同时，可以通过明确条款来将某些风险转移给对方。例如，在贸易合同中设定违约条款、保证金、赔偿条款等，可以将部分风险转移给交易对方。此外，企业还可以通过与第三方合作，如利用银行信用证、代理商、分销商等，来分担和转移风险。

风险转移策略的关键在于合理选择转移对象和转移方式。在决定采取风险转移策略时，企业需要考虑转移的风险类型、可能的转移成本，以及转移后的风险控制能力。风险转移并不意味着完全消除风险，而是通过转移风险，使企业能够更好地控制和管理风险，从而保护自身免受严重损失。通过有效的风险转移策略，企业可以在国际贸易中减轻直接面对的风险压力，将潜在的损失转嫁给其他风险承受能力更强的一方。这样能使企业能够专注于其核心业务，同时有效应对国际贸易中的不确定性和挑战。

4. 风险控制

风险控制是一种对风险进行抑制、管制的策略。风险控制是在贸易过程中，对风险因素进行严密的监控，在风险事故发生之前即采取适当的措施遏止风险；当风险事实发生后，则采取紧急措施，控制风险事故危害的程度，缩小其影响范围。实现有效的风险控制需要两个关键前提：一是及时捕捉风险事故的早期迹象，加强对国际贸易风险的预警和监督；二是制定详细的风险控制预案，以便在特定风险事故发生时能够迅速启动风险快速反应机制，及时进行预防和处理。

第三节 国际贸易合同风险防范

一、国际贸易合同风险的类型

（一）货物与合同不符产生的风险

国际贸易合同是在跨国贸易中，买卖双方就货物或服务的交易达成的正式协议。这种合同通常涉及货物的质量、数量、价格、交货时间、支付方式和交付条款等。国际贸易合同旨在确保交易双方的权利和义务得到明确规定和保护。然而，在执行过程中可能会出现各种风险，尤其是与货物和合同内容不符的风险。这类风险主要涉及货物的质量、数量、包装以及规格等与合同中的具体约定不一致。例如，合同规定的货物质量标准可能因生产或运输过程中的问题而未能满足，或者实际交付的货物数量可能由于装运或计数错误而与合同约定不符。此外，货物的包装如果不符合合同要求，可能导致在运输过程中的损坏或无法通过海关检查。同时，货物规格的不一致，如尺寸、型号的差异，可能导致货物无法满足买方特定的需求。这些不一致情况不仅可能引起贸易争端，导致额外的经济损失，还可能影响到企业的声誉和长期合作关系。

（二）国际贸易合同欺诈风险

1.国际贸易合同主体形态欺诈

在国际贸易中，合同主体形态欺诈是指其中一方（可能是买方或卖方）通过虚假的身份或不真实的公司信息进行交易。这种欺诈可能涉及

183

伪造公司资质、使用虚假公司名称或地址，甚至涉及创建空壳公司进行交易。这种欺诈行为的目的可能是为了逃避法律责任、获得不正当利益或进行金融诈骗。受害方可能面临无法交付货物、无法收回款项，或被卷入法律纠纷的风险。

2. 利用国际贸易合同条款欺诈

这种欺诈风险是指一方利用合同条款的不明确或复杂性进行欺诈。这可能包括故意制造含糊不清的条款、使用过于复杂的法律语言来混淆对方，或者在合同中隐藏不公平的条款。这类欺诈的目的通常是为了获取不正当的利益，如转嫁风险、逃避责任或获取额外的经济利益。受害方可能会因此遭受经济损失、法律纠纷或信誉损害。

二、国际贸易合同风险的防范措施

（一）确保合同的合法有效性

由于国际贸易合同涉及的风险可能出现在从合同成立到履行的每一个环节，因此，保证合同法律效力的重要性不言而喻。只有合法有效的合同才能保障当事人的权益，使得违约方造成的损失能够得到追偿，同时确保合同所带来的利益是合法的。

要确定国际贸易合同的合法有效性，可以从以下三个方面入手：一是要确保合同主体的合法性。对于自然人，关键在于确认其具有完全的民事行为能力。在与法人或非法人经济组织签订合同时，应要求对方提供相关的合法性证明文件，如注册登记证件、法人证书或公司章程等，以确认其具有合法的订约资格。二是要确保合同程序合法。国际贸易合同的成立过程中，必须遵守相应的法律程序，包括要约和承诺等环节。另外，某些国家要求涉外合同必须经过政府审批才具有法律效力，因此在这些国家进行贸易时，应特别注意合同程序的合法性。三是要确保合同内容必须符合法律规定和社会公共利益。任何违反法律、法规或侵害社会、国家或他人利益的合同内容，都可能导致合同无效。即便当事人在合同中拥有一定的自由协商空间，也不能超越法律的限制。合同的目的和内容应遵守相关的法律法规，不得损害公共利益。这些措施共同构成了防范国际贸易合同风险的基础，有助于保护企业的合法权益，降低交易过程中的风险和不确定性。

（二）国际贸易合同主体欺诈风险的防范措施

在签订国际贸易合同的过程中，应特别注意防范那些利用没有民事行为能力的自然人或经济组织签订合同进行欺诈的行为，这些行为的目的通常是为了获取非法利益。为了有效防止这种风险，可以采取以下措施：

1.查明国际贸易合同主体法律性质

合同主体法律性质的调查主要是确定合同对方是否具有合法的谈判和签约资格。这关系到合同能否有效成立，因为与无资格者签订的合同在法律上被视为无效，从而无法保障交易双方的权利和义务。因此，在合同谈判和签约前，必须审查对方的合法资格。

从法律实务角度出发，审查合同对方的资格应重点关注其法律属性。对于自然人，需要确定对方是否具备民事行为能力，即缔约能力。由于不同国家对订约年龄标准的规定存在差异，因此在签约前应根据该人的属人法（国籍国法或住所地法）来确定其订约能力。对于法人或非法人经济组织，由于不同类型的经济组织具有不同的订约资格范围，超越这一范围的合约是无效的，因此，在与这类组织签约时，应要求对方提供相关的法律文件以核实其订约资格。对于法定代表人，应核实其身份，防范与假冒法定代表人签约的风险。这需要查验能证明其身份和地位的法律文件。对于委托代理人，应要求提供有效的代理委托书或授权证书，不能仅凭对方的自我介绍或名片就与之签约。

2.对交易对方当事人进行详细的资信调查

资信调查主要是对合同对方的综合商业形象和经济状况进行全面

评估，主要包括以下内容：（1）交易伙伴的概况。这包括对方的经营范围、产品所处的生命周期阶段、发展前景、经营能力、年度营业额、销售渠道和经营方式。了解这些信息有助于判断企业的管理能力和履约能力。同时，还应关注企业在同行业中的地位、原材料的主要来源等，以评估企业的稳定性和竞争力。（2）注册资本。注册资本是反映公司法人财产权的重要指标。对于有限责任公司而言，注册资本直接体现了企业对外承担责任的财产基础和资产实力。了解对方企业的注册资本有助于评估其财务状况和风险承担能力。（3）法定地址。法定地址是合同当事人经营活动的中心，其存在与否往往能反映企业的合法性和稳定性。在发生纠纷时，法定地址还是送达法律文件的重要依据。调查中，应确保掌握准确的中英文名称，以防出现混淆或误解。（4）信誉。信誉是企业的生命线，对企业信誉的考量是确保交易安全的基础。考察交易对方的信誉应关注其过往业务中的违约行为或诈骗行为等，以判断其信誉状况。一般来说，信誉的好坏直接反映了企业的经营风格、财务状况和履约能力。综合以上各方面的调查，可以对交易对方的资信状况进行全面评估。通过这样的资信调查，企业可以更有效地识别和防范潜在的合同主体欺诈风险，确保交易的安全性和合法性。在国际贸易活动中，详尽的资信调查不仅有助于提高交易成功率，还能够帮助企业建立长期稳定的商业关系，从而在全球市场中获得更大的竞争优势。

在国际贸易中，由于跨国界的特性，对外国当事人的资信调查通常较为复杂。综合运用以下方法和渠道，可以有效地进行资信调查：一是通过银行查询。银行通常拥有关于全球贸易商及其代理人的大量信息，并且能通过其在国外的合作银行进行进一步的查询。在实际操作中，我国的外贸企业通常委托中国银行进行此类调查。由于中国银行在国际贸易中的广泛业务联系，它掌握着许多关于国际客户的资信信息，有时能够仅凭现有资料就获取外商的资信情况。二是通过海外机构查询。这包括国内外贸企业的驻外机构、国外分支机构以及在国外的代理商。通过这些机构进行的调查可以获取关于外商的最新和最直接的资料，帮助企业更好地了解潜在合作伙伴。三是通过进出口商会查询。我国成立的专业进出口商会如中国纺织品进出口商会、中国五金矿产进出口商会等，除了协调相关商品的进出口业务外，还提供包括外商资信信息在内的各种咨询服务。四是通过外商资信的报纸、书刊及其他文件资料进行查询。国外的一些机构，特别是金融和信贷部门，出版了大量含有公司背景材料的注册公司名册和名录，这些资料可以为调查外商资信提供丰富的信息。五是直接向外商进行调查。在贸易洽谈中，可以要求外商提供其资信相关的材料，如法人资格证明、营业证明、注册资本和法定地址等证明文件，以便直接了解外商的资信状况。

（三）国际贸易合同条款欺诈风险的防范措施

1.国际贸易合同品质条款欺诈风险的防范措施

在国际贸易中，品质条款是确保货物符合合同要求的关键部分，因此防范品质条款欺诈风险至关重要。首先，企业在起草合同时应明确列明货物的详细品质要求，包括质量标准、规格、材质、性能等。这些要求应尽可能具体明确，以减少任何模糊或误解的空间。其次，合同中可以规定具体的质量检验程序，如第三方检验机构的介入、检验时间和地点、检验费用的承担等。确保检验程序的公正和透明，有助于提高货物品质的可信度。此外，合同中还应明确规定如货物品质不符合合同要求时的责任和补救措施，包括退货、更换、赔偿等。通过在合同中设立这些明确的品质保障条款，可以有效防止品质欺诈行为，保护买方的权益。

2.国际贸易合同违约金条款欺诈风险的防范措施

防范违约金条款欺诈风险，企业首先需确保违约金条款的合理性和公平性。违约金的数额应与可能发生的损失相匹配，避免过高或过低的违约金设定。同时，合同中应明确规定违约的具体情形和违约金的计算方式，确保违约金的适用条件清晰无误。企业还应考虑涉及多个司法管辖区的法律差异，以确保违约金条款在不同法域下的有效性和可执行性。为了更好地保障自身利益，企业可以咨询专业法律顾问，确保违约金条款符合相关法律法规，并在国际贸易中得到普遍认可。在合同执行过程中，企业应密切监控对方履约情况，一旦发现违约行为，应及时采取措施，依据合同条款追求赔偿。通过这些措施，可以有效预防和减少违约金条款欺诈风险，维护企业的合法权益。

3.国际贸易合同担保条款欺诈风险的防范措施

国际贸易合同中的担保条款是为了确保交易各方履行合同义务而设置的重要条款。然而，担保条款也可能成为欺诈的目标，因此采取有效的防范措施是必要的。

第一，在制定担保条款时，担保条款应详细说明担保的范围、条件、期限和解除担保的情形。明确条款可以减少因理解不一致而引起的争议。同时，担保条款应公平合理，保证双方权益平衡，避免单方面过重的担保责任。第二，合同中还应明确规定违约和担保责任的处理办法。在出现违约情况时，应有明确的法律程序和补救措施，包括索赔程序、赔偿范围和违约金的计算方法。确保在违约发生时，可以有效地执行担保条款，保护未违约方的权益。第三，合同担保条款还应考虑适用法律的差异。由于国际贸易涉及不同国家，因此需要确保担保条款在相关国家的法律体系下有效。在必要时，应咨询专业的法律顾问，以确保担保条款符合各方司法管辖区的法律要求。第四，合同双方应建立良好的沟通机制，及时解决担保条款执行过程中可能出现的问题。定期沟通和透明的信息交流可以及时发现和解决问题，减少由于误解或信息不对称而导致的风险。通过以上措施，可以有效防范国际贸易合同担保条款的欺诈风险，确保合同的公平性和有效性，保护各方的合法权益。

第四节　国际贸易结算风险防范

国际贸易结算是指出口商和进口商之间根据合同规定进行货币交割的过程，贯穿了从交易初期的支付方式选择到最终款项支付的整个流程。国际贸易结算风险指的是在交易过程中因为货币交换而可能产生的损失风险。这种风险通常发生在交易的支付阶段，可能是由货币价值的波动、交易对手的信用问题或操作中的错误和延误导致的。结算风险的存在使得国际贸易活动充满不确定性，增加了交易成本，影响了全球贸易的效率和安全性。

一、票据风险与防范

（一）票据风险的概念与类型

票据在国际贸易结算中的使用普遍，但伴随而来的风险也不容忽视。票据风险指的是由于不确定性因素存在，使得涉及票据的各方当事人的利益可能受到损害的风险。以下是几种常见的票据风险：

1.票据签发承兑风险

这种风险发生在票据签发和承兑阶段。它主要指票据的签发者或承兑者未能履行票据上的支付承诺的风险。这可能是由于签发者或承兑者的财务状况恶化，或是由于故意的欺诈行为。这类风险可能导致持票人面临损失，尤其是在签发者或承兑者破产或逃避责任的情况下。

2.贴现风险

贴现风险发生在票据贴现过程中。当一家金融机构接受并贴现票据时，如果票据上的债务人未能在到期日支付款项，该机构将面临损失。贴现风险可能由于票据上的信息不真实或欺诈行为造成，例如，伪造或变造的票据。

3. 转让风险

转让风险发生在票据的所有权转移过程中。当票据在多方之间转让时，可能存在伪造、欺诈或票据背书不当等问题，导致票据转让的合法性和有效性受到质疑。这种风险可能导致持票人无法实现票据的价值。

4. 再贴现风险

再贴现风险是指票据在被初次贴现后，由于持票人需要流动资金而将其再次贴现给其他金融机构时所面临的风险。如果原票据的债务人无法履行支付责任，或者票据存在其他问题，再贴现的机构可能遭受损失。

5. 回购风险

回购风险发生在票据回购交易中。在这种交易中，票据的卖方承诺在未来某一日期以特定价格回购票据。如果卖方违反了回购承诺或无法履行回购责任，买方将面临损失。

6. 收款风险

收款风险是指票据持有人在票据到期时收回款项的风险。这可能是由于票据的债务人财务状况恶化、拖欠还款或者故意逃避支付责任所引起的。收款风险可能导致持票人面临资金回收的困难，影响其资金流和财务状况。

（二）票据风险的防范措施

防范票据风险是国际贸易结算中的重要环节，特别是对于出口商来说，有效管理和防范票据风险至关重要。以下是几个关键的防范措施：

一是要选择资信良好的客户进行交易。在贸易成交前，出口商应通过各种渠道调查客户的资信状况。这包括了解客户的信用记录、财务状况、历史履约情况等。与资信良好的客户进行交易可以显著降低交易风险。对于资信不明确的新客户，或者位于外汇紧张、地区落后、国家局势不稳定的地区的客户，需要特别谨慎。二是认真签订外贸合同。合同应详细规定交易的条款和条件，包括支付方式、交货期限、违约责任等。通过签订稳妥且平等互利的合同，可以在一定程度上保障出口商的权益，降低风险。三是仔细审核提交的票据。出口商在收到票据后，应委托银行进行核实，确认票据的真实性和有效性。通过银行的专业审核，可以避免接收到伪造或变造的票据。四是出口商在交易中应尽量选择安全的交易方式，比如在确定对方已在银行支付票款前不进行货物发运。这样可以减少因货款未能收回而导致的损失。五是积累经验并加强对伪造票据的防范。近年来，伪造票据和汇款凭证的欺诈行为在国际贸易中屡见不鲜，因此出口商需要提高警惕，加强对此类风险的认识。了解常见的欺诈手段，并采取相应的预防措施，对于保护自身权益至关重要。

二、各类结算方式下的风险防范

（一）汇款结算方式下的风险防范

汇款结算方式是国际贸易中常见的一种支付方式，但也伴随着一定的风险。汇款结算方式下的主要风险有以下几种：一是进口商履约风险，主要指进口商未能按照合同约定及时支付货款的风险。二是出口商履约风险，即出口商在收到进口商的款项后未能按合同约定交付货物或提供服务的风险。三是欺诈风险，包括伪造票据、虚假交易以及其他各种欺诈行为。这类风险可能导致一方或双方遭受经济损失。

在汇款结算方式下，可以采取以下几种风险防范措施：第一，在贸易成交前，企业必须深入了解客户的资信情况，尤其是对于资信不明的新客户以及处于外汇紧张、经济落后或政局动荡地区的客户。这涉及对客户的财务状况、信用记录和历史履约能力的调查。可以通过商业信用调查机构、银行或其他专业渠道获取相关信息。对于那些资信不佳的商户，应避免采用汇款方式结算，以减少潜在的财务风险。第二，买卖双方应签署一个全面、明确且公平的销售合同，合同中应详细规定交易条款，包括支付条件、交货时间、质量标准、违约责任等。对于金额较大的业务，应谨慎选择结算方式，避免单纯依赖汇款结算，以降低风险。第三，对于高风险地区的交易，进出口双方可以协商采用更为灵活的汇款方式。例如，可以要求部分预付款、采用分阶段付款等方法来降低风险。这样的安排有助于在交易过程中保持资金的控制权，降低由于单方面违约造成的损失。第四，在票汇方式下，出口商在收到进口商寄来的票据时，应通过银行或专业机构进行票据的真实性检验。在确认票据的真伪并收妥票款之前，不应过早发货，以免出现货物和款项双方皆失的情况。确保票据真实性是防止欺诈和损失的关键。第五，使用本票进行结算时，出口商应掌握基本的识别真假本票的技巧。真本票通常使用高质量的专用纸张和保密的油墨配方印制，而假本票则使用普通纸张和相似颜色的油墨。真本票的号码和字体排列整齐规范，而假本票可能排列不齐，间隔不均。此外，假本票上的签字通常是伪造的，与银行预留的签字不符。通过这些特点，可以有效辨别真伪，从而规避因接受假本票而造成的风险。

（二）托收结算方式下的风险防范

托收结算方式是国际贸易中的一种支付方式，出口商通过银行向进口商提交有关贸易文件，以指示进口商支付货款或承兑汇票。在这种方式下，银行仅作为代理机构处理文件和款项，而不提供支付保证。这种结算方式也伴随着一定的风险。出口商面临的主要风险是进口商未能按时支付或拒绝支付款项，这可能是由于进口商的资金问题、货物质量或数量争议，或其他商业纠纷。此外，出口商还可能承担货物在运输途中的风险，以及由于汇率波动导致的汇兑损失。对于进口商来说，托收结算方式下的风险主要包括收到的货物不符合合同规定的质量或数量，以及货物在运输途中的损失或损坏。进口商还可能面临由于出口商错误或故意行为导致的货物延迟交付的风险。银行在托收结算中主要承担代理角色，但仍存在一定风险。这些风险可能包括处理错误、文件不符或欺诈行为等。银行还可能面临来自客户的信用风险，尤其是在买卖双方出现纠纷时，银行可能被卷入法律诉讼中。

1.出口商的风险防范措施

在托收结算方式下，出口商面临着一定的风险，因此需要采取相应的措施来保护自己的利益。以下是出口商可以采取的几种风险防范措施：第一，出口商应确保发运的货物严格符合合同规定，并准备与实际情况相符的单据。这样做可以减少因货物质量或数量不符导致的风险，避免进口商因货物与合同不符而拒付。出口商应对货物进行详细检查，确保其质量和规格符合合同要求，并确保所有相关单据如发票、装箱单等准确无误地反映了货物的真实情况。第二，出口商需要充分了解进口国家或地区的商业习惯和法律法规，确保能够安全及时收汇。这包括了解目标市场的支付习惯、贸易惯例和相关的法律法规，以及可能影响汇款的政治和经济因素。这样可以帮助出口商更好地应对可能出现的风险和挑战，提高交易的成功率。第三，可以购买出口信用保险，将部分或全部收汇风险转移给保险公司。出口信用保险通常覆盖因买方的破产、付款拖延或政治风险导致的损失。这样，即使出现了风险事件，出口商也能够获得一定的保障。第四，出口商可以将托收方式与电汇方式或信用证方式结合使用，以分散风险。例如，可以要求部分预付款，剩余部分通过托收或信用证结算。这种方式可以在保证款项安全的同时，也考虑到买方的资金安排。第五，选择出口保理业务。出口保理指的是出口商将其应收账款出售给保理公司，以换取即时资金。这种方式可以有效地缓解出口商的资金压力，并由保理公司承担收账的风险。出口保理不仅能够提高资金周转率，还能降低因买方未能按时支付款项所带来的风险。

2.进口商的风险防范措施

对于进口商而言，托收结算方式下主要的风险是收到的货物可能与合同规定不符，例如质量不达标或数量不足。为了防范这种风险，进口商可以要求出口商提供商品的质量检验证书。这些证书应由进口商在出口地的驻外代表或分支机构签发，或由出口地的官方检验机构或国际公认的权威检验机构签发，如瑞士的 SCS 检验机构等。通过这种方式，进口商可以确保收到的商品符合合同要求，从而有效避免信用欺诈的风险。此外，进口商还可以在合同中明确规定交货标准和验货程序，以及违约责任，以进一步保护自己的权益。

3. 银行的风险防范措施

银行在托收结算方式下的风险主要来自处理托收业务时的操作错误或文件不符。为了防范这些风险，托收行应严格按照委托人的托收委托书进行操作。托收面函中应明确写清进口商的全称和详细地址、交单条件，以及是否需要拒付证书等指示。代收行则应完全依照托收行的指示谨慎操作，绝不应在没有款项或承兑的情况下放单。银行还应建立健全的内部控制和审查机制，确保所有操作符合规定的程序和标准。此外，银行还可以通过与其他银行的合作，共享信息和经验，以提高处理托收业务的效率和安全性。

（三）信用证结算方式下的风险防范

信用证结算方式是国际贸易中常用的一种支付方式，它通过银行的介入为买卖双方提供了一定程度的支付保障。在这种方式下，进口商的开户银行根据其指示开立信用证，承诺在出口商提交符合信用证条款的单据后支付款项。信用证的开立意味着银行对款项支付提供了保证，降低了进口商未支付货款的风险。

信用证结算方式下的主要风险包括：第一，文件不符风险。出口商需要提交符合信用证条款要求的各种单据，如装运单据、商业发票、保险单等。任何不符合信用证要求的单据都可能导致银行拒绝付款，给出口商带来损失。第二，信用证欺诈风险。存在伪造或篡改的信用证，或者是开证银行或通知银行信誉不佳，可能导致出口商在履行了合同并提交了单据后，无法获得应得的款项。第三，政治和经济风险。国家间的政治关系变化、经济制裁、汇率波动等因素也可能影响信用证的履行。第四，法律风险。不同国家的法律规定差异可能影响信用证的执行，比如对信用证条款的解释和适用上可能存在差异。

1.贸易双方的风险防范措施

在信用证结算方式下，贸易双方为防范各自面临的风险，可以采取以下措施：第一，买卖双方应进行彼此的资信调查，以确保交易双方的信誉和财务状况。这包括对贸易对手的经营状况、清偿能力、经营规模、业绩以及产品市场价格等方面的调查。可以通过信息机构、专业咨询公司或官方网站获取相关资料，并对以往的交易情况进行分析。选择资信可靠且经营能力强的客户进行交易，可以为交易的成功奠定良好的基础。第二，加强对开证行的资信调查。由于信用证是基于开证行的信用保证，因此开证行的信用状况至关重要。出口商应事先了解进口方所在国家或地区的经济、金融状况以及当地银行的信用证业务做法。在订约时，应具体规定信用证的开证行，并在必要时要求由另一家银行对该证进行保兑，以增加交易的安全性。第三，买卖双方在交易前应认真订立买卖合同，并在合同中明确规定信用证内容。合同是信用证的基础，因此双方应在合同中对信用证内容进行明确规定，以避免日后发生纠纷。这样可以确保信用证的内容与合同一致，避免由于信用证与合同不符导致的风险。第四，进口商在指示开证时应谨慎制定信用证条款，确保信用证内容与合同不矛盾，但可以相互补充。可以在信用证条款中规定出口商提供的检验证书，以保证货物的品质、数量和包装等。出口商在收到信用证后也应进行认真审查，确保信用证内容与合同一致，无"陷阱"或软条款，必要时要求修改或删除这些问题条款。第五，对于转让信用证的风险，供货商可以要求将转让信用证改为背对背信用证。背对背信用证为供货商提供了更多的安全保障，因为在提交相符单据后即可得到背对背信用证开证行的付款保证。此外，还可以要求转让行对其付款责任进行明确的保证。

2.银行的风险防范措施

在信用证结算方式下，银行作为重要的中介机构，承担着确保交易顺利进行的职责，同时自身也面临着风险。为了防范这些风险，银行需要采取一系列措施：第一，对于开证行而言，防范风险的关键在于在开立信用证前对申请人的资信及贸易真实背景进行仔细审查。开证行应严格执行授信管理或担保抵押制度，确保有足够的保证金或担保来支持信用证的开立。在接受信用担保时，应选择金融企业或信誉良好的企业。对于申请人提供的抵押品，开证行需要认真审查其真实性、合法性和流动性，并办理相应的法律手续，如公证、登记、过户等。在开证后，收到受益人的单据时，开证行应严格按照国际惯例和相关标准进行审核，并在发现不符点时及时拒付，以免承担不必要的责任。第二，通知行和议付行也需要对信用证的风险进行防范。如果通知行仅负责对信用证进行通知，其主要任务是核实信用证的真实性并准确无误地将信息传达给受益人。如果通知行涉及信用证的打包放款业务，或议付行对单据进行议付，则需要更加谨慎。这包括仔细审核开证行或保兑行的资信状况，通过不同渠道了解其组织架构、资产规模、财务状况、评级和在本国及世界的排名，以评估其偿付能力。同时，根据以往的业务往来和付汇记录，了解开证行或保兑行的经营作风和财务状况，以判断是否应进行融资业务，或是否需要从严落实担保条件。

（四）保函结算方式下的风险防范

保函结算方式是一种通过银行发出的担保函来保证合同履行的国际贸易支付方式。在这种方式下，银行按照申请人（通常是买方）的要求向受益人（通常是卖方）提供保函，以保证申请人履行合同义务。如果申请人未能履行合同，银行将根据保函条款向受益人支付一定金额的赔偿金。这种方式为贸易双方提供了额外的信用保障。

在保函结算方式下存在以下几种常见的风险：第一，申请人履约风险，主要表现为申请人不具备相应的履约能力或因情况变化无法履约。第二，受益人信用风险，主要表现为受益人无理索赔，即受益人可能在没有合理理由的情况下要求银行根据保函条款进行赔偿。第三，操作及技术性风险，主要指在合规性材料审核及保函文本编辑过程中可能发生的风险。第四，法律风险，由于目前担保业务尚无普遍接受的国际惯例，一旦发生纠纷，法律及仲裁风险较大。这种风险可能导致在解决争端时面临法律不确定性和额外的诉讼成本。

在保函结算方式下，为了防范各种风险，银行和参与方需要采取一系列措施：首先，银行在发出保函之前应对申请人的履约能力进行严格的审核。这包括评估申请人及其相关方（如分包商或总包商等）是否具备项目承包或承建资质，以及是否具备相关产品的生产或供货能力。同时，还需考虑宏观政策、经济运行和市场情况等可能影响申请人履约的不确定因素。此外，申请人的过往履约记录也是评估其履约能力的重要参考。通过全面的审核，银行可以有效预防申请人履约风险。其次，银行还应对受益人的资信状况进行审核。这包括了解受益人的基本情况、经营作风，以及在以往的交易过程中是否存在过纠纷或无理索赔的记录等。这一步骤有助于评估受益人的信用风险，并防范可能发生的无理索赔。另外，银行业务人员需进行技术性审核，以确保保函的条款合理且符合国际惯例及国内相关法律法规。需要特别关注保函中的金额、效期、责任条款是否合理，赔付承诺和条件是否明确。在确定担保业务的金额和有效期时，应基于主合同的金额和期限进行合理设定，并遵循原则，避免办理金额或期限存在敞口的担保业务。此外，银行应对申请人的工程承建、商品生产及货源组织情况进行跟踪，一旦发现申请人可能无法完全履约时，应及时采取相应的风险控制措施。

第五节　数据跨境流动风险防范

一、完善法规制度环境

在国际贸易中，数据跨境流动风险的有效管理和防范，关键在于完善法规制度环境。随着全球化的加速和数字经济的发展，数据已成为重要的贸易资源和竞争要素，但这也带来了数据安全、隐私保护以及知识产权等方面的挑战。因此，构建一个合理、全面的法规制度环境，对于确保数据跨境流动的安全、合规和高效至关重要。

首先，深入贯彻落实现有的网络与数据保护相关法律，如《网络安全法》。这些法律为数据安全提供了基本的法律框架和规范要求。随后，加快《数据安全法》《数据出境管理办法》等专项法规的制定或修订，可以针对数据跨境流动中的新情况、新问题提供更专业、更具针对性的管理措施。这不仅有助于明确国家各部委监管职权范围，还能确保跨境数据流动的合法性、正当性、必要性，从而减少不确定性和法律风险。

其次，建立健全行业数据分级分类制度，特别是在能源、电力、制造、通信、金融、交通等重点行业，是精细化管理跨境数据流动的重要手段。通过对数据的分级分类，可以根据数据的敏感程度和重要性采取不同级别的保护措施，确保关键数据的安全和关键信息基础设施的稳固。

再次，加强多部委统筹和部际协调，建立部际数据跨境流动管理工作机制，是提高跨境数据流动管理效率的有效途径。这有助于打破部门壁垒，形成政策制定和执行的合力，共同制定和实施相应的监管政策和措施。

最后，推动制定数据跨境流动的国际管理规则，参与国际交流与合作，是应对全球化背景下数据跨境流动风险的必然选择。通过参与国际规则的制定和国际标准的协商，可以推动形成更加公平、透明、互惠的国际数据治理环境，减少跨国贸易中的法律冲突和贸易壁垒。

二、构建安全责任体系

制定完善行业数据出境分级分类的指导目录、等级保护条例和管理细则，与现有的网络安全和数据安全管理体系做好衔接。明确监管部门、行业主管部门和企业等的责任和义务，构建涵盖数据生产者、使用者等主体权责分明的安全责任体系。授权监管机构建立数据跨境流动安全评估和审批认证制度，确立测试标准，明确认证流程，细化审核程序。统筹不同行业主管部门联合开展针对数据跨境流动的安全检查和风险评估，督促指导各责任主体落实数据安全防护和出境管理相关要求，建立健全突发事件应急处置机制。

三、强化数据安全保障

布局完善产学研用投协同的数据安全科技创新生态，加强数据安全新技术、产品和服务的应用和推广。对数字基础设施进行安全加固，推进国产化部署，防范系统、网络系统以及非法数据通道。推动数据加密、隔离、防泄露、溯源、销毁等技术研发，提升数据跨境流动全环节风险监测和安全防护水平，以实现数据系统攻不进，数据传输切不断，数据资产窃不走、数据滥用行为赖不掉的目标。鼓励研制具有行业针对性的数据安全防护和出境管理解决方案，组织开展重点领域试点示范，探索行业最佳产品和服务实践，推动技术创新、应用推广和产业化升级。

第六章　全球化时代国际贸易中的知识产权保护

第一节　知识产权概述

一、知识产权的概念与特征

知识产权也称智力成果权，是指自然人或法人在对科学技术、文化、艺术等领域从事智力活动创造的精神财富依法所享有的权利。[①]

知识产权是一种有别于财产所有权的无形财产权。它具有以下五个特征，如图 6-1 所示。

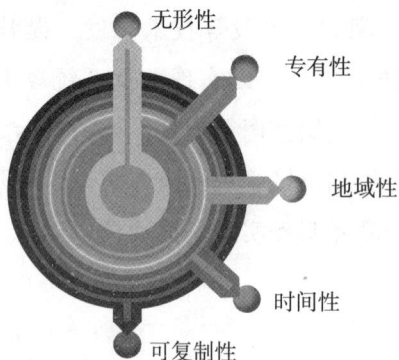

图 6-1　知识产权的特征

[①]　姚新超.国际贸易实务 第四版 [M].北京：对外经济贸易大学出版社，2023.

（一）无形性

知识产权的客体是智力成果，不同于传统的物质财产，如动产和不动产，智力成果的非物质性赋予了知识产权无形性的特征。智力成果包括发明创造、文学艺术作品、商标、商业秘密等，这些成果虽然无形，却是人类智力劳动的结晶。智力成果的无形性意味着它们无法直接被感知和触摸。为了使人们能够认知和感受到这些成果，它们通常与某种物质载体相结合，如书籍、数字文件或专利文档。然而，这种有形载体的存在并不改变智力成果本身的无形特性。正是这种无形性，使得知识产权的占有、使用和处分都呈现出与物质财产截然不同的特点。在占有方面，智力成果的占有并不意味着对其实际控制，而是指对其内容的认知和感受。这种占有的特点是，一旦智力成果被公开，它就能被多人同时"占有"，即多个人可以同时了解和享受这一成果。例如，一本书的内容可以被无数读者阅读和理解，而不影响其他人对同一内容的享用。在使用方面，智力成果的使用并不导致其消耗或损耗。一项专利技术可以被无数人学习和应用，却不会因此而减少。这种使用不受地点和使用者的限制，允许在广阔的范围内由众多主体同时使用。在处分方面，知识产权的转让或授权不需要有形的交付。例如，一项专利的转让可以通过合同等法律文件来实现，而无须物理上的移交。这种无形性特征使得知识产权易于被广泛传播和使用，同时也容易受到侵犯，因此需要通过相应的法律和制度来保护。

（二）专有性

知识产权的专有性特征表现为独占和排他性，这意味着知识产权为权利人所专有，并受到法律的严格保护。在这种框架下，权利人拥有对其智力成果的独占使用和处分权，未经权利人的明确授权，任何其他个人或组织都无权使用或享受这些智力成果。这种专有性的核心是确保创作者、发明者或其他智力劳动者的利益得到保护，激励其进行更多的创新和创造活动。然而，知识产权的专有性并非绝对无限。法律考虑到平衡权利人、使用者及社会公众之间的利益，对知识产权的专有性进行了一定的限制。例如，专利权的强制许可制度允许在特定条件下，无须权利人同意，他人也可以使用专利技术。著作权的合理使用和法定许可制度也是类似的例子，它们确保智力成果能在一定范围内被公众合理使用，促进知识的传播和社会的整体福祉。

（三）地域性

知识产权的地域性是指知识产权是基于特定国家或地区的法律产生的，并且只在该法律管辖的地域范围内有效。这意味着在一个国家或地区获得的知识产权在其他国家或地区不自动具有法律效力。例如，一项在美国获得的专利，在欧洲或亚洲并不自动受到专利保护，除非在这些地区也申请并获得了相应的专利保护。这种地域性特征的存在，反映了国际法律体系中对知识产权保护的差异性和复杂性。为了克服这种地域限制，许多国家和地区通过双边或多边协议和组织，如世界贸易组织的贸易相关知识产权协议（TRIPS）和世界知识产权组织（WIPO），来加强跨国界的知识产权保护和协调。这些努力旨在促进国际贸易和全球知识产权保护的有效性，同时考虑到不同国家的法律体系和利益。

（四）时间性

知识产权的时间性是指知识产权作为一种财产权，其保护期限是严格限定的，并且仅在法律规定的期限内受到保护。这种时间性限制意味着一旦规定的保护期限届满，相应的权利将消失，智力成果随之成为全社会的共同财富，任何人都可以自由地使用这些成果而无须得到原权利人的授权或支付报酬。例如，发明专利通常有 20 年的保护期，期满后，该发明专利进入公有领域，其他人可以自由使用这项技术。这种时间性限制体现了知识产权法兼顾权利人的利益和社会公共利益。与此不同的是，物权的期限通常与物的自然寿命等同，不存在类似的法定保护期限。

（五）可复制性

知识产权作为智力劳动的成果，需要通过一定的有形物（载体）来表现。这些有形载体可以是产品、作品或其他形式的物质实体。例如，一项专利技术通常通过特定的产品来体现，这样人们才能看到技术的实际应用和价值。这种可复制性使得智力成果可以在不同的载体上被多次复制和传播，从而扩大其影响力和应用范围。可复制性是知识产权区别于物权的另一重要特征。它使得智力成果能够在广泛的范围内被使用和共享，促进了知识的传播和创新的发展。同时，这也带来了知识产权保护的挑战，因为智力成果的复制和传播可能导致版权侵权等问题，所以需要通过相应的法律和制度来加以规范。

二、知识产权的主要类型

（一）专利权

专利权是指对新颖、具有创造性和能够应用于工业的发明或实用新型的独占使用权。这种权利的授予基于一种交换：发明者向公众披露其发明的详细信息，作为回报，发明者在一定时期内获得对其发明的独占权或专用权。专利权的种类主要包括发明专利、实用新型专利和外观设计专利。发明专利通常针对新的技术解决方案，实用新型专利涉及对产品的实用新特点，而外观设计专利则保护产品的独特设计和形态。

专利权的意义主要体现在以下几方面：第一，专利权有助于激励创新和促进技术进步。通过为发明者提供有限期的独占权，专利制度鼓励个人和企业进行研发投资，推动新技术、新产品的开发。这种激励机制不仅奖励了创新者的智力劳动，也有利于社会整体的技术发展和经济增长。第二，专利权有助于知识的传播。发明者为了获得专利保护，必须向专利局提交详细的发明说明，这些信息随后会公开，使得社会公众可以了解新的技术和发明。第三，专利权有助于维持市场竞争秩序。通过对发明创造的保护，专利权避免了技术创新被轻易模仿和剽窃的风险，

203

确保了创新者可以在市场上公平竞争。同时，专利制度中的有限保护期限确保了技术最终会进入公有领域，被社会公众广泛使用，避免了长期的垄断现象。

（二）商标权

1.商标和商标权的概念

商标是用于区分商品或服务来源的标识，包括名称、图形、字母、数字、颜色组合、立体标志和声音标志，甚至气味标志等。商标的核心作用是帮助消费者识别特定商品或服务的生产者或供应商。

商标权则是指对于商标的专有使用权。这种权利是法律赋予商标注册人的，赋予其在法律规定的范围内对其注册商标享有独占使用权，并可以阻止他人未经许可使用相同或相似的商标。商标权的目的是保护商标所有者的利益，避免消费者混淆，维护市场秩序，促进公平竞争。通过商标权的保护，企业可以保护其品牌的声誉，防止他人利用相似的标志误导消费者，损害其商誉和市场份额。

2.商标权的内容

商标权的内容可以分为以下几个主要方面。

（1）专有使用权。专有使用权是指商标注册人拥有的在特定地域和指定商品或服务范围内独占使用注册商标的权利。这意味着，只有商标注册人可以在注册的地域范围内使用该商标，并将其用于注册时指定的商品或服务上。此权利保证了商标注册人能够从其品牌和标志中获得独家的经济利益，并防止他人在相同或相似的商品和服务上使用相同或类似的商标，从而避免市场混淆和不公平竞争。

（2）禁止权。禁止权赋予商标权利人依法阻止他人侵犯其注册商标的权利。商标所有人可以对任何未经授权使用其注册商标的行为采取法律行动，要求侵权者停止侵权行为并赔偿经济损失。在严重侵犯商标权的情况下，侵权者甚至可能面临刑事责任。这一权利的存在对维护商标所有人的合法权益和市场秩序具有重要意义。

（3）转让权。商标所有人有权将其注册商标通过有偿或无偿的方式转让给他人。在转让后，原商标所有人完全放弃了对该注册商标的所有权利，而新的所有人获得了对该商标的全部权利。这种转让在国际贸易中相对少见，但它为商标权的灵活运用提供了可能。

（4）许可使用权。商标所有人有权将其注册商标在一定条件下有偿或无偿地许可他人使用，同时保留法律所赋予的所有其他权利。这种许可使用在国际贸易中非常常见，它允许商标所有人通过许可协议扩大其品牌的市场影响力，同时保留对商标的控制和保护。

（5）续展权。续展权是指商标所有人有权向商标管理机构申请延长其商标的保护期限。在中国，《商标法》规定注册商标的有效期为10年，有效期届满后，商标所有人可以申请续展注册，以继续保护和使用其商标。每次续展注册的有效期同样为10年，且次数不受限制。这一权利确保了商标所有人可以长期保持其商标的保护和使用。

（三）著作权

著作权又称版权，是指作者对特定作品享有的人格权以及对作品进行支配并获得利益的财产权的总称。[1] 著作权的核心在于保护作者对其作品的使用和利用，使作者能够控制作品的复制、发行、展示、表演、改编和翻译等方面的权利，同时保证作者能从其创作中获得相应的经济利益和精神满足。著作权保护的对象包括各种形式的文学、艺术和科学作品，如小说、诗歌、戏剧、音乐作品、舞蹈、电影、摄影作品、绘画、雕塑、建筑设计、软件和数据库等。这些作品的共同特点在于它们都是原创性的智力成果，体现了作者的创意和劳动。著作权法不仅保护作品的内容和形式，还保护作者对其作品的解释和说明。

---

[1]　吴汉东.知识产权法 第七版 [M].北京：中国政法大学出版，2002.

著作权的保护自作品创作完成时自动生效，无须通过注册或其他手续。这种自动保护确保了作者从一开始就对其作品拥有完整的权利。著作权的保护期限通常较长，一般为作者的生存期加上一定年数，不同国家和地区的法律规定有所不同。这一长期保护旨在确保作者及其继承人能够充分从作品中获益。

尽管著作权提供了广泛的保护，但法律也设定了一定的限制和例外，以平衡作者权利和公共利益。例如，合理使用原则允许在特定条件下，不经作者许可就能对作品进行有限的使用，如引用、教学、新闻报道等。这些限制和例外旨在促进知识的传播和社会文化的发展，同时尊重作者的合法权益。

（四）其他相关知识产权制度

1.地理标志保护

地理标志是指用来标识某商品特定的地理原产地，以及由该地区的特定条件，包括自然因素和人文因素，所决定的商品的特定质量、声誉或其他特性的标志。这种标志通常用于农产品、食品、酒类、手工艺品等，其目的在于标明这些产品源自特定地区，并具有该地区特有的品质和特征。地理标志的保护，旨在维护这些产品与其地理原产地之间的独特联系，保护消费者免受误导，同时保障那些依赖特定地区自然资源和传统工艺生产商品的生产者的利益。

地理标志的保护通常通过法律手段实现，目的是防止非法仿制和滥用。在很多国家和地区，地理标志是通过专门的注册制度来保护的。注册地理标志意味着只有在指定地区内，按照规定的生产方式生产的产品，才能使用该地理标志。这种保护不仅有助于保持产品的质量和声誉，还有助于促进当地经济的发展，支持小规模生产者和传统技艺的传承。地理标志的保护对于促进公平竞争和消费者权益保护同样重要。通过地理标志，消费者可以清楚地了解产品的来源和品质，从而做出更加明智的购买决策。地理标志还能防止消费者被误导购买假冒伪劣产品，确保市场交易的透明度和公正性。此外，地理标志的保护还对环境保护和可持续发展有着重要意义。许多受保护的地理标志产品依赖于特定的自然环境和生态系统，对这些环境的保护有助于维持产品的品质和特性。同时，通过保护传统生产方式和促进本地生产，地理标志也支持可持续农业和手工艺的发展。

2. 商业秘密保护

商业秘密是指企业在其商业活动中不为公众所知晓的、具有实际或潜在的商业价值的信息，以及企业采取了合理措施保密的技术或经营信息，通常包括生产方法、配方、销售策略、客户名单、供应商资料、市场研究报告等。商业秘密的关键特征在于其非公开性、商业价值和保密性。这种信息对企业具有重要价值，因为它可以提供竞争优势，帮助企业在市场上保持领先地位。

商业秘密的保护是为了维护企业的合法商业利益和促进公平竞争。不同于专利或商标等知识产权，商业秘密不需要通过注册或其他形式的公开程序来获得保护。企业可以通过自身的保密措施来保护其商业秘密，例如限制信息的访问权限、签订保密协议、采取物理或技术保护手段等。这些措施旨在防止商业秘密被未经授权的人员获取、使用或披露。法律也为保护商业秘密提供了支持。许多国家和地区都有相关法律规定保护商业秘密，禁止未经授权获取、使用或披露商业秘密的行为。在商业秘密被侵犯的情况下，企业可以依法向侵权者提起诉讼，要求停止侵权行为并赔偿损失。这种法律保护对于维护市场的公平竞争和鼓励企业投入研发和创新具有重要意义。

三、知识产权保护制度的历史发展

知识产权保护制度的发展是一个漫长且复杂的过程，其根源可以追溯到古代。最初的知识产权概念并不是现代意义上的法律制度，而是一种对创造者和艺术家劳动成果的基本认可和保护。在中世纪，随着行会制度的兴起，手工艺者和艺术家开始通过行会来保护他们的技术和作品。这些行会实际上执行了一些现代知识产权法律的功能，如控制产品的质量、保护成员的经济利益、防止外部竞争者的不公平竞争等。但这些保护主要是基于行会的规章和习俗，而不是现代法律意义上的知识产权保护。进入文艺复兴时期，随着印刷术的发明和普及，著作权的概念开始逐渐形成。最早的著作权法是为了控制书籍的印刷和分发。例如，英国的《安妮法案》被视为现代著作权法的起源，它是为了保护作者和出版商的利益而制定的。专利权的概念也在文艺复兴时期开始发展。威尼斯共和国于 1474 年通过的《威尼斯专利法》被认为是现代专利法的雏形，它规定了发明专利的基本原则。在英国，最早的专利制度形成于十六世纪，目的是鼓励技术创新和促进工业发展。

到了 19 世纪，随着工业革命的推进和资本主义的发展，知识产权制度开始在全球范围内得到扩展和完善。国家开始制定更加完备的法律来保护发明、著作和商标等知识产权。随着国际贸易的增加，国与国间的知识产权保护也成为一个重要议题。1883 年的《巴黎公约》和 1886年的《伯尔尼公约》是两个重要的国际知识产权保护协议，它们分别为专利权、商标权和著作权提供了国际保护的基本框架。20 世纪以来，随着全球化的加深和科技的飞速发展，知识产权保护制度得到进一步强化。1994 年，世界贸易组织（WTO）成立，其下的贸易相关知识产权协议（TRIPS）为全球知识产权保护设定了标准。数字时代的到来为知识产权保护带来了新的挑战。互联网的普及和信息技术的发展极大地促进了知识的传播，但同时也带来了版权侵权、网络盗版等新问题。这迫使各国政府和国际组织更新和完善知识产权法律，以适应数字化环境。例如，版权法逐渐纳入了数字版权管理（DRM）和互联网版权保护的相关规定。在 21 世纪初，知识产权保护的重点开始向创新和技术转移方面倾斜。国家和国际组织越来越多地关注如何通过知识产权保护促进技术创新和知识共享，尤其是在全球公共卫生、环境保护等领域。例如，通过提供专利保护期的延长或简化的注册流程，鼓励企业投入新药物和清洁技术的研发中。

第二节　贸易自由化进程中知识产权保护制度的演变

一、知识产权保护地位进一步提升

（一）知识经济时代的来临

20 世纪 80 年代中后期，信息科技的发展，特别是微电子技术、通信技术、计算机技术和网络技术的结合，催生了以信息技术为核心的新科技革命。这一革命不仅推动了信息技术产品的生产和应用，也促进了高新技术产业的迅速崛起，从而带动了工业经济向知识经济的转型。在知识经济中，知识成了独立且首要的生产要素，占据了社会经济的主导和支配地位。与传统的工业经济相比，知识经济更依赖于科技进步和知识的创新，而非高资源和高投入。这种经济形态的核心在于持续的创新和科技的高度集约化，致力于可持续发展。

知识经济时代，发达国家的经济结构发生了显著变化。传统制造业的比重下降，而信息技术密集型的高新技术产业成了支柱产业。同时，传统的第一、第二、第三产业也经历了发展和升级，这些产业的技术研发活动和信息服务比重增加。发展中国家和地区通过接受发达国家转移的传统制造业和参与跨国公司在高新技术产业中的外包经营，也实现了经济结构的提升。全球性的经济结构提升拓展了经营全球化的范围。信息网络技术的应用使得经济交流方式实现了质的飞跃，信息化产品在全球范围内广泛流通，催生了电子商务、各种金融服务和跨国企业网络等新的经济交往领域。这些变化进一步推动了全球范围内的商品贸易、要素流动和金融资产流动。因此，可以说知识经济就是全球化经济，知识经济时代的到来也标志着经济全球化时代的到来 ①。

（二）知识经济时代国际贸易的变化

知识经济对国际贸易产生了深远影响，特别是在有形商品贸易和无形商品贸易这两个领域。

在有形商品贸易领域，信息技术产品贸易显著增加。随着信息技术的快速发展，计算机软硬件、电信设备、微电子产品等信息技术相关产品的需求急剧增长，成为全球贸易的重要组成部分。这些产品的贸易不仅涉及成品，还包括半成品和零部件，形成了一个复杂的全球供应链。发达国家和一些新兴经济体成为这一领域的主要参与者。信息技术产品的贸易增加促进了全球制造业的发展，同时也推动了全球生产方式的变革。例如，生产过程中越来越多地采用自动化和智能化技术，提高了生产效率和产品质量。信息技术产品贸易的增加还促进了相关产业的协同发展，如电子商务、数字支付等领域的迅猛发展，这些都是知识经济对有形商品贸易领域影响的体现。

在无形商品贸易领域，随着信息技术的飞速发展和全球化的深入，技术的跨国流动和交换日益增加，技术贸易成为国际贸易的一个重要组成部分。技术贸易的增长不仅推动了全球经济的创新和发展，还为各国带来了新的经济增长点。通过技术贸易，企业和国家能够更有效地分享和利用全球的技术资源，加快技术创新和应用的速度。技术贸易的发展还促进了国际合作，使不同国家和地区能够在科技发展上相互促进，共同进步。同时，信息技术的发展使服务贸易的形式和内容发生了根本性变化，越来越多的服务贸易活动通过数字化和网络化方式进行。新兴服务业如金融科技、电子商务、远程医疗和在线教育等快速发展，不仅为消费者提供了更多样化和便捷的服务，也为国际贸易增添了新的动力。

---

① 李琮.世界经济学新编 [M].北京：经济科学出版社，2000.

这些新兴服务业的发展推动了服务贸易从传统的贸易方式向更加现代化、技术化的方向发展，使国际服务贸易结构趋于高级化。这种趋势不仅提高了服务贸易的附加值，也促进了全球服务贸易的多样化和创新。

（三）知识产权保护地位的提高是知识经济时代的必然

第一，知识产权保护地位的提高是适应知识经济时代国际贸易发展的必然。在信息技术和知识经济的背景下，科技成果的商业化和知识商品的产权化成为国际贸易中的重要组成部分。这种转变意味着国际贸易不再仅仅是传统物质商品的交换，而是日益依赖于知识和技术的交流。因此，各国需要强化知识产权制度，为知识商品的交易提供稳定的法律保障。这不仅有助于保护创新者的合法权益，也是为了激励更多的创新和技术进步，从而推动国际贸易的健康发展。例如，专利权保护可以确保发明者对其创新成果拥有独占权，从而在国际市场上获得竞争优势。商标权的保护则有助于建立品牌信誉，增强消费者信任，促进产品的国际销售。只有通过加强知识产权保护，才能确保技术创新的成果能够在全球范围内得到合理的运用和有效的保护。

第二，随着知识经济的全球化发展，知识成果已经越来越多地跨越国界进行国际流动。这不仅带来了更广泛的知识共享和技术传播，也带来了专利、商标、商业秘密等知识产权问题的增加。仿制和假冒等侵权现象的频繁出现，不仅对创新者的权益构成威胁，还对国际贸易的顺利发展产生了负面影响。因此，知识产权保护地位的提高成为维护国际贸易秩序、促进全球知识经济健康发展的关键。为了应对这些挑战，国际社会已经通过缔结多种国际条约和协定，建立了国际知识产权法律制度。这些国际规则不仅有助于统一全球知识产权保护标准，还为国际贸易中的知识产权问题提供了更加公正和有效的解决机制。通过国际合作和法律制度的完善，各国可以更好地保护知识产权，促进知识和技术的全球流动和共享，从而推动知识经济时代的进一步发展。

二、知识产权保护全球化趋势增强

（一）贸易自由化促进知识产权保护全球化

传统上，知识产权保护制度具有明显的地域性特征，即法律赋予的专有权利仅在特定的管辖区域内有效。然而，这种地域性并非知识产权保护的客观属性，而是人为意志的产物。随着经济全球化和贸易自由化的发展，这种地域限制逐渐成为国际经济交往中的障碍。

在知识经济时代，知识产品的国际化、经贸活动的全球化和交易规则的标准化日益凸显，知识产权保护已经成为一个全球性的国际贸易问题。由于不同国家根据自身的科技和经济发展水平选择各自有利的知识产权保护制度，这在知识产品跨境交流中产生了诸多矛盾。一方面，一些国家尚未制定知识产权法，导致他国法律赋予的知识产权在这些国家无法获得保护。另一方面，不同国家之间的知识产权制度在实体和程序规定上存在差异，导致同一知识产权在不同国家无法获得同等保护。此外，知识产权保护观念和实践的差异也导致执法上的巨大差异，进而引发国际贸易中的假冒商品和伪造商标泛滥，使得知识产权权利人和使用者之间的利益冲突上升到国际层面。因此，知识产权保护制度的地域性特征与开放的国际经济运行方式是相悖的，知识产权在世界范围内的流通和扩散受到阻碍。为了解决这一问题，知识产权保护的全球化发展成为一种必然趋势。这种趋势不是随着知识产权制度的产生而自然发生的，而是国际经济贸易关系不断发展和知识产权制度自身变革的结果。知识产权保护全球化的发展与国际贸易发展密切相关，是贸易自由化发展中的重要课题。从制度史的角度来看，贸易自由化与知识产权保护全球化发展具有天然的联系，全球化的努力一直在推动知识产权保护从各国独立进行向全球协调的新的历史阶段迈进。

（二）知识产权保护全球化的具体表现

1.知识产权法律体系的全球化

随着全球经济一体化的不断深入，知识产权作为经济发展的关键因素，其保护已经不再局限于单一国家的法律框架内，而是需要在国际层面上进行统一和协调。为了应对这一挑战，世界各国共同努力，通过缔结多种国际条约和协定，逐步建立起一个跨国界的知识产权法律体系。这些国际条约和协定，如《巴黎公约》《伯尔尼公约》《世界知识产权组织版权条约》和《与贸易有关的知识产权协议》等，不仅涵盖了版权、商标、专利等多个领域的知识产权保护，还在全球范围内设定了统一的保护标准和原则。例如，《巴黎公约》为保护工业财产权提供了重要的国际法律框架，而《伯尔尼公约》则为版权的国际保护奠定了基础。这些公约和协定的缔结，不仅标志着各国对知识产权重要性的共识，还体现了国际社会在知识产权保护上所作出的共同努力。

国际知识产权法律体系的建立对全球知识产权保护具有深远的影响。第一，它为知识产权的跨国界保护提供了法律依据，确保了在全球范围内对知识产权进行有效保护。这不仅有利于促进技术创新和知识传播，还为国际贸易和经济合作提供了稳定的法律环境。通过这些国际条约和协定，国际社会建立了一套规范的知识产权保护程序和机制，加大了对知识产权侵权行为的打击力度，提高了知识产权保护的效率和效果。第二，这些国际条约和协定在促进国际法律协调方面也起到了关键作用。它们为不同国家之间的知识产权保护提供了一个共同的法律框架，有助于解决因不同国家法律体系差异而产生的知识产权保护问题。这种协调有助于减少国际贸易中的法律冲突，促进知识产权的国际流通和交流。第三，这些国际条约和协定也为发展中国家在知识产权保护方面提供了技术和法律上的支持，帮助这些国家提高知识产权保护水平，促进全球知识产权保护的均衡发展。第四，国际知识产权法律协调还推动了全球知识产权治理体系的完善。随着国际知识产权法律体系的不断发展，国际社会在知识产权领域的合作更加紧密，共同应对知识产权保护面临的新挑战。

2.知识产权保护机制的全球化

随着全球化的深入发展，知识产权的国际流动日益频繁，这要求各国超越国界，共同建立有效的知识产权保护机制。

一是加强国际执法合作。由于知识产权侵权活动往往跨越国界，这就要求各国警方、海关和司法机关加强合作，共同打击跨国知识产权侵权行为。例如，世界海关组织（WCO）、国际刑警组织（ICPO）等国际组织在打击跨国知识产权侵权方面发挥着重要作用。通过这些国际组织的合作，各国能够共享情报信息，协调执法行动，有效打击跨国知识产权犯罪。二是建立统一的知识产权保护标准。通过国际条约和协定，如《与贸易有关的知识产权协议》（TRIPS），国际社会在全球范围内建立了统一的知识产权保护标准。这些标准不仅为知识产权的国际保护提供了法律依据，也有助于减少国际贸易中的知识产权纠纷，促进国际贸易的顺利进行。三是加强知识产权信息的共享和交流。通过国际组织和网络平台，各国可以共享知识产权相关的数据、法律和执法经验。这种信息共享有助于提高知识产权保护的透明度和效率，也为国际社会提供了解决知识产权问题的参考和依据。四是建立国际合作项目和倡议。通过这些项目和倡议，各国政府、国际组织和非政府组织可以共同开展研究、培训和宣传活动，提高公众对知识产权保护的意识，促进知识产权的有效保护和合理利用。

3.知识产权组织和协会的全球化

知识产权组织和协会在促进知识产权保护、提升全球知识产权意识和实现国际协作方面发挥着重要作用。它们通过各种活动和倡议，为促进知识产权保护的全球化发展提供了强有力的支持。

世界知识产权组织（WIPO）是知识产权保护全球化中最为关键的

国际组织。作为联合国专门机构，世界知识产权组织致力于推动全球知识产权体系的协调和发展。它通过提供一系列服务，包括培训、技术援助、政策建议和知识产权信息的共享，帮助各国提升知识产权保护水平。世界知识产权组织还负责管理多项国际知识产权条约，如《巴黎公约》和《伯尔尼公约》，并在这些条约的实施和解释方面发挥着关键作用。此外，世界知识产权组织还通过各种会议、研讨会和公众宣传活动，提高公众对知识产权重要性的认识，促进全球知识产权保护标准的提升。除了世界知识产权组织之外，还有许多其他国际性的知识产权组织和协会在全球范围内活跃。这些组织和协会通过开展研究、教育和倡导活动，为知识产权保护提供了强有力的支持。例如，国际商标协会和国际版权协会等，它们不仅在提升知识产权保护意识、推动国际法律协调和促进行业内最佳实践方面发挥着重要作用，还通过参与国际知识产权谈判和政策制定，影响全球知识产权保护的方向和进程。

三、知识产权保护制度逐步完善

（一）知识产权保护范围的扩展

1.增设了新型权利客体

随着科技创新的加速和经济全球化的深入发展，知识产权保护的范围开始扩展，其中最明显的一点是增设了新型权利客体，体现了知识产权制度对技术进步和市场需求的积极响应。第一，在集成电路的布图设计权上，其保护范围不仅包括布图设计和电路本身，还扩展到了使用这些设计的物品，从而为电子和计算机产业提供了更加全面的知识产权保护。第二，增设了对未披露信息的保护，尤其是经营秘密和技术秘密，成了知识产权体系的重要组成部分，这在药品和农业化学产品等领域尤为关键，对于保护创新成果、维护市场竞争秩序起到了重要作用。第三，版权和邻接权方面新增了计算机软件和数据库的保护，以及对计算机作品、电影作品、录音作品等的出租权的保护，这些变化反映了数字时代对知识产权保护的新要求和挑战。这些新型权利客体的纳入，不仅丰富了知识产权的内涵，还扩展了其应用范围，使得知识产权保护不再仅限于传统的工业产权和版权领域，而是覆盖了更加广泛和动态的领域，更好地适应了现代经济社会的发展需求。

2.拓展和细分了与贸易关系密切的权利客体

工业产权领域，对商标权和地理标志权的保护得到了拓展和细分。一是对商标权中的驰名商标进行特殊的保护，并将驰名商标拓展到了服务商标。二是对地理标志权的保护集中在食品和饮料等领域，有助于促进地区特色产品的市场认可，保护当地生产者的利益，同时有利于反对不正当竞争行为。商标权和地理标志权的拓展和细分，反映了知识产权制度对市场变化的灵活适应，以及对促进国际贸易和保护消费者权益的承诺。这些变化在全球化背景下对于保障公平竞争、促进文化多样性和推动可持续发展具有重要意义。

（二）知识产权保护原则的补充

随着全球经济的一体化和贸易自由化的深入发展，传统的知识产权保护原则面临新的挑战和需求。全球化带来了技术创新的加速和知识经济的崛起，这要求知识产权保护原则能够适应不断变化的国际贸易环境和市场需求。因此，有必要补充新的原则，以确保知识产权保护制度既能有效保障创新者的权利，又能促进技术交流、支持经济发展和改革，以及保持国际贸易的公平竞争。具体如图6-2所示，这些补充原则将有助于平衡各方利益，推动全球知识产权保护体系的健康和可持续发展。

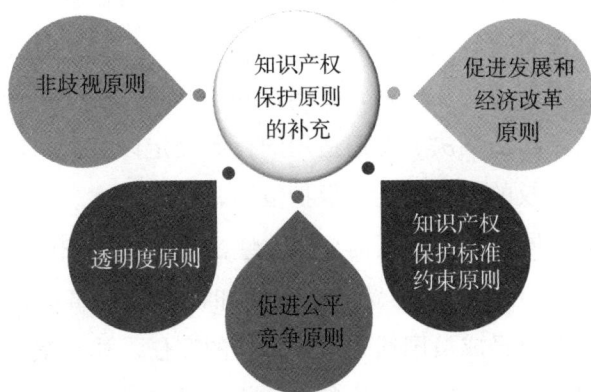

图 6-2　知识产权保护原则的补充

1. 非歧视原则

非歧视原则主要包括最惠国待遇原则和国民待遇原则。国民待遇原则要求各国对外国权利人提供与本国权利人同等的保护。这意味着在知识产权保护上，不应存在对外国权利人的歧视性待遇。这一原则尊重了知识产权保护的地域性特征，允许各缔约方根据自己的法律制度和实际情况来制定知识产权保护法。然而，在 20 世纪 80 年代中后期，随着区域或双边协议的达成，出现了一些特别安排，提供了超出《与贸易有关的知识产权协议》（TRIPS）标准的保护，这在一定程度上削弱了非歧视原则的彻底性。为了更好地实现知识产权保护中的非歧视性，《与贸易有关的知识产权协议》引入了最惠国待遇原则。根据这一原则，任何成员国提供给其他成员国民的任何权利、优惠或豁免，都应立即无条件地适用于其他所有成员国的国民。这项规定有效解决了"外外有别"的不平等待遇问题，确保了成员国在知识产权保护上不得对其他成员国国民实行歧视性待遇。

2. 透明度原则

在贸易自由化进程中，透明度原则的引入对于知识产权保护具有重要意义。这一原则要求在知识产权保护领域中实现法律、规章及措施的透明化，以确保企业、消费者和投资者能够在一个稳定且可预见的商业环境中运作。根据透明度原则，各国必须公开其关于知识产权的现行法律、法规、最终司法判决、普遍适用的行政裁定以及国与国间的有效协议，包括知识产权的可获得性、保护范围、获取方式、执行情况以及预防滥用的措施。同时，各国还需要将这些法规和具体细则及时通报给世界贸易组织（WTO）下的与贸易有关的知识产权理事会。该理事会在此过程中承担着减轻成员国通知义务负担的责任。如果某成员国认为其他成员国在知识产权领域的司法判决、行政决定或双边协议可能影响其在《与贸易有关的知识产权协议》下的权利，它可以执行"反向通知"程序，要求获取详细信息。为确保透明度原则在多边贸易体制中的实际可操作性，透明度原则还要求所有成员国的贸易政策，包括与贸易相关的知识产权政策，都应定期接受审查。这样的安排使得世界贸易组织能够实时掌握各成员国知识产权保护制度的发展和变化情况。通过以上措施，透明度原则增强了国际知识产权保护机制的透明性和预见性，有助于提升全球知识产权保护的效率和一致性，同时减少知识产权相关的争端和歧视性行为，促进国际贸易的公平与和谐发展。

3. 促进公平竞争原则

在贸易自由化进程中，促进公平竞争的原则在知识产权保护中的引入显得尤为重要。虽然多边贸易自由化体制并非完全的自由贸易规则，但它致力于建立一个开放、公平、无扭曲竞争的市场环境。在这一体制下，公平竞争原则要求各成员国应避免采取扭曲市场竞争的措施，并纠正不公平的贸易行为。

在货物贸易领域，促进公平竞争原则已有悠久的历史和完善的体制，主要体现在众所周知的反倾销和反补贴规定上。将这一原则引入知识产权保护领域，是基于这样一个事实，即有效的知识产权制度是当代以知识经济为主导的贸易自由化进程中公平竞争市场环境的必要组成部分。一方面，如果商业活动侵犯了知识产权所有者的权利，将导致市场上充斥大量假冒商品和仿制品，扭曲了国际贸易的正常方向，损害了知识产权所有者的经济利益。另一方面，知识产权的滥用和限制竞争的知识产权许可行为，也会对知识产权的使用者造成不利影响，妨碍技术的转让和传播，进而导致市场竞争的不公平。现在的知识产权保护协议（如 TRIPS 协议）专门对协议许可中的限制竞争行为作出规定，制止了知识产权领域的不正当竞争行为。

4.知识产权保护标准约束原则

在贸易自由化进程中，知识产权保护标准约束原则旨在确保知识产权保护的标准不会过高，以至于阻碍技术创新和知识共享，同时也不会过低，以至于无法有效保护知识产权所有者的合法权益。通过设定合理的保护标准，可以防止知识产权成为贸易壁垒，促进技术交流和知识传播，同时保障创新者的利益和激励创新。此外，约束原则还意味着各国在制定自己的知识产权法律时需要考虑到国际标准，以确保其法律制度与国际贸易规则相一致，从而降低国际贸易中的法律障碍，促进全球经济的一体化发展。

5.促进发展和经济改革原则

促进发展和经济改革原则强调知识产权保护应该服务于促进经济发展和改革，尤其是对发展中国家来说至关重要。在这个原则下，知识产权保护不仅是维护个别权利人利益的工具，更是推动社会经济发展、提高生活水平和加强技术能力建设的重要手段。为此，国际社会通过 TRIPS 协议等国际规则，提供了对发展中国家的特殊和差别待遇，如技术转移、建立适应本国实际的知识产权法律体系等。这些措施有助于发展中国家在全球知识经济中更好地定位自己，加强自主创新能力，同时通过知识产权保护促进外来投资和技术引进，加速其经济的现代化进程。

（三）知识产权保护实施与救济的强化

在贸易自由化进程中，知识产权保护的实施与救济得到了强化，以应对日益增长的国际贸易中的知识产权侵权问题，主要体现在以下几个方面：

一是民事执法程序得到加强，要求成员国的司法当局能够在海关清关后立即采取行动，阻止侵权进口商品进入市场。对于已生产的侵权商品和生产这些商品的材料或工具，应在市场之外予以处理或销毁。特别是对于假冒商品，不允许仅通过除去商标就将其放入市场，而是需要采取更为严格的措施。二是临时措施方面的强化，目的是在司法程序最终裁决之前防止被告继续从事侵权行为，减少原告在商业环节中的损失。这些临时措施确保在整个司法过程中，原告的权利得到有效保护。三是行政执法程序的强化，明确了其执行的强制性。行政终局决定必须提交给司法当局复审，确保行政执法的结果可以获得民事救济，从而加强了知识产权的整体保护。四是边境措施的加强，主要是为了防止侵权商品通过边境进入国内市场。这些措施要求成员国在海关尚未放行时对进出口的侵权商品中止放行，有效制止侵权商品在市场上的流通。五是知识产权刑事执法的提出，最低标准是要求成员国对具有商业规模的假冒商标或盗版案件采取刑事措施。这一要求加大了知识产权执法的力度，有效打击了与贸易相关的知识产权侵权行为。

第三节 加强知识产权保护对国际贸易的影响分析

一、加强知识产权保护对国际贸易规模的影响

（一）对出口意愿量的影响

第一，加强对知识产权的保护提高了拥有知识产权的出口企业在出

口市场的垄断力度。当一个出口市场对知识产权的保护加强时，拥有知识产权的企业能够更有效地控制其产品或技术在市场上的应用和分销。这种控制权使得企业能够避免或减少市场上的竞争，尤其是来自仿制品的竞争。因此，这些企业在市场上具有更强的竞争力，能够以较高的价格销售其产品或技术，从而获得更高的利润。这种市场垄断地位不仅提高了企业的市场份额，还增加了其产品的品牌价值和市场认可度。随着企业在出口市场上的竞争优势的增强，其出口产品的需求和销量很可能会增加，进而增强了企业的出口意愿，提高了出口量。

第二，加强知识产权保护可以提高模仿者的成本，延长模仿时间，提高侵权代价，从而有效抵制出口市场中竞争对手的扩展。在知识产权保护得力的市场环境中，仿制者为了避免侵犯知识产权，需要投入更多的时间和资源进行产品的研发和设计，这无疑增加了其成本和市场进入的难度。同时，由于侵权代价的提高，仿制者面临的风险更大，这可能使一些潜在的仿制者放弃模仿或进入市场。因此，加强知识产权保护有助于减少出口市场中的仿制品，缩小仿制者的市场占有量，甚至使其退出市场。这样，出口厂商面对的有效市场需求规模扩大，市场竞争压力减少，从而激励企业增加出口。这种影响在知识产权密集型的行业尤为显著，例如高科技、制药和创意产业等，这些行业的企业在知识产权保护加强的环境中更愿意扩大其出口规模，以充分利用其知识产权带来的竞争优势。

第三，加强知识产权保护能够在降低出口商的交易成本和侵权防范费用，进而提高出口量。在未实行知识产权保护或保护水平较低的出口市场中，出口商面临着当地企业可能进行模仿的风险，因此需要采取相应的防范措施，如进行技术保密或采取法律行动，这无疑增加了与知识产权相关产品出口的交易成本。这些额外成本可能会削弱出口商的知识产权优势，甚至导致优势消失。然而，加强出口市场的知识产权保护能够有效减轻出口商在防止侵权方面的负担，降低交易成本，提高出口利

221

润。这种降低成本的效果鼓励出口商扩大出口规模，因为他们可以更加自信地将创新产品和技术带入国际市场，而不必过分担忧知识产权被侵犯的风险。

第四，加强知识产权保护对企业的对外经营模式产生重要影响，进而改变其出口规模。在注重知识产权保护的环境中，拥有知识产权的企业将拥有更多的经营选择，如通过知识产权许可转让、将知识产权融入货物和服务的出口，或者采取国际直接投资的方式。虽然知识产权保护并非促进企业进行国际投资的唯一因素，跨国公司可能采取其他保护措施，例如通过内部流转来保护其知识产权，但完善的知识产权制度能为技术所有者提供更加坚固的保障。这使得他们更加积极地参与技术交易，从而获得更好的收益。因此，加强知识产权保护能够激励企业改变其国际商业模式，为全球技术贸易创造更加有利的环境。这不仅增加了国际贸易的多样性，还有助于提升出口的总体规模，特别是对于那些在技术和创新方面具有优势的企业而言，这种影响尤为显著。

（二）对进口意愿量的影响

首先，当一个国家加强知识产权保护时，高新技术产品的价格往往会随之上升，因为这些产品的生产者可以依靠更强的知识产权保护获得更高的收益。这种价格上涨使得进口国在引进和创新技术时需要支付更高的费用，从而削弱了其进口高新技术产品的能力。特别是对于发展中国家来说，这些成本可能成为重要的财政负担，限制了它们通过进口获取先进技术的能力。因此，加强知识产权保护可能会导致一些国家减少高新技术产品的进口，特别是当这些产品的价格超出了它们的负担能力时。

其次，对于那些仿制能力不强的进口国而言，加强知识产权保护的影响可能不太明显，因为这些国家本身就较少依赖仿制产品。然而，对于那些拥有较强仿制能力的进口国来说，加强知识产权保护构成了较大的竞争威胁。这可能导致这些国家进口增加，因为模仿外国产品变得更加困难且成本更高。与此同时，这种情况也可能刺激这些国家发展"进口替代"产业，以减少对与知识产权密切相关的产品的依赖。因此，加强知识产权保护可能会在不同程度上影响不同国家的进口决策和产业发展策略。

最后，加强知识产权保护可能促使某些进口国实施更严格的贸易限制。为了限制进口，这些国家可能会针对知识产权保护加强的出口国实行更加严格的措施，如提高关税、设置配额等，人为干扰与知识产权密切相关的产品的贸易流向。这种做法可能是为了保护本国产业，防止外国产品的涌入对国内市场造成冲击。这种贸易保护主义的做法不仅限制了国际贸易的自由流动，还可能导致国际贸易摩擦和纠纷。

（三）结论

知识产权保护对进口量和出口量的影响表明，实施统一的高标准知识产权保护并不一定会扩大国际贸易量。提高知识产权保护对于减少贸易扭曲的效果并不总是明确，因为它受到进出口双方多种因素的影响。对于出口国而言，知识产权保护可能导致市场垄断效应，减少出口量。然而，市场替代扩张效应、交易费用降低效应以及对外经营方式的转变可能会增加出口。总的来看，知识产权保护似乎对扩大国际贸易量具有正面影响，但贸易量的最终平衡不仅取决于出口量的变化，还要考虑进口国的情况。在进口国方面，知识产权保护的加强可能导致进口减少，因为价格因素、进口替代战略和贸易限制等因素会使得进口国倾向于减少进口。另一方面，由于模仿能力受限，部分市场可能转向增加进口。因此，知识产权保护对贸易规模的影响是不确定的，最终均衡贸易水平取决于这些不同力量之间的权衡。

尽管如此，可以肯定的是，加强知识产权保护为国际贸易的公平有序进行提供了保障。技术供给方不再需要担心技术被模仿，而技术接受方则可以避免面临交割的市场风险。这种保护环境有助于激发更多的知识和技术转移，促进技术的广泛传播和应用。因此，尽管知识产权保护对贸易量的具体影响可能因情况而异，但其对于促进国际贸易的健康和可持续发展具有重要意义。

二、加强知识产权保护对国际贸易结构的影响

（一）对国际贸易地理方向的影响

知识产权保护对国际贸易地理方向的影响可以从不同国家的市场规模、技术模仿能力和贸易保护战略等因素进行分析。在具有较大市场规模、较强模仿能力且不实行贸易保护战略的国家中，提高知识产权保护水平通常会促进贸易量的扩大。这些国家对知识产权的重视有助于其贸易规模的发展和扩大。相反，在市场规模较小、模仿能力较弱、对进口实行限制的国家中，加强知识产权保护可能会导致贸易规模的减少。

发达国家通常拥有较高的技术水平和竞争力强的本地模仿企业，因此，提高知识产权保护水平往往会吸引更多的知识产权相关贸易流向这些国家。而在市场规模较小的不发达国家中，由于技术水平普遍较低且缺乏有竞争力的本地模仿企业，知识产权相关贸易流向这些国家的可能性不太高。此外，具有一定模仿能力和"进口替代"能力的发展中大国则成为当前知识产权相关贸易活动的争夺焦点。这些国家参与知识产权相关贸易的状况较为复杂，因为他们既有技术引进的需求，又有通过模仿和进口替代来提升本地产业的动机。

随着知识经济的兴起和知识产权保护的强化，发达国家与发展中国家，尤其是发展中大国之间的知识产权相关产品贸易呈现扩大趋势。例如，美国、欧盟、日本等发达国家与中国、韩国、新加坡等新兴工业化国家之间的知识产权相关贸易活跃，这些国家或地区是世界知识产权产品的主要进出口国。他们之间的知识产权博弈在很大程度上决定了知识产权在贸易领域中的影响。

（二）对国际贸易商品结构的影响

随着全球知识产权保护的加强，知识形态的货物和服务，如软件、

专利技术、版权作品等，成为国际贸易的重要组成部分。这些知识形态的产品和服务往往具有高附加值和强竞争力，对全球经济增长的贡献日益显著。在强化知识产权保护的环境下，企业和创新者更愿意将其知识和技术商品化，通过出口或国际服务交易进行全球推广。这种趋势促进了国际贸易中知识密集型产品和服务的增长，同时也推动了全球知识经济的发展。

在货物贸易方面，加强知识产权保护导致了知识密集型产品和知识创新型高科技产品的贸易额增长迅速。这些产品，如电子设备、制药产品、先进制造设备等，通常依赖强大的研发能力和技术创新。在知识产权得到更好保护的市场环境中，这类产品的生产者能够获得更稳定的收益和市场份额，从而鼓励他们投入更多资源进行创新和研发。这种趋势不仅促进了这些产品的国际贸易，也推动了全球技术进步和产业升级。

在服务贸易增长方面，信息网络技术和电子商务的发展使得许多以前不可贸易的服务变得可贸易，服务贸易内部结构发生了重大变化。例如，软件开发、在线教育、远程医疗等服务因为信息技术的广泛应用而成为可能。在加强知识产权保护的背景下，提供这些服务的企业能够确保其创新成果不被非法复制和传播，从而增加了它们在全球市场上提供这些服务的意愿和能力。这种变化不仅扩大了服务贸易的范围，也改变了其结构，使得服务贸易成为国际贸易中的一个重要增长点。

（三）知识产权贸易成为国际贸易中的一种独立形式

知识产权贸易包括专利技术的转让、版权作品的授权、商标使用的许可以及其他形式的知识产权交易。在知识产权贸易中，知识和技术不仅是商品生产的手段，而是成了商品本身。随着研发和创新活动的增加，越来越多的企业和个人开始寻求通过知识产权贸易获取收益，将他们的创新成果转化为经济价值。这种趋势在高科技领域尤为明显，比如在生物技术、信息技术、新能源技术等领域，知识产权的交易活动更加频繁。

　　知识产权贸易的兴起反映了全球经济结构的变化。随着经济全球化和技术快速发展，传统的工业和制造业正逐渐向知识密集型产业转变。在这一过程中，知识产权成了企业竞争的关键资源，知识产权贸易成了企业获取竞争优势的重要方式。通过购买或授权他人的知识产权，企业可以迅速获得先进的技术和市场知识，加快其产品和服务的创新步伐。此外，知识产权贸易还与国际经济合作和技术转移紧密相连。在发展中国家和新兴经济体，知识产权贸易被视为一种重要的技术获取渠道。通过引进发达国家的先进技术和知识，这些国家可以加速自身的工业化进程和技术升级，从而促进经济发展和社会进步。同时，知识产权贸易也为发达国家提供了开拓新市场和实现技术输出的机会。知识产权贸易的增长还受到了全球知识产权保护制度强化的推动。随着国际社会对知识产权保护意识的提高和相关法律制度的完善，知识产权的所有者可以更加放心地进行跨国交易，因为他们的权益能够得到更好的保护。这种保护机制不仅鼓励了更多的创新活动，还促进了知识产权贸易的活跃。

三、加强知识产权保护对国际贸易利益分配格局的影响

（一）知识产权保护维护了技术创新国的贸易利益

　　技术创新国掌握着大量的知识产权，包括专利、商标和版权等，这些知识产权不仅是他们技术创新的成果，还是维持技术垄断的重要工具。通过知识产权保护，发达国家能够确保其技术不被非法复制或模仿，从而在全球市场上保持技术领先地位。这种技术垄断使得发达国家能够在知识产权贸易中占据支配地位，控制技术的传播和应用，并从中获得丰厚的垄断利润。

　　在国际贸易中，知识产权的保护有助于技术创新国保护其技术优势，提高其出口产品的附加值，同时也使得他们能够通过许可和技术转让等方式获得收入。此外，知识产权保护还减少了发达国家技术被仿制的风险，保护了他们在全球市场上的竞争优势。因此，知识产权保护对

于维护创新国家的技术垄断和贸易利益具有重要意义，它保障了技术创新国在国际市场上的竞争地位和经济利益。

（二）知识产权保护对发展中国家的经济贸易影响是复杂且不确定的

第一，发展中国家内部在知识产权保护水平和经济发展水平上存在显著差异。对于一些经济较发达、模仿能力较强的发展中大国而言，知识产权保护带来的经济贸易利益与技术创新国之间的争夺较为激烈，成为知识产权保护国家贸易利益分配格局的焦点。这些国家通过加强知识产权保护可能会获得技术转移和外国投资的增加，从而带来经济增长。然而，对于一些最不发达国家来说，由于这些国家的经济和技术水平较低，模仿能力较弱，加强知识产权保护的反竞争效应不大，且实施成本尚需在知识产权保护观念提高后才能准确核算。

第二，对单个发展中国家而言，实施知识产权高水平保护的结果需要进行成本效益分析。一方面，加强知识产权保护可能会限制这些国家以低成本模仿他人知识产权，导致模仿水平降低和仿制成本增加。另一方面，由于缺乏自主知识产权，发展中国家需要支付较高的技术转移使用费，增加外汇支出。这可能导致资源浪费，并不利于创新技术在发展中国家的扩散。

然而，加强知识产权保护也可能带来一些积极影响。它可能刺激创新国加快研发并实现技术转移，促进发展中国家内部形成刺激创新的机制。随着生产、贸易和投资的增加，发展中国家可能建立起长期的竞争力。这些长期利益有可能在一定程度上弥补短期的损失，促进发展中国家的经济发展和国际贸易的多样化。

（三）不同种类的知识产权保护对不同国家经济贸易利益的影响不同

这个现象在发达与发展中国家都存在。专利保护通常对技术创新国家更为有利，反垄断法可能会给发展中国家带来更大的利益；在技术难以模仿的行业中，知识产权保护带来的经济贸易利益相对较小，而在技术容易被模仿的行业中（如制药业），知识产权保护可以有效地增加知识资产的价值，防止技术和产品被非法复制，从而增加这些行业的贸易利益；在产品生命周期较短的行业中，如电子产品行业，专有技术的保护可以帮助企业节约成本，快速推出新产品，从而在竞争激烈的市场中获得更多利益。而在产品生命周期较长的行业中，如化学制药行业，专利保护可以为企业提供更长时间的市场独占权，增加其相对优势，从而带来更大的利益。

第四节 我国对外贸易中的知识产权保护完善策略

一、政府层面的策略

（一）建立健全知识产权法律法规

政府需制定与国际标准相符合的知识产权相关法律法规，以适应全球经济一体化的需要，并保护国内外企业的创新成果。这不仅有助于提升国家的国际形象，还是推动国内经济发展的重要因素。

一要完善专利保护法律法规。政府应当定期审视和更新专利法律，以适应技术发展的最新趋势，并与国际专利保护标准保持一致。加强对专利申请和审批过程的管理，确保审批流程透明、高效，同时打击专利侵权和专利滥用行为。此外，需要为专利权所有者提供有效的法律救济途径，保障他们在遭受侵权时能够迅速且公正地得到补偿。通过这些措施，可以鼓励更多的创新活动，促进科技进步和经济发展。二要健全商标保护的法律法规。政府应着重修订和完善商标法律，确保法规能够有效应对新兴的市场挑战和国际贸易的需要。重点是明确商标的注册、使用、转让和保护规则，以及对商标侵权行为的法律责任和处罚措施。此外，相关法律法规还应该涵盖线上市场的商标保护，针对网络环境下的商标侵权行为制定具体措施。通过这些法律法规的完善，可以有效地维护商标权利人的合法权益，同时也保护消费者免受假冒伪劣商品的侵害，促进市场的健康发展。三要建立健全版权保护法律法规。政府应当加强网络环境下的版权保护，制定适应数字化发展的版权法律条款，打击网络版权侵权行为。四是建立健全新兴技术领域的知识产权保护法律法规。政府需要针对人工智能、生物技术、纳米技术等新兴领域制定专门的知识产权法律和政策。这些规范应当具有前瞻性和适应性，以适应这些领域快速发展的特点，并考虑到这些技术可能带来的伦理和社会问题。

（二）加强执法和司法保护

加强执法和司法保护不仅有助于保护创新者的合法权益，还能促进公平竞争的市场环境的形成。为此，政府需要采取一系列措施来加大知识产权的执法力度。首先，政府应当提升司法系统处理知识产权案件的能力。这意味着需要增加对知识产权法庭的投资，培训专业的法官和律师，确保他们对知识产权法律有充分的理解和专业的执法能力。此外，应当优化司法程序，减少案件审理的时间，确保迅速且有效地处理知识产权纠纷。其次，政府需加大对侵权行为的打击力度。这包括提高对知识产权侵权行为的侦查能力，加大执法力度，对侵权行为采取严厉的法律制裁，如罚款、赔偿甚至刑事处罚。这样可以提高侵权成本，有效地震慑潜在的侵权者。最后，政府应当建立和完善知识产权的监测和评估机制。通过对知识产权保护状况的定期评估，政府可以及时发现执法和司法保护中存在的问题，并据此调整和优化相关政策和措施。

（三）加强对知识产权的统筹管理

为了有效地管理和利用知识产权，建立一个科学合理的统筹协调机制显得尤为重要。这个机制的建立需要覆盖知识产权的整个生命周期，包括其创造、保护、管理和运用等各个环节。为了实现这一目标，政府部门间需要加强合作。这意味着需要跨越不同部门之间的界限，实现资源和信息的共享，确保政策的连贯性和协同性。同时，政府也应积极与企业、学术机构和研究组织建立合作关系。这样的合作关系有助于汇聚各方面的智慧和资源，共同推动知识产权的创新与应用，从而促进科技进步和经济发展。通过这样一个全面且协调的机制，可以确保知识产权的有效管理，最大化地发挥其在推动社会和经济发展中的作用。

（四）建立有效的产业专利信息服务网

各级政府可以通过自己良好的信息渠道，建立起专门的产业专利情报网络，一方面，采集并公布国外与知识产权相关的法律规则信息，以及我国主要出口产品可能涉及的知识产权要求，适时地提供产业专利趋势咨询，出台推动与专利相关的激励措施或法规等。另一方面，要及时将世界各国在进出口过程中因知识产权受到的警告和产生的纠纷进行通报，以引起有关部门和企业的重视，并提供相关的经验教训供我国企业参考。同时还要密切关注外国市场对我国产品出口的相关反应，一旦出现与知识产权相关的问题，政府应立即通知和调集国内企业，并提供相应的建议和对策，尽量减小信息不对称和时空差距带来的效率损失。①

（五）加强国际合作与谈判

随着全球化的不断深入，知识产权问题已经跨越国界，成为国际贸易和科技合作的重要组成部分。因此，政府需要在国际层面上与其他国家和国际组织建立更紧密的合作关系，参与制定国际知识产权标准，积极参与谈判，以维护国家的利益和全球知识产权保护的公平性。

第一，政府应参与国际知识产权相关组织的工作，如世界知识产权组织（WIPO）和世界贸易组织（WTO）的相关活动。通过这些平台，

---

① 牛懿帅.中国对外贸易中的知识产权问题研究[D].北京：北京林业大学，2008.

政府可以与其他国家共同探讨和制定国际知识产权法律标准，分享经验，协调政策，从而推动国际知识产权保护体系的发展。第二，政府应在国际谈判中积极维护国家利益。在参与制定国际知识产权规则和标准的过程中，应充分考虑国内的经济发展水平、产业结构和技术创新能力等因素，确保国际规则与国家利益相符。这包括在谈判中争取有利于国内创新和产业发展的条件，避免国际规则对国内市场造成不利影响。同时，政府还应加强与重要贸易伙伴的双边和多边合作。这些合作可以涵盖知识产权保护、技术转移、反侵权合作等多个领域。通过与主要贸易伙伴建立良好的合作关系，政府可以更有效地保护国内企业的知识产权，促进技术交流和合作，提升国际竞争力。此外，政府还应加强对国际知识产权动态的关注和研究。通过对国际知识产权发展趋势的分析，政府可以更好地制定国内的知识产权政策和策略，及时调整以应对国际环境的变化。这有助于确保国内知识产权保护策略与国际标准保持一致，增强国际市场的竞争力。

（六）加强公共教育和宣传

加强公共教育和宣传有助于营造一个尊重知识产权的社会氛围。知识产权不仅是法律问题，更是文化和意识形态的问题。一个尊重知识产权的社会有利于激励创新和保护创意，从而推动经济发展和文化繁荣。

首先，政府可以通过多种渠道和方式开展公共教育和宣传活动。例如，可以在学校教育中加入知识产权教育，让学生从小就了解知识产权的重要性和基本概念。通过课程、讲座、研讨会等形式，将知识产权教育纳入高等教育和职业教育，提高学生和专业人士对知识产权的认识。其次，政府可以利用媒体和网络平台开展宣传活动。通过电视、广播、报纸、互联网等媒介，发布关于知识产权保护的信息，普及知识产权知识。这些宣传不仅可以让公众了解知识产权的基本原理和法律规定，还可以通过案例分析等方式展示知识产权侵权的后果，以及尊重知识产权的重要性。此外，政府还可以举办各种活动来增强公众的知识产权保护的意识。例如，可以举办知识产权保护主题的展览、讲座、研讨会和竞赛等，吸引公众参与。这些活动不仅可以提高公众对知识产权保护的认识，还可以促进创新和创意的交流，鼓励更多的人参与到创新创造中来。最后，政府还需要与企业和社会组织合作，共同推广知识产权保护的重要性。企业是知识产权的主要使用者和受益者，因此，政府应鼓励企业在内部加强知识产权保护意识的培养，同时与企业合作，共同进行知识产权保护的宣传活动。社会组织如行业协会、消费者保护组织等也可以在推广知识产权保护中发挥重要作用。

二、企业层面的策略

（一）建立并完善企业知识产权战略

企业知识产权战略是一种围绕企业竞争地位和长期战略目标而制订的全面计划，旨在通过有效地运用知识产权作为竞争工具，来提升企业在市场中的有利地位，并寻求最佳经济效益。在全球化市场条件下，知识产权的重要性愈加凸显，成为企业发展产业、开拓市场的关键。企业知识产权战略不仅涉及发明专利、技术秘密、驰名商标等知识产权的有效管理和运用，还包括将知识产权工作融入技术创新的全过程中。这意味着企业需要在各个阶段识别和保护其创新成果，从而建立和维护自身的竞争优势。通过设立和实施知识产权战略，企业能够更好地应对国际市场的挑战，保护和增强其知识产权资产，同时为未来的发展奠定坚实基础。这种战略的制定和执行是企业在对外贸易中占据有利地位的关键，也是企业根据自身利益和长远目标做出的重要决策。

1.对外贸易中的专利战略部署

在对外贸易中，专利战略的部署是企业知识产权战略的一个重要组成部分，它对于保护企业的创新成果、维护市场竞争地位具有关键意义。专利战略可以分为防御和进攻两大类，每种策略都有其独特的操作方法和目标。

专利防御战略主要是为了保护企业免受他人专利的威胁，确保企业的自由运营空间。这包括对于不想取得独占权的发明实行文献公开战略，使其成为公共技术，避免他人在此基础上获得专利权。对于他人的专利，企业可以采取请求撤销或宣告无效的战略，特别是在对方专利不符合新颖性或创造性的情况下。另外，当企业成为专利侵权诉讼的被告时，可以使用证明先用权的策略进行辩护。在实际操作中，企业还可以采用抢先申请、抢先开发、绕过对方专利、利用专利实施许可和转让等灵活的方法来保护自身专利权益。专利进攻战略则旨在增强企业的市场竞争优势，阻止竞争对手的市场抢占和侵权行为。这包括保持和加大专利竞争优势，通过获得有效的专利信息、确定专利申请和实施战略，以及适时利用进攻战略来实现这一目标。企业还可以通过专利诉讼来打击竞争对手，提高自己的专利价值。例如，当发现他人侵犯专利权时，通过法律手段维护自身权益。

实施专利战略的基础是充分有效地获取并分析专利信息。这涉及对专利数据库的检索、分析竞争对手的专利布局、评估专利的有效性和范围等方面。通过深入分析专利信息，企业可以更准确地制定自身的专利战略，有效地管理和利用自己的知识产权，从而在对外贸易中占据有利地位。专利战略的成功实施对企业来说是提升竞争力、保护创新成果的关键，也是企业适应全球化市场竞争的必要手段。

2.对外贸易中的商标战略部署

在对外贸易中，商标战略部署是企业知识产权战略的关键组成部分，它对于建立品牌形象、增强市场竞争力和保护企业利益具有重要意义。企业应根据自身所处的特殊地位和经济环境，制定适合的商标发展战略，增强商标意识，以提升商品或服务在市场中的识别度和吸引力。

首先，企业需要为其商品或服务设计一个易于识别、容易记忆且有吸引力的好商标。这个商标不仅要能够代表企业的形象和文化，还要能够与企业的商品或服务相匹配，易于消费者识别。此外，企业还需要制定包括奖励、限制、人员经费等在内的相关措施，以增强员工对商标重要性的认识，提高整个企业的商标意识。在海外市场，企业应注意依据产品性质和种类有重点地选择注册国别。产品出口前，企业需及时办理商标的国外注册，确保商标覆盖商品和服务，并掌握国际注册的程序。这有助于保护企业在海外市场的品牌权益，避免因商标问题而影响产品的出口。同时，企业还需要根据产品特点和竞争优势，正确定位其商标的发展目标。这可能包括将商标打造成驰名商标、知名著名商标或公众熟知商标，以提升品牌的市场影响力和竞争优势。企业还需注意防范商标被抢注或丢失的风险，建立全方位的商标保护网，并严把商标的产品质量关，防止反向假冒和商标外资化等问题。此外，企业可以综合利用商标和专利战略，使商标在专利有效期满后仍能维持一定的市场优势。通过这种方式，即使产品的专利保护期限已过，但借助于商标的品牌影响力，企业仍然可以在市场中保持竞争优势。

3.建立商业秘密的防范措施

对于那些依靠专有技术和商业秘密维持竞争优势的企业来说，建立有效的防范措施以防止信息泄露至关重要。商业秘密包括但不限于技术秘密、运营策略、客户信息等，一旦泄露，可能导致企业竞争力的严重下降。第一，企业应该杜绝任何泄密的可能性，这要求企业必须实行严格的档案管理和内部控制。这包括对访问敏感信息的员工实行身份验证和访问权限控制，确保只有授权的人员才能接触到这些关键信息。同时，企业还需要限制知密范围，确保关键信息只在需要知道的人员之间传递。第二，企业应该强化技术保护手段。这可以通过加密技术、物理安全措施和网络安全措施来实现。例如，采用先进的加密技术来保护数字数据，使用安全的物理存储设施来保护重要文档，以及实施有效的网络安全策略来防止网络攻击和数据泄露。一旦发生泄密，企业也应该有相应的补救措施。这包括迅速评估泄密的影响，采取措施减少损失，如通过法律途径追究泄密责任，并及时修正安全漏洞以防止未来发生类似事件。企业还应该定期对员工进行商业秘密保护的培训，提高他们的保密意识和能力。

（二）加强企业知识产权管理工作

1.建立专门的知识产权管理机构

建立一个专门的知识产权管理机构对于有效管理企业的知识产权至关重要。这个机构应该直接归企业的高层管理，以确保其具有足够的权威和资源进行知识产权的管理和决策。该机构的职责包括但不限于知识产权的申请、保护、监控、风险评估和执法维权。通过设立这样一个专门的机构，企业可以更专业、系统地进行知识产权的管理，确保企业的创新成果得到有效的保护和合理的运用。同时，这个机构还可以负责与其他部门的协调和合作，以确保知识产权战略的顺利实施，及时处理可能出现的知识产权纠纷，从而支持企业的长期发展。

2.重视专利信息工作，定期发布技术公报

专利信息是企业竞争情报的重要组成部分，可以帮助企业了解最新的技术发展趋势和竞争对手的动态。通过收集和分析专利信息，企业可以把握市场的发展方向，发现潜在的技术机会，规避潜在的专利风险。企业可以定期发布技术公报，分享内部的研发成果、技术创新和专利动态。这不仅有助于内部人员对技术进展的了解，还可以作为对外展示企业技术实力和创新能力的窗口。此外，企业还可以利用技术公报作为与外部合作伙伴、客户和投资者沟通的平台，增强企业的品牌形象和市场影响力。通过重视专利信息工作，企业可以在知识产权方面保持领先地位，增强市场竞争力。

3.建立适合企业的知识产权管理体制

知识产权管理体制的建立应考虑到企业的具体特点，如行业性质、企业规模、研发实力和市场定位等因素，以确保知识产权管理的效率和效果。对于一些大型企业而言，集中管理可能更为适合，因为它可以确保知识产权策略的统一性和协调性，最大限度地保护企业的整体利益。而对于某些中小型企业或具有多元化业务的企业而言，分散管理则能够提供更多的灵活性和自主性，充分激发各部门和子公司的创新活力。此外，行列式管理，即按技术类别或产品类别来管理知识产权，能够针对不同技术和产品的特点进行更为专业的管理。总之，企业应根据自身情况选择最适合的知识产权管理体制，以有效地管理和运用其知识产权，促进企业的持续发展和市场竞争力的提升。

第七章 全球化进程中我国对外贸易的高质量发展

第一节 我国对外贸易战略的历史演进

对外贸易战略是指一个国家或地区为实现其对外贸易目标而制定的长期指导思想和战略性决策，它不仅关系到一个国家或地区的经济增长，还影响其在全球经济体系中的地位。世界银行将对外贸易战略划分为进口替代战略和出口导向战略两种类型。进口替代战略主要在对外贸易发展初期发挥作用，旨在通过限制进口和鼓励国内生产来发展本国工业。这种战略有助于减少对外国产品的依赖，促进国内市场的自给自足。在这一战略下，政府通常会实施高关税和进口配额等措施，以保护本国新兴产业免受外国竞争的影响。进口替代战略在一定程度上有助于国内工业的初步建立和发展，但过度依赖可能导致效率低下和技术落后。出口导向战略则是在一个国家工业化水平较高、产业国际竞争力增强的阶段实施的。这种战略通过鼓励出口来促进国家经济的增长和产业结构的升级。出口导向战略强调参与国际市场竞争，促使国内产业不断提高生产效率和产品质量，以满足国际市场的需求。此战略通常伴随着对外开放的政策，如降低出口税率、简化出口程序、提供出口补贴等，以增强本国产品的国际竞争力。

进口替代战略和出口导向战略的综合应用即平衡发展战略，平衡发展战略略旨在同时促进国内工业的发展和国际市场的开拓，通过平衡国内市场与国际市场的关系，促进经济的全面和协调发展。平衡发展战略适用于工业体系逐渐成熟和高级化的阶段，有助于实现经济的稳定增长和产业结构的优化。

我国的对外贸易战略演变（见图 7-1）充分体现了这三种战略的应用和转变。从计划经济体制转变为社会主义市场经济体制的过程中，我国的对外贸易战略也逐步从进口替代战略转向了出口导向战略。改革开放政策的实施标志着中国对外贸易战略的重大转变，不仅促进了国内工业的发展，还使中国与世界的联系日益紧密。随着加入世界贸易组织，中国更是积极参与国际贸易，其出口导向战略的实施有效地提升了产业结构和经济发展水平。这一过程中，中国对外贸易战略的不断调整和优化，不仅促进了国内经济的快速增长，也为世界经济的发展作出了重要贡献。

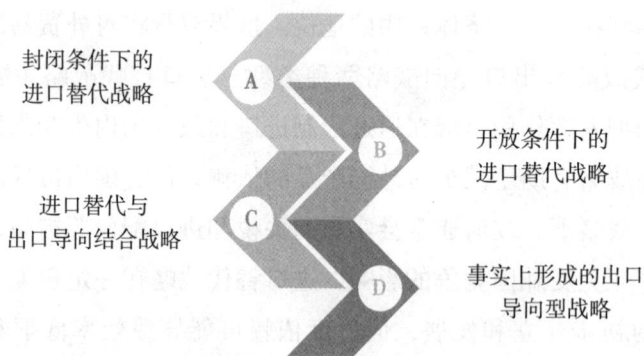

封闭条件下的
进口替代战略
A

开放条件下的
进口替代战略
B

进口替代与
出口导向结合战略
C

事实上形成的出口
导向型战略
D

图 7-1　我国的对外贸易战略的演变

一、封闭条件下的进口替代战略

封闭条件下的进口替代战略，是新中国成立初期为应对国际和国内经济环境而采取的一种重要经济策略。这一战略的核心在于通过本国生产同类产品来替代进口，从而减少对外部世界的依赖，加强经济自主能力。在 1949 年至 1978 年这一时期，我国实行的是计划经济体制，对外贸易被严格控制，旨在通过"互通有无，调剂余缺"来确保国家物资的平衡。进口替代战略的实施使中国能够更多地将重心放在本国的工业化和现代化进程中，注重提高国产所占的比例。此外，通过利用本币汇率高估和幼稚产业保护等手段，我国在这一时期有效地保护了本国市场，减少了对外来产品的依赖。20 世纪 60 年代，很多发展中国家通过实施进口替代战略，在一定程度上减少了对国外的经济依赖，节约了外汇，有助于国际收支的平衡。同样，在中国，这一战略也促进了民族工业的发展，改善了贸易条件和经济结构，为工业化和现代化的实现创造了有利条件。尽管与世界的联系极少，我国仍然能够有效地维护国家的独立自主，促进经济恢复和发展，为社会主义改造和社会主义建设的顺利进行提供了坚实的基础。

二、开放条件下的进口替代战略

改革开放后到 20 世纪 80 年代后期，随着我国经济体制和外贸体制的逐步改革，我国开始实行开放条件下的进口替代战略。在这段时期，我国政府采取了一系列措施来推动开放条件下的进口替代战略。一方面，政府继续维持较高的关税水平和严格的外汇管制，限制一般工业品和消费品的进口，以保护国内市场和幼稚产业。另一方面，开始逐渐放松对外贸易的管制，引进外资，并通过对外开放政策鼓励出口，以发展对外贸易并提高外贸企业的竞争力。此外，中国还大力发展"三来一补"工业和"出口创汇"产业。这些政策不仅促进了国内工业产品的生产和技术升级，还有助于提高中国产品在国际市场上的竞争力。同时，这一时期的进口替代战略也促进了地方政府、部门和工贸企业的积极性，提升了我国在国际贸易中的地位。

开放条件下的进口替代战略对我国经济的快速发展起到了重要推动作用。这一战略不仅完善了中国的工业体系，增强了民族工业实力，还促进了中国对外贸易的快速发展。特别是在对外开放政策的推动下，中国的对外贸易活动日益增多，中国产品在国际市场上的竞争力不断提升。这一时期的对外贸易战略对中国经济增长的拉动作用明显，为中国经济的进一步发展奠定了坚实基础。

三、进口替代与出口导向结合战略

在1988年到2000年这一时期，我国的对外贸易战略经历了重要的转型，由单一的进口替代战略转变为进口替代与出口导向结合的战略。这种转变是对进口替代战略在实践中所暴露的局限性的一种回应和调整，旨在更好地适应经济全球化的趋势和国际市场的变化。

进口替代战略虽然在一定程度上促进了国内产业的发展，但由于其本质上是一种贸易保护政策，这导致国内企业缺乏国际竞争的压力，进而影响了企业的竞争意识和生产效率。为了克服这些问题，我国开始重视出口对经济增长的促进作用，并逐渐引入出口导向型战略。1988年，我国提出了"沿海外向型经济发展战略"，这一战略的提出标志着中国对外贸易战略的重大转变。这一战略鼓励沿海地区主动开拓国际市场，发展出口导向型产业，同时继续在内地实行进口替代战略，以此形成沿海出口导向和内地进口替代相结合的格局。这种结合战略的实施，不仅有助于促进国内产业的多样化发展，也有助于提高中国产品在国际市场上的竞争力。此外，我国还继续推进外贸体制的改革，提出了一系列外贸发展的实施战略，如出口市场多元化战略、大经贸战略和"走出去"战略等。这些战略的实施旨在进一步提高中国在国际贸易中的地位，促进中国经济的更快发展。

四、事实上形成的出口导向型战略

从2001年开始，我国的对外贸易战略逐渐演变为事实上的出口导向型战略。这一转变是在全球经济环境和国内外贸体制改革的推动下自然形成的。加入世界贸易组织（WTO）后，我国进一步降低了关税壁垒，推动了贸易便利化，为出口贸易的高速增长创造了有利条件。

出口导向型战略的主要特点是利用国家的自然资源和劳动力优势，发展劳动密集型产业，扩大出口，从而促进经济增长和产业结构的优化。这一战略有助于提高国内就业率，改善收入分配，并通过国际市场竞争促进技术创新和管理经验的提升。出口导向型战略还鼓励企业根据国际市场需求调整生产规模，从而实现规模经济效应。出口导向型战略的优势在经济全球化背景下得到了充分的发挥。我国积极利用自身的比较优势，如丰富的劳动力资源和制造业基础，大力发展出口贸易，特别是在电子、纺织品、机械制造等领域。我国政府还通过改革外贸体制、完善相关法律法规和调整外贸行政手段等措施，为出口导向型战略的实施创造了良好环境。这一时期，我国的对外贸易快速增长，出口额大幅度提升，逐渐成为世界上主要的贸易国之一。出口导向型战略不仅促进了我国经济的快速发展，还提高了我国在国际舞台上的地位。通过积极参与国际竞争，我国的外贸企业提高了生产效率和产品质量，增强了国际竞争力。

第二节　我国对外贸易发展的意义与成果

一、我国开展对外贸易的意义

（一）促进经济增长与结构优化

对外贸易是推动我国经济增长的重要引擎。通过参与国际分工，我国能够充分利用比较优势，如丰富的劳动力资源和强大的制造业基础，来扩大出口，特别是在纺织品、电子产品、机械设备等领域，我国的出口产品在全球市场上占据重要位置。出口的扩大不仅为我国带来了大量的外汇收入，还促进了国内相关产业的发展和就业的增加。此外，对外贸易也促进了我国产业结构的优化和升级。随着经济的发展和市场需求的变化，我国的产业结构正在发生深刻的变化。从最初的以农业为主转变为以制造业和服务业为主，再到现在逐渐增强的创新能力和高技术产业的发展，这些变化都与我国积极参与国际贸易分不开。通过对外贸易，我国能够更好地了解国际市场的需求，调整和优化自身的产业结构，使经济发展更加符合国际市场的趋势。

（二）提高国际地位与影响力

随着对外贸易的不断扩大，我国在全球经济中的地位日益提升，这一变化不仅体现在我国成为世界上最大的贸易国之一，更体现在我国对全球贸易格局的重要影响上。我国的对外贸易增长不仅推动了自身经济的发展，还对全球经济产生了深远影响。通过与世界各国的经济联系，我国在国际事务中的作用日益凸显。我国不仅是全球贸易的重要参与者，还逐渐成为国际经济治理的重要贡献者。在多边和双边的国际贸易谈判中，我国积极参与，提出我国智慧和我国方案，推动构建更加公正合理的国际贸易和经济秩序。我国在区域经济合作中的积极作用，如推动"一带一路"倡议、参与《区域全面经济伙伴关系协定》（RCEP）的谈判等，都显示了我国在全球经济中日益增强的影响力。这种影响力的提升不仅有助于我国在全球经济中发挥更大作用，还为全球经济的稳定和繁荣作出了重要贡献。

（三）推动国内改革与开放

对外贸易是推动我国内部改革和进一步开放的重要手段。随着对外贸易的不断扩大，我国有机会学习和借鉴国际先进的经验和管理理念，这对于推动国内经济体制和管理体制的改革具有重要意义。对外贸易的发展促使我国加快市场化改革的步伐，推动了经济体制的转型和完善。通过引入外资和国际市场的竞争，我国的企业被迫提高管理水平和产品质量，从而提高整体经济的效率和活力。同时，对外贸易也促进了我国经济结构的优化和产业升级，有助于构建更加开放、灵活、高效的经济体系。对外贸易的发展还带动了国内相关行业和服务业的发展，促进了就业和收入分配的改善。随着对外贸易的不断深化，我国的对外开放水平不断提高，为我国经济的长期健康发展提供了动力和保障。

（四）促进国际交流与合作

对外贸易在促进国际交流与合作方面发挥着关键作用，对外贸易不仅仅是商品和服务的交换，更是文化、技术和信息交流的重要途径。通过对外贸易，我国与世界各国的联系日益紧密，不仅在经济领域，更在文化和社会领域建立了深厚的交流与合作关系。这种广泛的交流与合作促进了各国间的相互理解和信任，为解决全球性问题如气候变化、环境保护等提供了合作的基础。我国通过参与国际贸易，积极分享自身的发展经验和技术成果，同时也学习和吸收其他国家的先进技术和管理经验。这种双向交流不仅有助于提升我国在国际社会中的地位，还为世界各国提供了学习和借鉴的机会。此外，我国在对外贸易过程中积极推动和参与国际规则的制定，致力于构建更加公正合理的国际经济秩序，这有助于推动全球治理体系的完善和发展。通过这些努力，我国正在为构建人类命运共同体作出积极贡献，推动构建一个更加开放、包容、共赢的世界。

二、我国对外贸易发展的成果

（一）对外贸易和结构取得新突破

1.对外规模显著增长

随着经济全球化的深入发展和中国改革开放政策的不断深化，我国对外贸易规模不断扩大，成为全球贸易的重要参与者之一。出口和进口量的增长情况是对外贸易规模增长的具体体现。随着我国制造业的快速发展和产业升级，出口产品种类和数量不断提升，我国成为许多国家和地区重要的贸易伙伴。同时，随着国内市场需求的多样化和居民生活水平的提高，进口量也呈现出稳定增长的态势。进口的多样化不仅满足了国内市场的需求，也促进了国内产业的升级和技术进步。

2.对外贸易结构进一步优化

我国外贸结构的优化升级是近年来对外贸易发展的一个显著特点。这一变化体现了我国经济从高速增长阶段转向高质量发展阶段的必然趋势。

随着消费升级和市场多元化需求的增加，我国的出口产品结构发生了显著变化。过去，我国出口以低端劳动密集型产品为主，但现在正向中高端技术密集型产品转变。这种转变不仅提高了我国产品的国际竞争力，还反映了我国产业结构的升级和经济发展模式的变化。技术密集型和高附加值产品的增加，使我国在全球贸易中的角色更加多元化和复杂。同时，我国的进口结构也在不断优化。以往我国进口以资源型产品为主，而现在则逐渐转向技术设备、高端消费品等产品。这种转变不仅满足了国内市场多样化的需求，也促进了国内产业的技术升级和产业结构的优化。通过引进先进的技术和设备，我国能够更好地参与国际分工，提升自身产业的竞争力。

（二）区域自由贸易区建设持续推进

自贸区作为开放型经济新体制的重要组成部分，对于推动贸易创新发展、促进经济高质量发展具有重要意义。

我国自贸区的建设始于上海自贸试验区的设立，随后逐步在全国范围内扩展。这些自贸试验区成为我国深化改革开放、探索经济发展新模式的前沿阵地。在这些区域内，政府实施了一系列创新的政策措施，包括简化行政审批流程、放宽市场准入、促进贸易便利化和投资自由化等。这些措施极大地提高了区域内的经济活力和开放水平，为我国经济的转型升级提供了有力支撑。自贸区的建设体现出我国对外开放战略的不断深化。通过自贸区，我国积极探索与国际经济规则的对接，促进了国内外经济的深度融合。这些区域不仅成为国际投资和贸易的热点，也成为推动经济全球化的重要力量。自贸区内的政策创新和制度改革，为我国更广泛地参与国际经济合作提供了宝贵经验。

自贸区内的企业享受到了更加开放的市场环境和更加灵活的经营条件，这促进了产业结构的优化和升级，加快了新兴产业和高技术产业的发展。同时，自贸区还吸引了大量国内外投资，加快了技术创新和产业融合，推动了区域经济的高质量发展。此外，自贸区在促进对外贸易便利化方面也取得了显著成效。通过实施更为便捷的海关监管和贸易便利化措施，自贸区显著降低了贸易成本，提高了贸易效率。这不仅有利于提升我国在全球供应链中的地位，也为国际贸易提供了更加便利的环境。

随着自贸区建设的不断深入和完善，我国将在全球经济中发挥更加重要的作用，为我国企业持续开拓海外市场提供更多机遇，为世界经济增长和稳定作出更大贡献。

（三）贸易伙伴网络的拓展与多元化

在过去几十年里，我国对外贸易伙伴网络进一步拓展，这一成就不仅彰显了我国对外开放的持续深化，也体现了我国在全球经济中扮演着越来越重要的角色。

我国的对外贸易策略经历了从封闭到开放的转变，特别是改革开放以来，我国积极融入全球经济，通过与世界各国建立和加强贸易关系，形成了一个广泛的全球贸易网络。这个网络不仅包括传统的发达国家市场，如美国、欧盟、日本等，也逐渐拓展到了新兴市场和发展中国家，包括东南亚、非洲、拉丁美洲等地区。这种多元化的贸易伙伴关系有助于我国在全球贸易中保持稳定和平衡，同时也减少了对单一市场的依赖和风险。我国不仅在数量上拓展了贸易伙伴，而且在贸易内容和形式上也进行了创新和优化。我国积极参与国际和区域贸易协定的谈判和签署，如加入世界贸易组织（WTO）、推动《区域全面经济伙伴关系协定》

（RCEP）的签署等，这些都极大地促进了我国与世界各国的贸易合作。此外，我国还积极推动"一带一路"倡议，加强与共建国家的经济合作和互联互通，进一步拓宽了我国的贸易网络。

贸易伙伴网络的拓展与多元化对我国经济具有深远的影响。它不仅促进了我国经济的快速增长，还提高了我国在全球经济中的影响力和地位。随着我国与更多国家和地区的贸易合作不断深化，我国的国际形象也日益提升，成为全球贸易体系中不可或缺的一部分。

第三节　全球化进程中我国对外贸易高质量发展的原则与策略

一、全球化进程中我国对外贸易高质量发展的原则

随着全球经济一体化的加深，对外贸易已成为推动国家经济增长、提升国际影响力的重要途径。因此，确立和遵循一系列高质量发展的原则显得尤为重要。具体来说，我国对外贸易高质量发展的原则如图 7-2 所示。

堅持绿色引领
加快绿色低碳转型

堅持创新驱动
加快发展方式转型

堅持数字赋能加快
数字化转型

全球化进程中我国
对外贸易高质量
发展的原则

堅持安全发展
提升风险防控能力

堅持互利共赢
提升开放合作水平

图 7-2　全球化进程中我国对外贸易高质量发展的原则

（一）坚持创新驱动，加快发展方式转型

将创新作为引领外贸发展的第一动力，意味着我国对外贸易的发展不再单纯依赖于传统的规模扩张和成本优势，而是更多地依赖于科技创新、制度创新以及模式和业态的创新。这种转变对于提升我国对外贸易的综合竞争力至关重要。通过深化外贸领域的科技创新，我国可以开发更多高技术含量的产品，提升产品的附加值和市场竞争力。制度创新和模式业态创新则有助于优化贸易流程，提高贸易效率和服务水平。只有坚持创新驱动，才能推动我国对外贸易的质量和效率提升，从而最终增强我国在国际贸易中的综合竞争力。

（二）坚持绿色引领，加快绿色低碳转型

坚持绿色引领，加快绿色低碳转型原则体现了我国在对外贸易中积极响应全球气候变化挑战、实现可持续发展的决心。落实碳达峰、碳中和重大战略决策，意味着我国将在对外贸易中坚定走生态优先、绿色低碳的发展道路。这不仅包括推广绿色产品和技术，还涉及整个外贸活动中的能源使用和碳排放管理。协同推进外贸高质量发展和生产生活方式的绿色转型，意味着我国将在对外贸易中注重环境保护和资源节约，努力实现经济效益和生态效益的双赢。这一转型过程中，我国不仅可以优化自身的贸易结构，还能为全球的绿色发展提供示范和带动作用。通过推动绿色低碳转型，我国的对外贸易将更加符合全球可持续发展的要求，为全球环境保护作出积极贡献。

（三）坚持数字赋能，加快数字化转型

在全球数字经济快速发展的大背景下，我国正紧紧抓住这一发展机遇，依托其丰富的应用场景优势，激活数据要素的潜能。这意味着数字技术与贸易发展的深度融合，从而不断壮大外贸发展的新引擎。通过推动数字化转型，我国的对外贸易能够更有效地利用大数据、云计算、人工智能等先进技术，提高贸易效率和服务水平，促进贸易方式的创新。

同时，数字化转型还有助于提高我国产品和服务的附加值，增强国际市场的竞争力。通过数字技术的应用，我国可以更好地满足个性化和多样化的市场需求，开拓更广阔的国际市场。

（四）坚持互利共赢，提升开放合作水平

在当今世界经济一体化的背景下，互利共赢是实现贸易可持续发展的关键。我国更加重视进口的作用，不仅致力于提升出口产品的质量，还努力促进贸易的平衡发展。这种平衡不仅体现在进出口的量上，更体现在贸易结构和质量上。我国致力于维护多边主义和自由贸易，积极参与国际分工体系的重塑，通过实现与贸易伙伴的利益互惠，共同推动全球经济的繁荣发展。通过开放合作，我国不仅能够共享自身的发展成果，也能从国际合作中获得新的发展机遇和动力，为全球经济的健康发展作出更大贡献。

（五）坚持安全发展，提升风险防控能力

在全球化深入发展的当下，国际经济政治形势复杂多变，各类风险和挑战不断涌现。对我国而言，确保对外贸易的安全，不仅涉及经济利益的保护，更关系到国家安全和社会稳定。贸易安全问题包括市场风险、供应链安全、数据安全、技术安全等多个方面，这些问题的解决对维护我国在国际贸易中的权益、促进经济可持续发展具有重大意义。此外，坚持安全发展原则还有助于提高我国在国际贸易中的应对能力，增强对外开放环境中的风险意识和防范能力，确保对外贸易活动在安全可控的环境中进行。通过强化安全发展原则，我国能够更好地保护国家安全利益，推动对外贸易沿着健康稳定的轨道发展。

二、全球化进程中我国对外贸易高质量发展的策略

（一）提升对外贸易数字化水平

1.加快提升对外贸易全链条的数字化水平

在全球化进程中，我国对外贸易高质量发展的一个关键策略是加快贸易全链条的数字化赋能。这意味着在从生产到销售、物流、售后服务乃至金融服务等各个环节，都要充分利用数字技术，提升外贸的整体效率和水平。

一是推动外向型产业通过产业互联网平台提升智能制造水平。智能制造能够提高生产效率，降低成本，并提升产品质量。这对于增强中国制造业在国际市场上的竞争力至关重要。通过数字化改造，传统制造业可以转型升级，实现更加精细和灵活的生产管理，从而更好地适应市场需求和变化。二是利用数字技术构建线上营销和交易平台，如云展会等，突破地理和时间限制，拓宽国际市场的接触和影响范围。这些平台使得中国的产品和服务能够更加便捷地展示给全球消费者，同时也为国内企业提供了更多与国际买家交流和洽谈的机会。三是推动通关智能化和进出口许可证件无纸化，加快智慧港口建设和跨境智慧仓储物流体系的融合高效运作，提升外贸物流效率并降低成本。智能化通关可以大幅度缩短货物的通关时间，提高通关的透明度和可预测性，而智慧物流系统则能够确保货物的快速、准确和安全运输。四是运用数字化工具提升售后服务质量，如推广智能诊断、远程运维等数字化售后服务模式，能够提升客户满意度和品牌忠诚度。数字化售后服务能够提供更快速、更精准的故障排除和维修指导，大大提高了服务效率和质量。五是进一步推进贸易融资、跨境支付等金融服务的线上化场景应用以及区块链技术在贸易领域的运用，提高金融服务的便利性和安全性，提升服务和监管的效能。这些金融科技的应用有助于降低交易成本，提升贸易融资的透明度和效率，为国际贸易提供更加强有力的金融支持。

2.加快推进服务贸易的数字化进程

服务贸易数字化是通过数字技术与服务贸易的深度融合，促进传统服务贸易的转型升级，提升交易效率，并创新服务供给方式。这对于增强中国服务贸易的国际竞争力具有重要意义。

一是要运用现代信息技术，如大数据、云计算、人工智能等，来改造和提升传统服务贸易。这种融合不仅能够提高服务交易的效率和质量，还能够开拓新的服务模式和业态。例如，在金融、教育、医疗、旅游等领域，通过数字化手段，服务贸易可以突破时间和空间的限制，实现更加便捷和个性化的服务供给。二是运用数字化手段创新服务供给方式。通过在线平台、移动应用等数字化工具，服务提供者可以更加灵活地满足消费者的需求，提升服务的可获得性和体验。例如，在线教育和远程医疗的快速发展，不仅扩大了教育和医疗服务的覆盖范围，还提高了服务的效率和质量，为消费者提供了更多选择。三是推动旅游、运输、建筑等行业的数字化改造，提高这些行业的服务效率和管理水平。数字化改造不仅包括内部管理流程的优化，还包括与客户互动方式的创新。通过数字化手段，这些行业可以更好地适应市场变化，提供更加高效、便捷的服务。四是推动跨境服务供需的精准匹配。在全球化背景下，服务供需的国际化趋势日益明显。通过构建跨境服务交易平台和信息共享机制，可以更好地匹配国际市场上的供需关系，为我国服务贸易的国际拓展提供支持。

3.加快推进贸易主体的数字化转型

加快推进贸易主体的数字化转型旨在通过支持生产型和贸易型外贸企业在各个环节实施数字化改造，提升企业的综合竞争力，并进一步推动整个外贸行业的发展。

对于生产型外贸企业而言，全价值链的数字化转型尤为关键。这意味着企业在产品研发、设计、制造、销售等各个环节都需要运用数字技术来提高效率和质量。通过数字化转型，企业能够实现更加灵活和精准的生产管理，加快新产品的研发速度，提高产品的质量和创新能力。例如，应用数字化设计工具可以加快产品设计的迭代速度，利用智能制造系统可以提高生产效率并减少浪费，而通过数字化销售和营销平台，企业可以更有效地触达目标客户群体。贸易型企业则需要重点提升数字化服务水平，以提供更智能、便捷、高效的服务。这包括利用数字化工具来优化供应链管理，提高物流效率，以及利用大数据分析来洞察市场趋势和消费者需求。数字化服务的提升不仅能够帮助企业更好地满足市场需求，还能够增强客户体验，提升品牌价值。此外，政府相关部门要引导外贸企业提升信息化和智能化水平。信息化和智能化的提升可以帮助企业更好地应对市场变化，提高决策效率和精准度。例如，通过建立信息化管理系统，企业可以更有效地进行资源配置和市场分析；而通过应用人工智能技术，企业可以实现自动化生产和服务，提高运营效率。同时，应鼓励贸易数字化服务商为外贸企业提供优质数字化转型服务。数字化服务商能够为企业提供专业的数字化解决方案和服务，帮助企业快速实现数字化升级。这种外部支持对于许多中小型外贸企业而言尤为重要，因为它们往往缺乏足够的资源和技术来自主进行数字化转型。

4.营造贸易数字化良好政策环境

为了推动贸易数字化的发展，必须通过制定和实施一系列政策措施，以构建支持性的环境和体系。

第一，研究出台促进贸易数字化发展的政策措施。这些政策措施需要针对当前的贸易数字化发展趋势和需求，提供明确的指导和支持，包括为数字化贸易提供政策激励、减税降费、资金支持、技术创新等多方面的扶持。同时，政策还需关注数字化贸易中的知识产权保护、数据安全、隐私保护等关键问题，以确保贸易的安全和可持续发展。

第二，健全完善规则标准，并推动贸易数字化的国际合作。随着数字技术的快速发展和应用，制定贸易数字化的规则和标准日益重要。制定统一的标准和规则不仅能够提高贸易效率，还能促进国与国间的交流与合作。同时，通过国际合作，可以共享数字化贸易的最佳实践和经验，推动贸易规则的国际统一和协调发展。

第三，推动各地区积极开展贸易数字化的先行先试工作，并将其成果作为示范推广。地方政府可以依据各自的区域特色和产业基础，实施贸易数字化的试验项目，开发新的贸易模式和服务方法。这种区域层面的创新实践是积累实用经验的重要方式，它为在全国推广贸易数字化提供了实践基础和参考模式。

第四，强化贸易数字化的公共服务体系建设，并积极利用大数据技术支持外贸发展。通过建立公共服务平台，企业可以获得包括数据分析、市场趋势预测、交易配对等多方面的支持，从而提升其决策制定的精确性和操作效率。同时，运用大数据技术可以使企业更加全面地洞察市场和消费者行为，以更好地适应市场变化和把握商机。

第五，建立贸易数字化的企业交流与合作平台，形成开放、包容、有序并且协同发展的数字化贸易生态系统。这一平台将为企业提供交流互动的场所，促进企业间的信息共享和资源整合，从而增强整个行业的创新实力和市场竞争力。通过这种方式，企业可以在协作中共同成长，共同应对市场挑战。

（二）建立健全绿色对外贸易体系

1.建立绿色低碳贸易标准和认证体系

建立健全的绿色标准、认证及标识体系。绿色标准为企业在产品设计、生产和物流等方面提供了环保方面的指引和要求，起到了规范企业行为、引导产业绿色转型的作用。这些标准不仅为企业提供了遵循的环保指南，还是其进入市场的重要门槛。认证和标识体系作为确认和展示企业及其产品符合绿色标准的有效工具，对于增强产品的市场竞争力和品牌信誉至关重要。通过专业认证机构的评定和授权，企业能够获得绿色低碳产品的标识，这不仅是对其环保努力的认可，还有助于该企业在国际市场上树立良好形象，吸引更多环保意识强的消费者。

支持认证机构拓展绿色低碳贸易认证服务，并推动国际合作及认证体系的互认。随着全球范围内对环保和低碳的关注不断提升，对绿色低碳产品的需求也在持续增长，加快发展认证服务能够助力企业迅速适应市场的新需求，捕捉绿色经济的发展机遇。同时，国际合作与互认机制的推进有助于实现全球绿色标准和认证体系的一致性，从而降低因技术标准差异带来的国际贸易障碍，推动全球范围内的绿色贸易更加顺畅、高效。这不仅对促进我国企业的国际市场拓展有益，也有助于推动全球环保事业的发展。

推动国内外绿色低碳贸易规则和机制的有效对接，并着手建立涵盖外贸产品全生命周期的碳足迹追踪体系。这样的体系能够全面监控产品从生产到最终消费各个阶段的碳排放情况，从而指导企业在整个生产流程中实施更环保、更节能的策略。这种全链条的碳管理不仅能显著降低贸易活动对环境的负面影响，还能增强企业对环境保护的认识和社会责任意识。通过这些措施，可以有效推动贸易活动向绿色、低碳的方向转变，同时促进企业环保技术的创新和应用。

激励和引导外贸企业实施产品全生命周期的绿色环保转型，促使外贸产业链和供应链的绿色化发展。这意味着企业需要在产品设计、生产、包装、运输等各个环节采取环保举措，力求降低整个生产过程对环境的影响。例如，使用可再生材料和节能技术、优化物流和包装方式等，都是实现这一目标的有效手段。通过这些努力，不仅能够减少生产过程中的资源消耗和环境污染，还能提高产品的市场竞争力。全面推进外贸产业链和供应链的绿色发展，有助于我国对外贸易行业实现绿色转型，推动整个行业朝着更加环保、更加可持续的方向发展。

2.营造绿色贸易发展的良好政策环境

一是构建绿色贸易发展促进政策体系，提供系统性的政策支持和指导。这一体系旨在激励企业生产和出口绿色低碳产品，同时抑制高耗能高排放产品的生产和出口。通过这样的政策体系，政府可以引导外贸行业的整体转型,推动行业朝着绿色低碳的方向发展。二是开展绿色低碳产品的进出口货物清单编制工作,并将其纳入进出口数据统计范畴。通过明确哪些产品属于绿色低碳产品,可以引导企业更加准确地识别市场需求和趋势,从而调整生产结构。同时,将这些产品纳入统计体系,有助于监测绿色产品贸易的发展情况,为政策制定和调整提供数据支持。三是着力推动高技术含量、高增值的绿色低碳产品的贸易发展。这类产品通常具有较强的市场竞争力和较高的环保标准,能够在满足市场需求的同时,减少对环境的影响。推动这类产品的贸易,既能提升我国外贸产品的整体水平,也有助于推动全球环保事业的发展。四是实行对高耗能、高排放产品出口的严格管控,并加强对国际环境公约相关受控物质的进出口许可管理。通过严格的管理和监督,可以有效控制这些产品对环境的负面影响,同时也有助于提升我国在国际环保领域的形象和责任感。五是引导各地区培养和扶持低碳循环型企业和低碳型的主要外贸企业,从而加强对绿色低碳贸易主体的支持和培养,这一举措旨在通过政策支持和经验分享,帮助企业提升绿色低碳产品的生产和贸易能力,促进外贸产业的绿色转型。

3.深入开展绿色低碳贸易合作

致力于与主要市场和"一带一路"共建国家等开展绿色低碳贸易的协作,成立绿色低碳贸易合作工作组。通过这些合作,可以促进绿色低碳技术和产品的国际交流与合作,共同推动全球范围内的绿色转型。同时,这也有助于加深我国与合作国家在环保领域的互信和友谊,共同应对全球环境挑战。

积极参与绿色贸易国际规则和标准的制定。通过参与国际规则的制定,我国可以更好地维护自身利益,同时也可以推动国际贸易向更加公平、环保的方向发展。这一举措不仅有助于提升我国在国际环保领域的影响力,还有助于形成全球统一的绿色贸易规则和标准,降低国际贸易的技术壁垒。

深化节能环保、清洁能源等领域的技术装备和服务合作，以及扩大节能环保服务、环境服务等进口。通过这些合作，可以促进国内外环保技术的交流和应用，提升我国在环保领域的技术水平和服务能力。同时，这也有助于提升我国在国际环保市场上的竞争力，推动环保产业的发展。

积极应对绿色贸易壁垒，参与多边和区域绿色贸易议题的交流合作。通过参与这些交流合作，可以增进对绿色贸易壁垒的了解和应对能力，同时也可以推动各国之间在绿色贸易领域的合作与协调，共同应对全球环境挑战。

4.搭建绿色贸易发展平台

搭建绿色贸易发展平台意味着创建一个集绿色产品展示、信息交流、技术合作于一体的综合性平台。这样的平台不仅是展示我国绿色产品和技术的窗口，还是促进国内外企业和机构之间绿色合作的桥梁。通过平台的搭建，可以有效汇聚绿色资源，为企业提供全方位的绿色贸易服务，包括市场分析、贸易撮合、技术咨询等，从而降低企业开展绿色贸易的门槛和成本。此外，绿色贸易发展平台还是推广绿色理念和技术的重要渠道。通过举办绿色展览、论坛、研讨会等活动，平台可以有效提升公众和企业对绿色发展的认识，增强环保意识。同时，这些活动也是国内外绿色企业和机构交流经验、探讨合作的良好契机，有助于推动绿色技术的创新和应用。

为了进一步增强平台的功能和影响力，可以在平台上汇集政府、企业、研究机构、非政府组织等多方力量，形成绿色贸易合作网络。这样的网络不仅能够提供更加丰富和多元化的资源和服务，还能够形成有效的政策沟通和反馈机制，促进政策的不断完善和优化。同时，绿色贸易发展平台还应积极与国际绿色贸易机构和平台对接，拓宽国际合作的渠道和范围。通过国际合作，可以引进国外的先进绿色技术和理念，推动国内绿色产业的发展，同时也可以将我国的绿色产品和技术推向国际市场，增强我国在国际绿色贸易中的影响力和竞争力。

（三）加强对外贸易供应链管理

1.提升供应链的透明度和灵活性

加强对外贸易供应链管理首先需要提升整个供应链的透明度，透明度的提升是为了使企业能够对供应链中的每个环节有更清晰的认识，企业可以通过引入先进的信息技术来提升供应链的透明度。物联网技术可以实现对生产过程的实时监控，云计算提供了海量数据存储和处理能力，而大数据分析则能够深入挖掘供应链数据，发现潜在的问题和机会。通过这些技术的应用，企业可以实时了解原材料供应的情况、生产进度、库存水平以及物流配送的状态。这种透明化的信息流动不仅提高了管理效率，还为企业的决策提供了数据支撑，使企业能够及时响应市场变化和供应链中的任何异常情况。

在提升供应链透明度的同时，增强其灵活性也同样重要。市场环境的不确定性要求企业的供应链必须具备快速响应的能力。例如，面对原材料短缺、突发事件导致的物流中断或需求的快速变化时，企业必须能够迅速调整其供应链策略，如寻找替代供应商、调整生产计划或利用多样化的物流方案。这种灵活性不仅能够帮助企业减少因供应链中断而带来的损失，也能够帮助企业抓住市场机遇，提升市场竞争力。为了提高供应链的灵活性，企业需要在供应链设计时就考虑到多样化和弹性。这可能意味着与多个供应商建立关系以降低对单一供应商的依赖，或者在不同地区建立备用生产能力以应对地区性风险。

2.优化供应链结构，强化风险管理

企业应在全球范围内筛选和确定最适合的供应商，从而构建出既高效又具有成本效益的供应链。对于企业而言，这不仅意味着需要考虑成本和效率，而且还需要评估供应商的可靠性和稳定性。在当前全球经济环境下，供应链的稳定性和安全性对企业的生存和发展至关重要。因此，优化供应链结构需要企业具备全局视角，理解和评估供应链中的各个环节，确保供应链的顺畅运作和抵御潜在风险的能力。

　　加强供应链的合作与协调要求企业对可能导致供应链中断的因素、价格波动、质量问题等进行全面评估，并制定相应的应对措施。供应链风险管理的关键在于预见性和准备性，即企业需要提前识别潜在风险，并制订有效的应急计划。例如，企业可以通过多元化供应商策略来降低对单一供应商的依赖，或者建立灵活的库存管理系统以应对市场波动。通过这样的风险管理措施，企业能够保障供应链的连续性和稳定性，从而在竞争激烈的国际市场中保持优势。

　　3.加强供应链的合作与协调

　　在全球贸易环境中，供应链往往涉及众多不同的参与者，包括供应商、分销商、物流服务提供商等。因此，加强这些各方之间的合作与协调显得尤为重要。这意味着企业需要建立有效的沟通机制，确保信息的及时共享和流通。通过紧密的合作关系，企业可以更好地协调供应链中的各个环节，快速响应市场变化和挑战。例如，通过与供应商的紧密合作，企业可以及时调整订单和生产计划，以适应市场需求的变化。同时，与物流服务提供商的有效协调也能确保产品的及时交付，提高客户满意度。通过这样的合作与协调，企业不仅能提高供应链的效率，还能增强整体的竞争力。

（四）强化对外贸易风险防控体系建设

　　1.健全贸易摩擦应对机制

　　一是加强中央、地方、行业组织、研究机构和企业之间的紧密合作，从而形成多主体协同应对贸易摩擦的工作格局。二是建设应对贸易摩擦的综合试验区和全国预警体系的建设。通过这些试验区和预警体系，可以及时发现和分析可能出现的贸易摩擦风险，从而使政府和企业能够提前做好准备，采取有效的应对措施。三是加强贸易政策合规机制的建设，进一步提高合规意识和能力。在当前国际贸易环境下，合规问题日益受到重视，企业在参与国际贸易时必须遵守相关国家和地区的贸易政策和规则。因此，企业需要提高对贸易政策的了解且严格遵守相关政策，以避免因违反规定而引发贸易摩擦。四是拓展双边贸易救济合作机制，综合运用多种手段应对不公平竞争等行为。通过双边合作，可以加强与其他国家和地区的沟通与协调，共同应对不公平的贸易实践。同时，通过综合运用诉讼、谈判、外交等多种手段，可以有效维护企业和国家的合法权益，防止不公平竞争行为对我国外贸企业造成不利影响。

2. 提升贸易救济政策的具体效能

第一，研究和完善对外贸易调查制度。这意味着需要完善法律法规和操作流程，确保贸易调查的透明性、公正性和效率。通过制定明确的规则和程序，可以更有效地处理贸易摩擦，维护国内产业的合法权益。

第二，推进贸易调整援助制度的建设。通过这一制度，可以为受到进口冲击的企业和从业人员提供培训、就业服务和财政支持，帮助他们进行产业升级或职业转换。同时，指导和鼓励条件允许的地方开展贸易调整援助，可以加强地方政府在应对贸易冲击方面的能力。

第三，健全贸易救济调查工作体系，加强产业损害预警监测。通过建立完善的调查体系和监测机制，可以及时发现和处理贸易救济案件，防止国内产业受到不公平竞争的损害。同时，开展服务公平竞争环境和产业链供应链安全的案件效果评估，有助于评估贸易救济措施的实际效果，为未来的政策调整提供依据。

第四，加强产学研合作，积极参与贸易救济规则谈判。通过与企业、研究机构和高校的合作，可以加强贸易救济政策的研究和实践。同时，积极参与国际贸易救济规则的谈判，可以维护我国在国际贸易中的利益，推动国际贸易救济规则的公平和合理。

3. 完善现代化出口管制体系

一是实施出口管制法及其配套法规、规章。通过这些法律法规的制定和实施，可以为出口管制提供明确的法律依据，规范出口管制的操作程序，确保出口管制的合法性和正当性。二是健全出口管制工作协调机制。这意味着需要建立各相关部门之间的有效沟通和协调机制，确保出口管制工作的顺利进行。同时，优化出口管制许可制度，加强精准管控，可以提高出口管制的针对性和有效性，防止敏感技术和商品被非法出口。三是加快出口管制合规体系建设，强化出口管制调查执法。通过建立完善的合规体系，可以引导企业遵守出口管制规定，防止违法行为的发生。同时，通过加大执法力度，有效打击出口管制违法行为，可以维护出口管制体系的严肃性和权威性。四是加强出口管制国际交流合作，推动发达国家放宽对华出口管制。通过国际交流合作，可以增进对外国出口管制政策的了解，促进国与国间的沟通和理解。同时，通过积极的外交努力，推动发达国家放宽对华出口管制，可以为我国企业的国际贸易创造更有利的条件。五是妥善应对外国滥用出口管制等歧视性行为，维护和塑造国家安全，以及加强技术进出口管理。通过这些措施，可以有效维护我国的国家安全和经济利益，防止敏感技术和商品流向不安全的目的地。

（五）完善对外贸易发展的保障体系

1.深化对外贸易"放管服"改革

"放"即放宽市场准入，简化行政审批流程，降低企业的市场进入门槛。这一方面包括减少对外贸易活动的行政许可要求，取消或简化不必要的审批和手续，使得企业能够更快速、更灵活地参与国际市场。通过这种方式，政府能够激发市场活力，促进外贸领域的创新和发展。"管"则是指优化监管方式，提高监管效率和效果。这包括采用更加科学、合理的监管手段，如通过大数据、云计算等信息技术提高监管的精准性和透明度。同时，加大对外贸易领域的法律法规建设和执法力度，确保市场秩序的公平、公正。通过优化监管，政府可以在保障市场秩序的同时，减少对企业的不必要干预，为企业提供良好的营商环境。"服"

即提升服务质量，包括提供更加高效、便捷的政府服务，帮助企业解决在对外贸易中遇到的问题。政府需要建立更加完善的服务体系，如一站式服务平台，使得企业能够在一个平台上完成各种贸易相关的手续。同时，政府还需要通过提供政策指导、市场信息、贸易便利化服务等，帮助企业提升国际市场的开拓能力。

2. 优化财税政策工具

第一，提供针对性的税收优惠和财政支持，以降低企业的经营成本和提高其国际竞争力。例如，对于出口导向型企业或者参与国际竞争力较强的产业，政府可以提供税收减免、退税等优惠政策，以减轻企业负担，鼓励其扩大国际市场。此外，对于新兴产业和高技术企业，可以提供研发费用税前扣除、创新资金支持等政策，激励企业增加研发投入，提高产品和服务的附加值。

第二，调整和完善进出口税收政策。这意味着要根据国际市场的变化和国内产业发展的需要，及时调整进出口关税政策，以保护国内产业免受不公平竞争的影响，同时促进国际贸易的均衡发展。例如，对于关键原材料和重要设备的进口，可以适当降低关税，降低企业生产成本；对于某些敏感产品，可以适当提高出口关税，调节国内市场供需。

第三，提高税收征管的效率和透明度。政府需要通过改进税收征管系统和流程，减少企业办税成本和时间，提高办税便利性。同时，加强税收政策的宣传和解释，确保企业充分理解和正确应用税收政策，避免因误解政策而导致的不必要损失。

3. 提高金融服务水平

随着国际市场的日益开放和竞争的加剧，金融服务的水平在很大程度上影响着企业的国际贸易能力和竞争力。因此，加强和优化金融服务，特别是与对外贸易相关的金融服务，对于支持企业拓展国际市场、提升外贸综合竞争力至关重要。

　　第一，加强金融监管。强化对支付机构的全链条、全周期监管，防范业务异化、资金挪用、数据泄露等风险，促进行业良性竞争和规范健康发展。

　　第二，推动现代中央银行制度建设。加快建设现代中央银行制度，健全货币政策和宏观审慎政策双支柱调控框架，实现币值稳定和金融稳定目标，特别是防范化解系统性金融风险，为国民经济健康稳定发展提供有利的货币金融环境。

　　第三，推进普惠金融高质量发展，改革完善社会领域投融资体制，提升民生领域金融服务质量，发挥普惠金融支持绿色低碳发展作用。

　　第四，改革金融机构和市场，着力创建多样化和有竞争力的金融市场，包括完善商业银行资本管理办法，修订证券公司风险控制指标计算标准，鼓励各类金融机构专注主业和专业优势，更好地服务实体经济。

　　第五，加强金融产品和服务的创新。随着国际贸易环境的变化和企业需求的多样化，传统的金融产品和服务已不能完全满足企业的需求。因此，金融机构需要开发更多创新的金融产品和服务，如供应链融资、跨境电子商务融资、外汇风险管理工具等，以更好地服务于对外贸易企业，帮助企业把握市场机遇，降低经营风险。

　　第六，加强金融基础设施建设和金融科技的应用。金融基础设施的完善，如支付系统、清算体系、信用信息系统等，是金融服务高效运作的基础。同时，金融科技的应用，如大数据、区块链、人工智能等，可以提高金融服务的效率和安全性，为企业提供更加精准、便捷的金融服务。

　　第七，加强国际金融合作。在全球经济一体化的背景下，国际金融合作对于提高金融服务水平至关重要。通过与国际金融机构的合作，可以引入国际先进的金融理念和实践，提升我国金融服务的水平。同时，通过参与国际金融体系的建设和改革，可以增强我国在国际金融领域的话语权和影响力。

4.加快外贸人才队伍建设

随着国际贸易环境的日益复杂化和竞争的加剧，拥有一支高素质、专业化的外贸人才队伍对于提升我国在国际市场的竞争力和应对全球市场挑战至关重要。

第一，要培养一批具有国际视野、熟悉国际贸易规则、掌握专业知识和技能的外贸人才。这些人才不仅需要具备良好的外语沟通能力，还需要对国际贸易的法律法规、市场动态、贸易惯例等有深入的了解。此外，他们还应该具备较强的市场分析、风险管理和跨文化交流的能力，能够在复杂多变的国际市场环境中灵活应对。

第二，要加强对外贸人才的培训和教育。在高等院校设置相关的外贸专业，提供系统的国际贸易教育和实训机会，使学生能够在校就掌握必要的专业知识和实务技能。同时，还需要通过企业内部培训、职业培训机构、在线教育平台等多种途径，为在职人员提供持续的学习和技能提升机会。

第三，吸引和留住人才。这需要政府和企业提供具有吸引力的职业发展路径、合理的薪酬福利以及良好的工作环境。通过建立有效的人才激励机制和职业发展体系，可以吸引更多优秀人才投身外贸行业，为我国外贸事业注入新鲜血液。

第四，注重国际人才的引进和国际交流合作。通过引进具有国际经验的人才，可以为我国外贸人才队伍带来新的经验。同时，通过国际交流项目、海外实习和培训等形式，可以加强我国外贸人才与国际同行的交流和合作，提升他们的国际化水平。

第四节　全球化进程中我国对外贸易发展的未来展望

一、全球贸易新格局的领导者

随着我国综合国力的增强，未来我国有潜力成为全球贸易新格局的领导者。这不仅意味着我国将在全球贸易体系中拥有更大的话语权，还包括在构建更加公正合理的国际贸易规则和体系方面发挥重要作用。我国可能会推动新的全球贸易协议，引领全球贸易发展方向。

二、科技创新的前沿引领者

展望未来，我国有望成为全球科技创新的前沿引领者。凭借日益增强的科技研发能力和创新体系，我国可能在人工智能、量子计算、生物科技、新能源等领域取得重大突破，这将为对外贸易的发展带来深远影响。

人工智能的发展可能会极大提升我国在智能制造、智能服务等领域的国际竞争力。通过应用先进的人工智能技术，我国的制造业将更加高效、灵活，能够快速响应市场需求的变化，提供个性化的产品和服务。同时，人工智能也将在医疗、教育、金融等服务领域发挥重要作用，提升服务贸易的附加值和竞争力。在量子计算和生物科技方面，我国的突破可能会推动全新产业的发展。量子计算的进步将为解决复杂计算问题提供新的可能，推动科学研究和工业设计的革新。生物科技的发展可能会在医药、农业、环保等领域带来革命性的变化，促进相关产业的升级和对外贸易的增长。新能源技术的发展将有助于实现能源结构的转型和环境保护，促进绿色贸易的发展。随着新能源技术的成熟和推广，我国可能在太阳能、风能、电动汽车等领域形成领先优势，推动全球能源和环保产业的发展。综合来看，科技创新将成为推动我国对外贸易高质量发展的关键动力。通过在这些前沿科技领域取得突破，我国有望在国际市场中占据更加重要的地位，推动对外贸易向更高技术含量和更大价值创造方向发展。

三、数字经济和智能化贸易的典范

未来，随着数字技术的迅猛发展和广泛应用，我国有潜力成为数字经济和智能化贸易的典范。5G、物联网、大数据、人工智能等技术的应用将推动我国对外贸易实现更高程度的数字化和智能化，显著提升贸易的效率和透明度。例如，5G技术的广泛部署将使得通信更加迅速和稳定，为跨境电商和数字贸易提供强有力的技术支撑。物联网技术将使货物跟踪和管理更加智能化，提高物流效率。大数据技术的应用将有助于精准分析市场需求和消费趋势，帮助企业做出更加科学的决策。此外，跨境电商将成为我国对外贸易的重要组成部分。电商平台通过提供便捷的在线交易和支付服务，使得国际买卖双方能够更加快速和方便地进行交易。数字货币的发展可能会进一步简化跨境支付流程，降低交易成本。智能物流系统，包括自动化仓库、无人配送车辆和无人机等，将提升物流配送的效率，缩短货物运输时间。

四、绿色贸易和可持续发展的先行者

面对全球气候变化和环境保护的挑战，我国未来有望成为绿色贸易和可持续发展的先行者。我国将大力推动绿色能源的发展，如太阳能、风能和水能，减少对化石燃料的依赖，从而降低温室气体排放，推动全球能源结构的优化。环保技术的创新和应用将有助于解决工业污染问题，提高生产过程的环境友好性。可持续材料的研发和使用将减少对环境的破坏，促进资源的有效利用。在绿色贸易领域，我国将推动绿色产品和服务的国际交流与合作，通过出口高质量的绿色产品和技术，引领全球绿色经济转型。同时，我国也将进一步加强对进口绿色产品的支

持，如提供税收优惠，鼓励国内企业和消费者使用环保产品。此外，我国将会进一步积极参与国际环境保护合作，推动全球环保标准的制定和实施，为全球可持续发展作出贡献。通过这些举措，我国将在推动全球绿色贸易和可持续发展方面发挥领导作用，展现负责任大国的形象，为全球环境保护和绿色发展贡献中国智慧和中国方案。

五、全球供应链的重要枢纽

随着国内产业升级和区域经济一体化的推进，我国将成为全球供应链的重要枢纽。在保持制造业优势的同时，我国将在设计、研发、物流、服务等环节扮演更加关键的角色，成为连接全球市场和产业链的重要节点。

六、国际合作和新兴市场的深度开拓者

未来，我国将更加深入地参与国际合作，尤其是与新兴市场和发展中国家的合作。通过"一带一路"等倡议，我国将在亚洲、非洲、拉丁美洲等地区推动基础设施建设、贸易和文化交流，开拓新的增长点。

参考文献

[1] 唐海燕.国际贸易创新论 [M].上海：华东师范大学出版社，2001.

[2] 傅龙海.国际贸易理论与实务 [M].北京：对外经济贸易大学出版社，2018.

[3] 李坤望，刘重力.经济全球化：过程、趋势与对策 [M].北京：经济科学出版社，2000.

[4] 郭连成.经济全球化与不同类型国家的应对 [M].北京：中国财政经济出版社，2001.

[5] 裴长洪，赵忠秀，彭磊.经济全球化与当代国际贸易 [M].北京：社会科学文献出版社，2007.

[6] 高疆.多边贸易体制、全球贸易治理与国际贸易新规则 [M].上海：上海社会科学院出版社，2020.

[7] 王永贵.经济全球化与中国特色社会主义 [M].哈尔滨：黑龙江人民出版社，2003.

[8] 刘丁有.国际贸易 [M].北京：对外经济贸易大学出版社，2013.

[9] 范超.经济全球化背景下国际贸易中的知识产权保护问题研究 [M].沈阳：沈阳出版社，2014.

[10] 朱保芹.全球化背景下的国际贸易风险防范研究 [M].长春：吉林大学出版社，2018.

[11] 杨军.经济全球化背景下的国际贸易理论与中国对外贸易政策探究 [M].上海：上海交通大学出版社，2018.

[12] 肖扬.全球化背景下的国际贸易理论、实务及风险防范研究 [M].长春：吉林人民出版社，2017.

[13] 陈辉庭.世界贸易体制的变革：经济全球化背景下国际法与国内法的联结 [M].北京：社会科学文献出版社，2014.

[14] 佘群芝.贸易自由化与有效环境保护 [M].北京：中国财政经济出版社，2003.

[15] 华俊.现代国际经济合作与组织 [M].上海：立信会计出版社，2002.

[16] 李诗，李计广.中国对外经济贸易概论 [M].北京：北京师范大学出版社，2008.

[17] 张蕾丽，刘志学.国际贸易与国际物流 [M].武汉：华中理工大学出版社，1997.

[18] 王文娟.国际贸易与物流管理 [M].沈阳：辽海出版社，2017.

[19] 汤军.国际贸易与现代物流发展研究 [M].北京：北京工业大学出版社，2021.

[20] 赵元铭，高南虎，边洁英.国际贸易与电子商务战略研究 [M].长春：吉林人民出版社，2017.

[21] 周哲，饶友玲，王晓春.国际电子商务：电子商务条件下的国际贸易 [M].天津：南开大学出版社，2004.

[22] 蒋汉生.电子商务在国际贸易中的应用 [M].北京：中国对外经济贸易出版社，2002.

[23] 林航，谢志忠.全球化视角下国际贸易理论的历史演进 [J].华侨大学学报（哲学社会科学版），2016（6）：25-34.

[24] 林航.服务全球化时代：一个贸易理论分析框架及其应用 [J].宁夏大学学报（人文社会科学版），2011（1）：147-153.

[25] 张弘笙.经济全球化下国际贸易发展的趋势及我国应对新趋势的对策 [J].中国市场，2010（52）：14-15.

[26] 关艳丽，张习宁．经济全球化、国际贸易与中国政策选择——基于战略性贸易政策理论的分析 [J]．经济问题，2008（7）：9-12.

[27] 林彦．知识经济时代国际贸易的创新和发展 [J]．市场周刊（管理探索），2005（3）：59-60.

[28] 黎敏，张星星，李转．经济全球化背景下国际贸易知识产权保护研究 [J]．内蒙古科技与经济，2023（15）：27-29+34.

[29] 仝佳玉．全球化背景下推动国际贸易高质量发展的三重维度 [J]．中国军转民，2023（10）：95-96.

[30] 葛康平．经济全球化背景下我国农产品国际贸易的发展之路 [J]．营销界，2022（14）：26-28.

[31] 周玉菲．经济全球化背景下国际贸易发展趋势及应对 [J]．北方经贸，2022（6）：37-39.

[32] 刘京华．经济全球化背景下大数据对企业国际贸易的影响——评《贸易大数据及应用》[J]．国际贸易，2022（2）：97.

[33] 代浏漪．全球化背景下如何增强中国国际贸易竞争力 [J]．中国集体经济，2021（6）：13-14.

[34] 倪亚会，焦铄珺，车海燕，等．经济全球化背景下国际贸易中的知识产权保护问题研究 [J]．营销界，2020（38）：60-61.

[35] 庞孟瑶．经济全球化背景下大数据对企业国际贸易的影响 [J]．营销界，2020（35）：195-196.

[36] 杨应洁，孔德婧．全球化背景下国际经济与贸易的发展趋势分析 [J]．今日财富（中国知识产权），2020（4）：9-10.

[37] 丁杰．经济全球化背景下我国农产品国际贸易的发展之路 [J]．农业经济，2019（3）：122-124.

[38] 牛莘．国际贸易理论发展趋势探讨 [J]．山西青年，2019（4）：294.

[39] 廖昌佐．物流业发展对国际贸易的影响 [J]．今日财富，2018（21）：21.

[40] 周颖.经济全球化背景下的贸易保护问题研究 [J].西部皮革，2018（8）：38.

[41] 周晓嫚.电子商务在国际贸易中的应用与发展 [J].中外企业家，2017（33）：36-37.

[42] 黄丛蓉.经济全球化背景下的国际贸易法对国家贸易安全的保证 [J].法制与社会，2017（31）：67-68.

[43] 刘丛硕.全球化背景下国际经济与贸易的发展趋势 [J].数码世界，2017（10）：287.

[44] 宋彦.全球化背景下国际贸易风险研究 [J].中国集体经济，2016（16）：28-29.

[45] 杨永富.关于经济全球化背景下国际贸易中的知识产权保护问题的分析 [J].科技风，2016（5）：78.

[46] 李江涛.国际经济贸易发展与我国对外贸易战略选择 [J].今日财富（中国知识产权），2023（11）：11-13.

[47] 梁炜昊.中国式现代化视角下我国对外贸易高质量发展研究 [J].价格月刊，2023（11）：23-31.

[48] 牛爽欣.入世以来我国纺织行业对外贸易发展特点及趋势 [J].纺织导报，2023（4）：95-100.

[49] 张庚.国际贸易规则视角下低碳经济对我国对外贸易的影响 [J].营销界，2023（10）：23-25.

[50] 路荣，张雯婷."互联网＋"对我国对外贸易方式影响研究 [J].全国流通经济，2023（8）：56-59.

[51] 陈晓燕.经济全球化背景下我国对外贸易发展研究 [J].全国流通经济，2023（6）：24-27.

[52] 张雁林.探究电子商务发展对我国对外贸易的影响 [J].中国物流与采购，2022（22）：85-87.

[53] 范思佳.国际经济贸易发展趋势与我国对外贸易战略选择 [J].中国商论，2022（20）：31-33.

[54] 赵艳丽.我国对外贸易新业态新模式发展存在的问题及对策 [J]. 现代商业，2022（26）：131-133.

[55] 杨晋峰."互联网 +"对我国对外贸易竞争新优势的影响及对策 [J]. 时代经贸，2022（6）：71-73.

[56] 段国蕊.我国对外贸易高质量发展：理论内涵与推进机制 [J]. 商业观察，2022（11）：29-32.

[57] 陈芃洁.经济新常态背景下我国对外贸易发展问题探讨 [J]. 企业改革与管理，2022（4）：165-167.

[58] 孙鲁娟.经济全球化背景下我国对外贸易发展的创新建议 [J]. 商业观察，2021（36）：38-40.

[59] 董春香.国际贸易风险管理问题分析 [J]. 全国流通经济，2022（34）：23-26.

[60] 王雯雯.国际贸易风险管理和防范措施 [J]. 商业文化，2021（18）：76-77.

[61] 苗媛.国际贸易风险管理问题的相关思考 [J]. 全国流通经济，2020（33）：30-32.

[62] 田振中.现代物流、对外贸易与经济增长关系研究——基于中部地区的实证分析 [J]. 物流科技，2020（8）：131-134.

[63] 王玙.论"一带一路"视域下我国国际贸易与物流业的协调发展 [J]. 现代经济信息，2019（1）：147.

[64] 陶海花.国际物流在国际贸易中的重要性分析 [J]. 现代营销（下旬刊），2018（3）：83.

[65] 卢云志.国际贸易与现代物流业互动发展研究及有效对策 [J]. 大众投资指南，2017（8）：10+12.

[66] 温俊萍.经济全球化进程中发展中国家经济安全研究——发展经济学的视角 [D]. 上海：华东师范大学，2006.

[67] 唐志红.经济全球化下一国产业结构优化——一般理论及中国的应用 [D]. 成都：四川大学，2005.

[68] 关立新.经济全球化: 发展趋向及中国对策研究 [D].长春: 吉林大学，2004.

[69] 李耀男.跨境电商对我国对外贸易的影响分析 [D].哈尔滨：黑龙江东方学院，2023.

[70] 谢雨蓉.经济全球化中的国际物流影响因素及中国的应对策略研究 [D].北京：北京交通大学，2020.

[71] 李天惠.经济全球化背景下的跨国公司与国家利益 [D].北京：外交学院，2020.

[72] 杨珩.基于国际贸易、国际资本流动和国际货币体系视角的全球经济失衡研究 [D].长春：吉林大学，2017.

[73] 周春山.经济全球化背景下传统国有外贸企业的多元化经营战略研究 [D].南京：东南大学，2017.